中国地质大学(武汉)研究生精品教材建设项目(编号:YJC2021305)资助
户外运动专业教学训练系列教程

运动环境生理学
YUNDONG HUANJING SHENGLIXUE

主　编：刘仁仪
副主编：叶　星　李　芳
编　委：周子钰　胡明艳　孙子林
　　　　毛海峰　唐　旭

中国地质大学出版社
ZHONGGUO DIZHI DAXUE CHUBANSHE

图书在版编目(CIP)数据

运动环境生理学/刘仁仪主编. —武汉:中国地质大学出版社,2023.7
ISBN 978－7－5625－5592－6

Ⅰ.①运… Ⅱ.①刘… Ⅲ.①运动生理学 Ⅳ.①G804.2

中国国家版本馆 CIP 数据核字(2023)第 102199 号

	刘仁仪 **主 编**
运动环境生理学	叶 星 李 芳 **副主编**

责任编辑:李焕杰	选题策划:毕克成 韦有福	责任校对:张咏梅

出版发行:中国地质大学出版社(武汉市洪山区鲁磨路388号) 邮政编码:430074
电　　话:(027)67883511　　传　　真:(027)67883580　E－mail:cbb@cug.edu.cn
经　　销:全国新华书店　　　　　　　　　　　　　　　http://cugp.cug.edu.cn

开本:787毫米×960毫米 1/16	字数:282千字	印张:15.25
版次:2023年7月第1版	印次:2023年7月第1次印刷	
印刷:湖北睿智印务有限公司		

ISBN 978－7－5625－5592－6	定价:58.00元

如有印装质量问题请与印刷厂联系调换

户外运动专业教学训练系列教程

编 委 会

主 任 委 员： 王焰新　李致新

副主任委员： 赖旭龙　王勇峰　吕万刚　张志坚
　　　　　　　周建伟　董　范　庞　岚

委　　　员： 次　落　毕克成　冯　岩　牛小洪
　　　　　　　刘华荣　黄　静　李　伦　代新华
　　　　　　　刘良辉　董　利　李　元　黄江华
　　　　　　　陈　刚　杨　华　邓焰峰　马欣祥
　　　　　　　罗　申　游茂林　刘仁仪

总序一

户外运动教学是以户外运动项目群所共有的基本知识、技术、技能为主要教学内容,以培养学生参与户外运动及相关竞赛所具有的身体素质、心理品质和适应能力为主要教学目的,帮助学生形成完美人格、全面提高综合素质的系列体育课程,对促进学生成长成才具有健全独特的、不可替代的重要作用。

户外运动专业教学训练系列教材付梓出版,我由衷地感到高兴。这是近半个世纪来,我校体育教师科研团队在董范教授的带领下,在特色体育教育教学领域中取得的最新科学研究成果。这一系列教材的出版,将有助于更多有志于从事户外运动的人士分享我校特色体育教学和科研成果,促进户外运动教学培训进一步规范、高效发展。

自建校以来,我校就以特色体育为方向,充分发挥学科专业优势,不断拓展体育教育的内容和途径。2012年5月19日8时16分,我校大学生登山队成功地从北坡登上海拔8 844.43m的珠穆朗玛峰顶峰,成为登上世界最高峰的首支中国大学生登山队,其中我校2011级户外运动专业硕士研究生陈晨成为全国第一位登顶珠峰的在校女大学生。当晚,校友、时任国务院总理温家宝向学校表示热烈祝贺,并指出:"这给我们一个重要的启示,那就是只要不畏艰苦和挫折,就一定能够达到光辉的顶点,这应该是我们的传统。"2013年5月4日,在"实现中国梦、青春勇担当"主题团日座谈会上,陈晨同学作为全国大学生代表,畅谈了她登顶珠峰的体会,受到习近平总书记的勉励和肯定。2012年9月,我校承办了中国登山协会主办的"中日韩三国大学生登山交流活动",在亚洲户外运动界产生了巨大的反响,进一步提高了我校户外运动的国际影响力。

从20世纪80年代开始,我校就把登山训练引入到课堂教学,把登山的基本技术——攀岩,确定为学校体育必修课教学项目;20世纪90年代中期,我校又在国内首创了集体育学、地理学、管理学、气象学、医学等学科为一体的野外生存体验课,引入了智力与体力相结合的体育项目——定向越野。随后,我校又率先在国内开设了"户外运动"普修课。2005年我校开始招收全国第一届社会体育指导与管理(户外运动方向)专业本科生,由此而成为了全国高校户外运动课程和登山户外运动专门人才的"发源地"。经过我校体育教师多年的教学实践、研究与积累,户外运动的教学内容、方法、手段以及组织形式不断完善,逐渐形成了一整套较科学系统的"课内课外相结合"的教学模式和较全面的教学内容体系,得到了社会的广泛认同。2012年我校体育课部董范教授主持申报,杨汉、刘华荣、牛小洪、冯岩等骨干教师参与的"坚持特色教育,培养拔尖人才——创建登山户外运动教育教学体系的理论与实践"项目荣获湖北省教学成果二等奖。60多年来,我校先后有1万多名学生接受了各类登山户外运动训练,向国家登山队、攀岩队输送了多名高水平专业运动员,王富洲、李致新、王勇峰、次落就是其中的杰出代表。

户外运动的发展急需完善的人才培养体系提供理论支撑。面对社会的迫切需求,我校体育教师结合多年来开展户外运动教学的经验和科研积累,编写了一套面向户外运动相关专业的应用型教材。本系列教材内容丰富而系统,涉及户外运动教学的各个方面,具有如下鲜明的教学与实践特征:

(1)体系完整。本系列教材系统地总结了我校长期开展户外运动教学与实践积累的经验,吸收了近些年开展户外运动教学、实践与科研取得的最新成果,深入剖析了各户外运动项目之间的关系,并进行了有机组合,整个结构体系十分完整。

(2)内容丰富。本系列教材涵盖户外运动下辖的登山、攀岩、野外生存、定向越野、拓展训练等项目课程,内容涉及户外运动教学、训练、活动与赛事组织、营销等各个方面,教材中的很多内容都是我校优秀体育教师对多年教学、训练、实践成果的经验总结,具有较高的借鉴价值。

(3)注重实践。本系列教材在阐述基本理论的基础上,特别注重学生实践技术与技能的培养和锻炼,力求做到不断强化学生的思维能力、动手能力以及创造性解决问题的能力,促进学生理论知识水平和实践操作能力的全面提高,教学实践操作性强。

对从事户外运动的师生,本系列教材具有重要的学习指导价值。希望本系列教材的编写能够成为我国更多高水平、高质量的户外运动教材或专业书出版的起点,能吸引更多专业人士参与户外运动的科学研究,为促进我国户外运动事业科学、健康、快速发展做出更大的贡献!

中国地质大学(武汉)校长

总序二

欣闻中国地质大学(武汉)编写出版户外运动系列配套教材,谨致热烈祝贺。

户外运动是一项新兴的体育运动,是人们休闲娱乐的重要方式。随着我国经济社会的发展,特别是人民生活水平的提高,人们对高质量、有品味、有个性的生活和休闲娱乐方式越来越看重,并一直在努力追寻。户外运动作为一种愉悦身心、锻炼自我、亲近自然的生活方式受到广大群众的青睐。此项运动在全国发展十分迅猛,已逐渐形成了装备制造与销售、竞赛表演、培训服务等市场,有效刺激了户外运动装备、户外运动服务、户外运动赛事,甚至是旅游等相关产业的发展。户外运动已成为全民健身运动的重要组成部分和经济社会协调发展的重要促进力量,很好地推动了资源节约型和环境友好型社会的建设,传达了积极健康的生活方式和文明行为观念,为增进人与自然的协调发展和社会的和谐开拓了有效的空间。

促进户外运动健康有序地发展,是全社会非常关注的事情。中国地质大学(武汉)作为以地球科学为主要特色的重点大学,为我国的登山和户外运动发展做出了卓越的贡献,积累了丰富的成功经验。学校深知该项运动发展离不开高素质专业人才的培育,非常注重规范科学的教材建设,努力改变当前教材和教育教学与蓬勃开展的户外运动不相适应的状况。多年来,学校一直在酝酿编写户外运动规范教材,总结户外运动实践经验,不断提高户外运动教育教学的针对性和有效性。经过多方面的努力,终于达到编写此套教材的目的。作者在教材的编写过程中,做到体育理论和运动实践的统一、人体运动科学和社会哲学的统一、理念战略和技术方法的统一,全方位、多层次、有重点地展示了户外运动的全貌,有利于广大读者和户外运动爱好者全面系统地掌握户外运动的基本内涵、重大意义、发展趋势、技术要领等知识和技能,从而推动户外运动健康有序地发展。

可以说本套教材既可以作为开展户外运动教育的好教材,也是广大运动爱好者的理想读物;既有较强的针对性和时效性,又有严谨的科学性和较强的趣味性。

与天浮游、幕天席地是古人笃定的最为旷达的生活方式。"天地与我并生,而万物与我为一。"处在现代化和都市化进程中的人们,在繁缛的生活中向往着奔赴自然。户外运动成为人们锻炼身体、亲近自然、回归自我、愉悦身心的重要方式。而教材的编写和出版发行,必将更好地推动该项运动的科学开展及其理念的普及,推进其大众化、规范化、科学化、系统化。

最后,衷心希望本套教材对户外运动及其教学发挥重要的作用,也希望本套教材不断完善,臻于完美,为我国户外运动的科学发展做出积极的贡献。

国家体育总局登山运动管理中心主任
中国登山协会常务副主席

前言

当今社会,户外运动正迅速发展。越来越多的人开始关注和参与户外活动,他们追求身心健康、与自然亲近和释放压力。这些需求推动了户外运动的发展,户外运动为人们提供了与大自然亲密接触和挑战身体极限的机会。自然环境和户外运动之间存在着密不可分的关系。不同的自然环境为人们提供了丰富多样的运动场所和体验环境。例如,山脉适宜登山和徒步,海洋适宜冲浪和潜水,森林适宜露营和探险。此外,特殊的自然环境还能带来独特的挑战和刺激,激发人们的运动潜能和求知欲,并为运动者提供了与自然互动的机会。因此,特殊的自然环境为运动提供了丰富的资源和舞台,相辅相成地推动着运动的发展。

特殊环境生理学是生理学的一个分支,主要涉及生命对环境变化的反应及其机制。作为一种实验科学,特殊环境生理学的任务是要阐明机体在新的特殊环境因素作用下的平衡调节机制。运动环境生理学是研究不同环境条件(如温度、湿度、空气质量、高度等)对人体适应能力和运动能力影响的学科。例如,在高温环境下运动会引起体温升高、汗液流失、血流重新分布等生理反应,可能会出现疲劳、中暑或其他健康问题。在高海拔环境下运动会面临缺氧的挑战,影响氧气供应和运动性能。不同环境条件下的空气污染、湿度及风速等因素也会对人体的运动适应性产生影响。运动环境生理学有助于揭示人体在不同环境下的适应机制和调节策略,并为优化运动训练、提高运动水平和保障运动安全等提供科学依据。此外,它对于特殊人群如运动员、职业工作者在特殊工作环境下的适应、训练等方面也具有重要的应用价值。

本教材共分为十章,包括绪论、热环境、冷环境、森林环境、水环境、高原环境、航空生理、大气环境中的颗粒物对人体健康的影响、特殊环境中的脑力性疲劳及防护策略、特殊环境下运动的营养需求等内容。本教材可作为运动环境生理学教学、科研与保健方面的参考书，也可为户外运动训练和健康管理提供科学依据。衷心地希望本教材的内容能够激发广大读者的兴趣，促进运动环境生理学的研究和发展。本教材可能存在不足之处，恳请读者批评指正。

刘仁仪
2023 年 6 月 20 日

目录

第一章　绪　论 …………………………………………………………（1）
第一节　运动环境生理学的概念、研究对象和内容 ……………………（2）
第二节　运动环境生理学发展的历史演进 ………………………………（3）
第三节　运动环境生理学测量技术的发展 ………………………………（5）

第二章　热环境 …………………………………………………………（7）
第一节　环境热负荷评价 …………………………………………………（7）
第二节　人体热负荷评价 …………………………………………………（12）
第三节　热环境对机体的影响 ……………………………………………（16）
第四节　热传递过程 ………………………………………………………（20）
第五节　体温调节 …………………………………………………………（23）
第六节　热适应和驯化 ……………………………………………………（28）
第七节　热习服 ……………………………………………………………（30）
第八节　热疾病 ……………………………………………………………（35）

第三章　冷环境 …………………………………………………………（38）
第一节　环境冷强度的评价 ………………………………………………（38）
第二节　冷环境对机体的影响 ……………………………………………（42）
第三节　冷水浸泡对机体的影响 …………………………………………（48）
第四节　冷应激和冷习服 …………………………………………………（51）
第五节　冷伤防治 …………………………………………………………（54）

第四章　森林环境 ………………………………………………………（61）
第一节　森林环境的评价 …………………………………………………（63）
第二节　森林环境对人类健康的作用 ……………………………………（67）

IX

第三节　森林环境中对人体健康影响的因素 …………………………………… (73)
　第四节　绿地与人类健康:流行病学研究 ……………………………………… (74)
　第五节　绿色运动对健康的有益影响 …………………………………………… (75)
　第六节　森林与人类健康研究:国内外研究趋势 ……………………………… (78)

第五章　水环境 …………………………………………………………………… (84)
　第一节　水环境与运动 …………………………………………………………… (84)
　第二节　水下环境及其对机体的影响 …………………………………………… (86)
　第三节　高气压对机体的影响 …………………………………………………… (96)
　第四节　惰性气体及其在体内的运动规律 …………………………………… (103)
　第五节　减压理论及减压方法 ………………………………………………… (106)
　第六节　空气潜水引起的常见疾病 …………………………………………… (114)

第六章　高原环境 ………………………………………………………………… (119)
　第一节　高原类型及高度划分 ………………………………………………… (120)
　第二节　高原运动 ……………………………………………………………… (122)
　第三节　高原运动的生理适应 ………………………………………………… (128)
　第四节　高原训练 ……………………………………………………………… (138)
　第五节　高原比赛 ……………………………………………………………… (152)
　第六节　低氧训练方法 ………………………………………………………… (155)
　第七节　高原训练负荷及疲劳监控与恢复 …………………………………… (157)
　第八节　高原运动能力 ………………………………………………………… (163)
　第九节　高原病及预防措施 …………………………………………………… (169)

第七章　航空生理 ………………………………………………………………… (175)
　第一节　低气压生理 …………………………………………………………… (175)
　第二节　高空缺氧生理 ………………………………………………………… (185)
　第三节　加速度生理 …………………………………………………………… (194)

第八章　大气环境中的颗粒物对人体健康的影响 …………………………… (199)
　第一节　颗粒物的一般毒性 …………………………………………………… (200)
　第二节　颗粒物的致癌和致突变作用 ………………………………………… (202)
　第三节　影响颗粒物生物学作用的因素 ……………………………………… (203)

第四节　大气环境污染与运动……………………………………………（205）
第九章　特殊环境中的脑力性疲劳及防护策略……………………………（207）
　　第一节　脑力疲劳的评价……………………………………………（208）
　　第二节　户外运动中脑力疲劳的影响因素…………………………（212）
　　第三节　延缓脑力疲劳的主要措施…………………………………（214）
第十章　特殊环境条件下运动的营养需求…………………………………（217）
　　第一节　高原环境下运动的营养需求………………………………（217）
　　第二节　寒区环境下运动的营养需求………………………………（220）
　　第三节　热区环境下运动的营养需求………………………………（223）
主要参考文献……………………………………………………………………（227）

第一章　绪　论

　　环境是人类生存的条件,也是人类发展的基础。人类生活于环境之中,人类活动无时无刻不受到环境的影响,同时也在不断影响着环境。随着自然环境和人类社会的发展演变,环境对人的影响越来越深刻、复杂。同时,人们越来越关注环境对人体健康的影响,并重视环境与健康相互关系的研究。

　　环境是指以人为主体的外部世界,是地球表面的物质和现象与人类发生相互作用的各种自然及社会要素构成的统一体,是人类生存发展的物质基础,也是与人体健康密切相关的重要条件。人类的环境是指环绕于地球上的人类空间及其中可以直接或间接影响人类生存和发展的各种物质因素与社会因素的总体。环境是一个复杂的体系,一般可按照环境的主体、环境要素的属性及特征、环境空间范围等进行分类。按环境要素的属性及特征,人类的环境分为自然环境、人为环境和社会环境。自然环境包括自然界存在的各种事物和现象,它们是天然形成的,在人类出现之前已经存在,如阳光、大气、陆地、海洋、河流及各种动植物等。人为环境是经过人类加工改造,改变了其原有面貌、结构特征的物质环境,如城市、村镇、园林、农田、机场、车站、铁路、公路等。社会环境是人类通过长期有意识的社会劳动创造的物质生产体系、积累的文化等,由政治、经济、文化、教育、人口、风俗习惯等社会因素构成。这三类环境可以依其构成要素的属性或特征作进一步分类,如自然环境按构成要素可分为大气环境、水环境、土壤环境等,按生态特征可分为陆生环境、水生环境等。

　　人类的生存环境是一个由自然环境、人为环境和社会环境组成的综合系统。由小到大、由近及远可将人类的环境分为各级大小不同的结构单元,包括特定空间的小环境(如航空、航天或水下航行的密封舱)、生活环境(如居室、院落、公共场所)、车间环境、区域环境、全球环境。生活环境是人群聚集、人际交往频繁的地方。生活环境与人类的关系密切,对人体健康的影响也最为直接。开放的生活环境又处在大的自然环境的拥抱之中。自然环境不断提供人类维持生命的必需物质，同时为人类提供保持健康的诸多自然条件，如适量的光照、清洁的空气、宜人的气候、洁净的水源、有益的微量元素和天然有机生物活性物质等，对控制人体生物节律、保持正常代谢、调节体温、增强免疫功能、促进生长发育等具有十分重要的作用。此外，青山绿水、鸟语花香、奇花异草、怪石险峰、浩瀚海洋、茫茫原野等美景，能使人轻松愉快，对人的心理和精神健康具有重要的意义。随着生活水平的提高，人们对健康有着新的理解和更高的要求。充分利用有利的自然环境因素，增进人体健康已变得愈加重要和迫切。

第一节 运动环境生理学的概念、研究对象和内容

机体正常功能活动是在内外环境作用下进行的，机体在一种环境中的功能活动可能是正常的，但并不一定在另一种环境中也是正常的。例如，人在平原中机体的功能活动是正常的，若到高山上去，那么机体的功能活动和精神表现可能会发生变化，出现容易激动、发怒，情绪波动等现象。但是人类对环境的适应又是惊人的。人类可以在高达海平面以上 8 848.86m 的珠穆朗玛峰生存，这个高度已达到喷气式飞机的巡航高度。珠穆朗玛峰顶峰温度大约是－40℃，稀薄的空气造成低气压，供给的氧气只有海平面的 1/3 左右。重要的是环境对新陈代谢的影响，因为生命的基础是新陈代谢，即机体与环境必须不断地进行物质和能量的交换，这是机体生存和保持机体生命特征的必需条件。周围环境的每一个变化，只要它达到足够的强度，就能影响机体内复杂的、各式各样的代谢过程。生命现象都是与新陈代谢过程密切相关的，新陈代谢的变化会引起机体机能状态的改变，或机体某一单独器官相应的反应。

运动环境生理学是一门新兴的学科，它是研究环境因素与运动机体功能关系的科学，是运动生理学的一个分支，主要研究人体对环境变化和运动刺激的反应、适应的特征和机制。经典的生理学认为，环境变化是一种刺激，而导致机体急性的变化是一种反应，长期的变化就是一种适应。简而言之，环境变化和运动刺激作为应激源作用于机体而引起其生理过程发生深刻的变化。

运动环境生理学的任务是研究运动时人体对正常或异常环境产生功能变化的规律，从而有针对性地采取各种措施，减少或消除不利环境因素对人体的影响，为改善环境质量、创造良好的运动环境提供科学依据。运动环境生理学涉及

的研究范围相当广泛，主要包括：一般生境条件下运动机体的功能活动；不同环境，如光、温度、气候、水下环境、高度等不同对运动机体功能的影响。因为生命现象是内外环境的反映，机体功能的形成、发展、衰老和疾病都与环境作用密切相关，所以运动环境生理学在研究不同生境栖息地挑战条件下的运动功能方面具有重大意义。运动环境生理学的产生与生理学、运动生理学、环境生理学和环境卫生学等学科密切相关。人的行为都是由外界环境的影响而引起的，运动环境生理学不仅研究机体的内在功能，也研究环境与运动机体功能的关系。运动环境生理学主要涉及环境与运动健康的关系；既包括环境因素对运动健康的有益作用，也包括对运动健康的不良影响；既涉及环境与运动健康关系的宏观规律，又涉及其作用的微观机制，还有不同环境因素的联合作用对健康的影响。鉴于此，深入开展环境与运动健康关系的研究，对揭示环境因素与运动机体健康关系的本质及规律具有重要的意义。

第二节 运动环境生理学发展的历史演进

我国古代劳动人民早在两千多年前就认识到人与环境之间的辩证统一关系。《黄帝内经》提出"人与天地相参也，与日月相应也"的观点，认为大自然是生命的源泉，人与自然界有着密不可分的联系。有人进一步提出，顺四时而适寒暑，服天气而通神明，节阴阳而调刚柔。早在四千多年前，人们就认识到水源清洁与否、水质好坏与人体健康关系十分密切，并开凿水井、饮用净水，两千多年前已有定期淘井和清洁净水的措施。《管子》里明确记载"抒井易水，所以去兹毒也"。《吕氏春秋》对水质成分与健康的关系有深刻的阐述，"轻水所，多秃与瘿人；重水所，多尰与躄人；甘水所，多好与美人；辛水所，多疽与痤人；苦水所，多尪与伛人。"古人对城市规划布局、住宅与健康的关系也有较深刻的认识。西晋《博物志》指出："居无近绝溪、群冢、狐蛊之所，近此则死气阴匿之处也。"古希腊医学家希波克拉底著有《论空气、水和地点》一书，其中探讨了外界环境因素对人体健康的影响。

1888年，有学者研究个体进行登山运动时的生理变化，受试者必须背着7kg的气体分析仪登山，以便收集数据。20世纪早期，哈佛疲劳实验室成立。建立这个实验室的是当时世界闻名的生物化学家——亨德森。亨德森挑选了一位年轻的生物化学家——迪尔主持此实验室，直到该实验室1947年关闭为止。虽然迪尔在应用人体生理学的经验不多，但他创新性的思维为大量年轻、有天分的科学家能聚集在一起创造了一个良好的研究环境，为运动环境生理学发展奠定了坚实的基础。该实验室的许多杰出研究成果并非在实验室内操作而得，而是在内华达沙漠区、密西西比湖畔及加利福尼亚州的白山峰上取得。这些研究提供了环境对运动表现的影响以及运动训练生理学的基础参数，有助于进一步开展研究工作。埃里克、阿斯姆森及尼尔森三位研究者于1930年来到了哈佛疲劳实验室，进行了人类在热和高原环境下运动的研究。

　　运动环境生理学未来重要的走向是探讨人们对极端环境，如高温、低温、高山及深海等处的反应与适应现象。了解或控制这些极端环境造成的生理应激或适应现象将有益于一些特殊职业的人群，如职业潜水员。人类面临下一项环境的挑战会需要生理学家的参与吗？答案是肯定的。2022年10月22日，中国航天科技集团有限公司党组书记、董事长吴燕生表示，中国将进行载人月球探测，月球科考基地建设及实施小行星探测等，中国人探索太空的脚步将迈得更稳、更远！为完成此使命，科学家们必须尽量减少极端环境引起的人体生理上的改变，以免将宇航员暴露于危险中。持续的重力作用有助于人体维持自身骨骼肌的生长与生理适应，重力加压于长骨上，可增加骨骼的大小与密度，同时需要心血管系统来维持血压恒定，并供给大脑血流。在重力较低的环境下，如太空或深海等环境，我们会发现肌肉质量与力量急速下降、骨骼矿物质密度及肌肉耐力显著下降等现象，类似于脊髓损伤患者的症状。一系列的太空任务突显了这些问题，1983年美国航空航天局开始使用欧洲航天局建立的太空实验室，在低于地球轨道的重力场中进行跨国的科学研究。这个在太空实验室中进行的生命科学研究任务，重点在探讨微重力环境下心肺系统、前庭平衡系统及肌肉骨骼系统的适应现象。这项研究由欧洲航天局发起，德国航空太空中心参与其中。这些研究着重探究生命与微重力的关系，尤其是神经肌肉系统对微重力的适应现象。2022年7月25日，中国航天员乘组顺利进入问天实验舱，这是中国航天员首次在轨进入科学实验舱，这对我国航天员如何应对微重力或失重环境中的生理改变提出了新要求。对运动环境生理学家来说，问题在于如何结合阻力与有氧运动的训练以帮助航天员避免或减少其生理功能的降低，目前这个问题还没有肯定的答案。此外，如果身体活动在太空探险任务中或执行任务前是必需的，那么应该如何制订与更新个人的运动处方呢？毫无疑问，运动环境生理学的研究对于开展21世纪重大探险活动会有所帮助。

第三节 运动环境生理学测量技术的发展

测量是按照某种规律,用数据来描述观察到的现象,即对事物作出量化描述,是对非量化实物的量化过程。它以一个国际计量单位为基础,当计量单位对非量化实物进行量化时,就会变成有价值的资料。测量过程中要使用各种仪器,从最基本的测量尺到高精度的仪器,如激光扫描仪、核磁共振仪和电子显微镜等。新技术的迅速发展使设备不断向小型、快捷、廉价、支持远程监测的方向发展,进而有可能对医疗卫生保健和科学研究产生重大影响。科技的发展无疑会给人类健康的研究带来巨大的推动力,而国际太空站正是人类创造的最为先进的科技系统之一。人类在遗传学、纳米医学(如药物递送与可视化、芯片实验室设备、神经电接口和纳米机器人)、外科遥测及新影像技术等方面,创造了许多尖端科技。

一百多年来,生物信号采集技术是一个不断发展的过程。在内森·尊茨的领导或者启发下,该领域的研究人员已意识到进行实验室外研究的价值和影响。自那时起,生物信号采集技术一直在加速发展,这种发展很大程度上源于计算能力的不断提高。尽管自内森·尊茨的"干气计"时代开始,非直接远程热量测定系统的尺寸和质量已大大减小,但这些设备仍然需要接触受试者。因此,仪器小型化进程的下一步包括了无线传感器的创新,如可编程脑电图传感器,以及用于皮肤和体核温度测量的贴片式或胶囊传感器。此外,缩短传感器准备和清洁时间将是生物信号采集手段广泛应用的里程碑。最终,开发不需要把传感器探头直接接触人体的传感系统,可促进这些技术在科学研究、临床研究,特别是以预防保健和康复为目的的家庭监护中的应用。在这方面,包括短程射频传感在内的信号监测技术吸引了越来越多人的关注,如使用电容传感器技术、智能服装或电子纺织品变得日益重要。智能服装集成有可编织电极、可编织导线和便携式小型化数据采集硬件,不仅能够采集心电图,还可以监测 ICG(心阻抗图),同时通过蓝牙将这些检测结果发送至移动电话。该研究方法对于监测居家的高危患者极具优势。该领域另一令人振奋的发展方向为生物传感器,有时也被称为皮肤贴片传感器,这是因为该传感器的电子部件可以贴在皮肤上。生物传感器的特点是低能耗,且能够集成实验室芯片技术。因此,它们可以像薄石膏一样贴在皮肤上，并且容易取下。纳米传感器可用于连续、非侵入地实时监测生物标志物，该技术的应用前景非常广阔。它不仅可以为极端环境和空间条件下的生理研究提供突破性技术，同时也可以在临床应用研究中开辟全新的领域，在医学诊断和卫生保健方面产生重大突破。这些技术的进步将引导生理参数和遗传生物标志物的实时监测，从而在细胞、器官，甚至是全身水平上促进"转化实时监测方法"的发展。毫无疑问，这种技术的集成将促使人们更好地理解人体生理学。但同时，这些技术的进步也会引出关于个人数据隐私和私密性的法律问题。此类问题需要在这些技术应用到来之前，及时并适当地用医学、伦理和法律手段解决。整合可用于分子、细胞、器官和系统不同层次的技术，结合环境参数和个性化数据，可推动人们对极端环境适应性的全面了解。这些技术切合系统生物学的观点，其发展可能会成为预测飞行任务过程中乘组人员健康状况的关键步骤。

　　需要注意的是，在极端的环境中，人类的研究更多的是在室外进行的。在这种野外条件下，机体的生物信号收集技术往往受到很大制约。例如，像核磁共振成像这样的新技术不能用于国际空间站、登山探险或潜水活动。同样，在野外环境中，即便是非常轻便、成熟、昂贵的信号采集设备，如多通道睡眠记录器，其应用也会有一定的局限性。这些局限性源于时间限制、低适应性、不可控的电磁噪声和缺乏专业操作的人员。因此，在极端条件下，对人体生理进行科学的探索，既要有技术的可操作性，又要有技术上独特的创新性，还要求技术手段简便、直观。

　　总而言之，运动参与者有时会面对特殊环境条件，如登山时的高海拔（低氧）环境，徒步穿越和野外生存时的森林环境、高热及高湿环境或寒冷环境，潜水时的水下高压环境，航空运动的高空环境等。各种气象因素，如气压、温度、湿度、气流、辐射等通过综合作用对人体产生影响。这些气象因素，相互联系、相互制约，当一种或多种因素异常变化时，都可能引起机体感受性和适应性的改变，甚至危害健康。运动环境生理学着重于探讨周围环境如何影响运动人体的生理机能。特殊的运动环境变化将对人体生理功能产生深刻的影响，探讨特殊环境条件下运动生理学内容有着实际的应用价值。

第二章 热环境

气候环境常用的气象指标包括气温、气湿、气流、热辐射以及综合指标,如三球温度(wet bulb globe temperature,WBGT)指数等物理参数。气温、气湿和气流等的综合作用形成影响人体热交换,导致散热困难、生理热紧张及人体过热的环境,称为热环境。中国国家标准《工作场所有害因素职业接触限值第2部分:物理因素》(GBZ 2.2—2007)中"高温活动职业接触限值"规定,高温活动是指在劳动过程中,工作地点平均 WBGT 指数不小于 30℃ 的作业。依据中国各地的地理位置温度分布、湿度特点、风速及年辐射总量等气象因素,可将中国的热环境分为湿热环境和干热环境。人体运动时的压力,常因周围环境温度而产生复杂的变化。虽然机体的体温调节机制能够有效地将体温控制在正常状态下,但是当我们置身在冷或热环境下时,单靠温度调节机制是不够的。幸运的是,我们身体在持续暴露一段时间后,可以适应如此的环境压力,此过程称为适应(指的是短期适应,例如数天或数周)或是环境适应。接下来着重讨论在热环境中的生理反应,特别是与极端热环境下运动有关的健康风险,讨论热环境相关疾病的预防与伤害。

第一节 环境热负荷评价

环境热负荷评价即对影响机体热平衡的环境热强度进行综合评价,常用干球温度、自然湿球温度、黑球温度、三球温度和湿黑球温度来评价环境热强度。

一、干球温度

干球温度(即环境空气温度)是指将温度计置于无遮拦的空气中测量得到的

环境温度值,反映环境空气热的强度,是表示环境热强度最常用的指标。干球温度是指距离地面1.25～2.0m处的大气温度,常用于衡量气温高低,俗称气温。干球温度影响人体热交换,是评价热舒适度、监测环境热强度的重要指标之一,但不能全面评价人体热负荷。如在湿热环境中,人体蒸发散热量减少,干球温度就不能很好地衡量人体的热负荷和舒适度。在相同的湿度下,干球温度越高,人体的热负荷也越大,反之亦然。在相同的干球温度下,若干球温度低于皮肤温度,风速增大有利于人体的对流散热,降低热负荷;若干球温度高于皮肤温度,风速增大反而增加人体热负荷。干球温度是衡量环境热强度的重要物理量之一。

干球温度计采用玻璃水银温度计,测量范围为10～50℃,精度±0.5℃。在阳光下进行测量时,温度计必须放在百叶箱内,或温度计感温部分装有防辐射而不妨碍空气流通的屏罩,在野外活动现场测定干球温度时,应将带有防辐射罩的玻璃水银温度计挂在树荫下,距地面高度约1.5m处,尽量减少太阳辐射对温度的影响。

二、自然湿球温度

自然湿球温度指用玻璃湿球温度计在自然通风条件下测得的环境温度。自然湿球温度是反映环境气温、湿度和风速综合作用的物理参数,是评价环境热强度的指标,尤其适用于湿热环境的热强度评价。自然湿球温度受环境湿度、风速的影响较大。气温高,自然湿球温度也高;环境湿度大,不利于蒸发散热,自然湿球温度也高;风速增大有利于蒸发散热,自然湿球温度降低。相对湿度等于100%时,自然湿球温度等于干球温度,蒸发散热量几乎为零。自然湿球温度适合湿热地区或潮湿坑道使用。在湿热环境中,自然湿球温度反映的热舒适度比干球温度更接近实际情况。户外活动时,在湿热地区,自然湿球温度以不超过28℃为宜;在坑道活动,自然湿球温度达到29℃时应加强防热措施。研究表明,中等强度活动时,自然湿球温度的上限值为28℃。

自然湿球温度计测温范围为10～50℃,精度±0.5℃。测温时,将自然湿球温度计感温部分包裹纯白色棉纱布条,松紧适当,任其水分自然蒸发(不加外力)。因此,自然湿球温度不同于通风干湿球温度计测定的湿球温度。使用自然湿球温度计时,感温部分的纯白色棉纱布条下端浸入盛有蒸馏水的容器内,感温部分下端与容器上端间相距 25mm,白色棉纱布条暴露于自然通风的空气中。测温过程中容器中的水面要足够高,以保证充分湿润白色棉纱布条。测定前,将棉纱布条用蒸馏水完全浸湿;空气过于干燥时,要定时加水湿润棉纱布条。测定时,将自然湿球温度计挂在室外距地面高度约 1.5m 处,不设防辐射罩。白色棉纱布条应保持清洁,新棉纱布条使用前应清洗,储水容器中的水需每日更换。

三、黑球温度

黑球温度(globe temperature,TG)是将温度计置于紫铜质黑球中部时指示的温度值,它可以反映太阳的热辐射强度。黑球温度反映环境气温、热辐射等综合因素影响,其温度高低在医学上间接地表示人体感受周围环境热辐射的状况,是一个体感温度,在相同的体感之下可比空气温度高 2~3℃。因此,黑球温度是评价环境热强度的重要指标之一,但一般多用于计算三球温度或平均热辐射强度,进而评价环境热强度。

测定黑球温度使用黑球温度计。标准的黑球温度计有一个用紫铜制成的外径为 150mm 的空心球体,壁厚小于 0.2mm,温度计测量范围为 20~100℃,精度 ±0.5℃。整个球面涂无反光黑漆或用煤烟(煤油加松香)熏黑,球体表面应无灰尘、无雨纹,如需要,可去除灰尘或清洁。经与球体焊接在一起的铜管,插入一个经过标定的水银温度计至球体中心。改进的黑球温度计铜球的外径缩小至 50mm,方便野外使用。测量时,将黑球温度计放在室外测定位置,距地面高度约 1.5m,待温度计置于测定位置约 15min,同干球温度计、自然湿球温度计一样,黑球温度计达到稳定状态后,读取其读数。需要注意的是,测定的环境条件必须与热暴露人员的活动条件完全相同或非常近似。

四、三球温度

三球温度为干球温度、自然湿球温度和黑球温度的加权计算值,是评价环境热强度的一个经验指数,国际标准化组织已将其作为评价环境热强度的综合指标。三球温度不仅反映了环境气温、湿度的影响,也包括太阳热辐射、风速等气象要素的作用,它的单位为℃。在电子三球温度仪问世前,人们使用机械式三球温度仪测定后加权计算三球温度。三球温度仪由干球温度计、黑球温度计和自然湿球温度计组成,它们分别测量空气温度、黑球温度和自然湿球温度。

电子三球温度仪采用半导体温度传感器、铂电阻温度传感器、数字温度传感器等敏感器件,通过采集、转换、处理数据,输出数字温度信号,并将自然湿球温度、黑球温度和干球温度数值直接在显示屏上显示。电子三球温度仪的自然湿球温度、黑球温度、干球温度3个监测探头安装在同一个水平面上,以保证监测数值的一致性。该仪器国内外均有生产,其测量的基本原理相同,只是采用的传感器、控制电路、显示方式不尽相同。

各国多采用三球温度评价环境热强度,以调控体力活动强度、安排活动期间的休息和液体补充。三球温度的应用体现在如下几个方面。

1. 评价人在湿热环境中活动的耐受时限

三球温度约26℃时,计划重体力活动时,未达到热习服人员应慎重;三球温度约29℃时,未达到热习服人员在前3周训练期间,暂停剧烈活动,训练2周,在这一温度下,训练活动可继续进行,但适当减量;三球温度为29～31℃时,应避免户外阳光下的训练;三球温度约31℃时,热天气下训练不满12周的人员,减少剧烈活动;三球温度为31～32℃时,已达热习服人员可继续进行有限的户外活动,但每日不超过6h;三球温度高于32℃时,全体人员暂停户外训练和剧烈活动。

2. 提供人在热环境下活动时间的参考标准

当三球温度不超过32℃时,已达到热习服的中等强度活动可以持续4h,大部分的生理反应在安全界限以内,且主诉的不适症状和全身疲劳可以在24h内恢复;三球温度为32～33℃,可行走3h,近一半的反应达到生理安全上限,少数人超过耐受极限;三球温度为33～34℃,近2/3的生理反应超过生理安全上限,1/3达到耐受极限,出现明显的中暑前驱症状,且24h后仍不能很好地恢复,此时应停止户外活动,如需进行户外活动,应加强医学监督。

3. 提供人在热环境下进行水盐补充的参考标准

热环境下,进行一般活动或轻度劳动时,每日饮水3.3～3.6L(包括食物含水2L,饮水1.3～1.6L),便能满足机体水平衡的需求。活动过程中的饮水量,可按不同三球温度、不同活动强度时对应发汗量的70%～80%推算(其余20%～30%水量已在活动前的进餐和饮水中预先得到补充)。可按下式计算中等强度与大强度运动时的发汗量,再进一步计算补水量:中等强度运动时,发汗量(L/h)=0.097 62×[(WBGT+0.187)÷1.044]－2.019 83;大强度运动时,发汗量(L/h)=0.103 42×[(WBGT+0.187)÷1.044]－2.003 30。户外活动时,确定补水量后可确定补盐量。除三餐膳食中供给的食盐外,如饮水量不受限制,在补水 500~1000mL/h 的同时补 1g 盐;如供水困难,则在补水 400~500mL 的同时补 1g 盐。

五、湿黑球温度

湿黑球温度(wet globe temperature,WGT)是反映气温、气湿、气流和热辐射综合作用的物理量,是评价环境热强度的重要指标之一。湿黑球温度既表示周围环境的炎热程度,也包含影响机体热交换作用的几种环境因素,湿黑球温度可用湿黑球温度计直接测量。湿黑球温度的测量有两种方法。加权计算测定法一般测量自然湿球温度和黑球温度,然后经加权计算出湿黑球温度,计算式为

$$WGT = 0.7 T_{nw} + 0.3 T_g \tag{2-1}$$

式中:T_{nw} 为自然湿球温度(℃);T_g 为黑球温度(℃)。

在实际应用中,三球温度和湿黑球温度可以互换,即

$$WBGT = 1.044 WGT - 0.187 \tag{2-2}$$

不同的环境热强度评价指标反映的内在性质不同,在表示环境温度时,必须说明选用的测量方法。干球温度、自然湿球温度、黑球温度作为评价环境热强度的单一指标,虽不能反映各种气象因素的综合作用,但其测定仪器结构简单、价格便宜、操作方便,在实际工作中常被采用。干球温度适用于干热、无热辐射环境的热强度评价;自然湿球温度适用于湿热环境的热强度评价;黑球温度适用于有热辐射环境的热强度评价。三球温度和湿黑球温度属于环境热强度的综合性评价指标,应用比较广泛,各国已提出人体耐受的具体阈值标准。三球温度测量较复杂,对测量仪器有严格的要求,或采用电子三球温度仪测量,或采用干球温度计、自然湿球温度计和黑球温度计在同一地点分别测量并进行计算。因此,应根据需要选用评价指标。

第二节 人体热负荷评价

监测人体在热环境活动中的生理负荷参数,以便随时评价人体热负荷程度,及时采取相应的防护措施,这是热环境医学的一项重要研究内容。为了对热环境作出准确评价并确定合理的评价指标,国内外研究人员通过多种途径、多种手段进行了广泛深入的研究,先后推荐许多评价方法和指标。热环境评价的理想指标应该既能评价综合气象条件,又能确切反映热强度对机体的影响,因此难以依据某个单一指标进行评价。综合国内外的研究,热环境评价包括两大方面,即生理学评价和物理学评价。人体热负荷评价即为生理学评价,常用的评价指标有心率、体核温度、发汗量及主观热感等。我们应在监测环境热强度的同时,做好人体热负荷评价等医学监督,以预防、减少热损伤的发生。

人体在热环境中活动时的受热程度称为热负荷,其大小取决于体力活动时的产热量及人体与环境之间的热交换特性。评价人体热负荷时,应考虑影响机体热平衡和生理功能的各个方面,既应考虑环境气象因素(如气温、湿度、风速、热辐射等的作用),还应结合人体活动强度、活动方式、着装、热习服程度、生理应激反应等进行综合评价。人体热负荷评价指标分为生理性评价指标和综合性评价指标。

一、生理性评价指标

生理性评价指标包括心率、体核温度、发汗量等,用于评价运动员热环境暴露时的生理反应程度。

1. 心率

在热环境中活动时,外周和中枢温度感受器以及血液温度对心脏的影响可使心率加快,以补偿热对每搏输出量增加的限制,满足增加心输出量的需要。心率加快程度与环境热强度、体力活动强度直接相关,故心率是评价热环境活动时人体心血管系统紧张程度的重要指标。心率过快,心室舒张时间缩短导致冠脉血流量不能满足心肌需要,特别是发汗率超过 4L/h 时,血液浓缩和血液黏度增高,使静脉回心血量减少,此时心率加快,每搏输出量不增反降,因此在高温环境中从事高强度活动或活动时间过长可使血压下降。血压下降反射性地引起心率显著加快,但因每搏输出量减少,血压不能恢复。

2. 体核温度

在中枢神经系统和内分泌系统调控下,通过心血管系统、皮肤、汗腺和内脏等组织器官的协同作用,人体产热和散热维持动态平衡,以达到体温恒定。静息状态下,人体能够应对环境气温、湿度影响的极限为气温31℃、相对湿度85%,或气温38℃、相对湿度50%。在热环境中活动时,人体代谢产热量增加,同时经辐射与对流从外环境获得热量,人体能够应对环境气温、湿度影响的极限大为降低。如果机体热负荷总量超过散热量可出现热蓄积,随着热暴露和活动时间延长,热蓄积增多,体核温度出现不同程度升高,这是体温调节紧张的重要标志。体力活动后,体核温度升高小于1℃(直肠温度<38.5℃)是正常范围内的波动,一般休息30min即可恢复,体核温度超过正常范围表示机体过热。体核温度可作为评价机体热蓄积和人体耐热程度的生理性评价指标。

3. 发汗量

气温超过35℃时,人体完全依赖蒸发散热,因此,发汗量可直接反映高温条件下体温调节的紧张程度。通常采用体重法测量,按下式计算:发汗量=(试验前体重-试验后体重)+(试验中饮水量+食物量)-(试验中尿量+大便量)。在热环境中从事活动时,医务人员应适时了解参训人员的身体状况,及时监测运动员心率、体核温度和发汗量。

二、综合性评价指标

综合性评价指标包括生理紧张指数、热强度指数和预计4h发汗率。

1. 生理紧张指数

生理紧张指数(physiological stress index,PSI)是由心率、体核温度、发汗率等指标构成的评价人体热负荷的综合指标,与环境热强度高度相关。热习服耐受上限为3.0～3.6(无量纲)。计算公式为:生理紧张指数=(活动结束时即刻心率/100)+活动后直肠温度增加值(℃)+发汗率(L/h)。

2. 热强度指数

热强度指数(heat strain index,HSI)是包括环境气象因素及体力活动强度在内,以发汗应激反应为生理基础的评价指标,为维持热平衡"所需蒸发散热量"与该环境"最大容许蒸发散热量"的比值。若按人体平均体表面积为 $1.6m^2$ 进行计算,参照下式:

$$热强度指数 = M+(9.12+11.2V)(T_g-35)/[18.66V \times 0.4(42-V_{pa})] \tag{2-3}$$

式中:M 为代谢率[kcal/h($1kcal \approx 4.186kJ$)];V 为风速(m/s);T_g 为黑球温度(℃);35 为皮肤温度(℃);42 为 35℃皮肤温度时的水汽分压[mmHg($1mmHg \approx 133.32Pa$)];V_{pa} 为空气水汽分压(mmHg)。

3. 预计 4h 发汗率

预计 4h 发汗率(predicted 4-hourly sweat rate,PSR)是以身着单衣的男性青年在不同气象条件、不同体力活动强度时发汗量的变化为基础的评价方法。由于各国的地理环境、社会制度、生活条件以及人体的物理特征等因素不同,各国高温环境评价标准也不同。我们在实际应用中应以中国标准为主,当我国缺少某一标准时,可参照使用国外标准,但必须结合中国的实际情况全面加以考虑。

三、体核温度的测量

体温测量常用的部位为腋下和舌下。一般来说,使用腋下测量体温,确定的只是外围体温而不是体核温度。要想获得准确的体核温度,温度计必须紧紧地在腋下放置 30~40min,这段时间体核温度才会扩展到腋下。舌下测量体温时,温度计的位置在舌根处有 0.6~0.8℃的变化。在实验条件下,体核温度的测量是将温度计置于食管、鼻咽、直肠或鼓膜/耳道中。然而,这些方法在实验室之外不适用,尤其是在极端环境中,实际精确测量体核温度是非常困难的。一个体温计需要具备这些特点:无侵害性,容易处理,满足基本的卫生标准,不因环境变化而出现偏差,且对动脉血液温度较小的变化也能准确定量反映,此外,体温计对温度变化的响应时间应该尽可能短。

以往的研究已经表明,在高温和潮湿环境中,热负荷会导致体温迅速升高。这可能会导致热应激相关的损伤,如直立位虚脱甚至发生热射病。如果有因发热或药物引起的体温调节障碍,不良影响可能会发生得更快。每个器官的温度取决于局部新陈代谢和器官中的血液灌流情况。这两个因素都能够引起同一个器官温度的变化。因此,颅、胸腔和腹腔中的温度与动脉血液温度大约有 0.4℃ 的差别。目前还没有准确且简易的方法在野外进行体核温度的测量。

体核温度的测量位点都有相对的优势和劣势,包括不同类型的温度传感器的响应时间,关于这一问题的标准化研究自 19 世纪 70 年代起就在进行。大多数从事体温研究的生理学家认为非损伤的食管内测得的温度接近于人类的体核温度。它与中心静脉血液温度的变化相关。

食管温度的测量是通过插入一个包含热电偶或热敏电阻的导管经鼻腔至喉咙,然后吞至食管。尽管这种方法适合研究或在手术过程中,但在非卧床和现场评估时是非常不合适的。其他部位如直肠或鼓膜也存在这些问题。

直肠温度的测量是穿过肛门括约肌插入一个温度传感器且插入深度最小为 8cm,需要 25~40min 获得恒定的直肠温度。在休息和处于温和温度环境(27℃)的条件下,直肠温度要比鼻咽或食管温度高 0.2~0.3℃。与食管温度相比,直肠温度很大程度上与环境温度无关。因此,稳定的直肠温度是评估身体热量存储的一个较好的指标。与其他测量方式相比,测量直肠温度的主要问题是,它反映体核温度的变化比较迟缓。反应迟缓的原因可能是直肠的血液流动与其他部位相比较缓慢,体腔内器官体积大。大部分位于腹腔的器官由于较大的体积而需要更多的能量才能引起温度快速改变。

测量鼓膜温度的方法是通过在耳道插入一个小型温度传感器并与鼓膜直接接触,但是很多采用这种方法的被测试者认为这样测试很不舒服。此外,有报告称若操作不当,温度传感器可能会将鼓膜刺穿。因为潜在的不舒适感和创伤及温度传感器的放置问题阻碍鼓膜温度测量的应用。有些研究人员选择测量外耳道温度,这种方法是将温度传感器放置在耳塞中。调查显示,此种方法测量时温度传感器放置的位置至关重要,因为外耳道有一个固定的温度梯度(约 0.5℃)。一些研究表明,在运动或休息的时候,外耳道的温度不能表征体核温度,在不同环境中,与直肠温度和食管温度相比可能有所不同。此外,头部的局部加热或空气流通增加将引起鼓膜温度偏差。

在动态环境中,测量体核温度可靠的方法是使用联网功能的核心温度传感器。然而,在日常生活中这种方式是不切实际的。这些设备专为在执行高的热应激任务时使用。皮肤表面的温度测量比以上提及的任何体核温度测量方法都容易,皮肤的血流量或汗水的蒸发量不同导致皮肤部位温度的测量结果不同。此外,环境的变化(如气温、湿度、风速、热辐射)也会改变皮肤温度。因此,从事体温研究的生理学家一般取皮肤表面16个部位的温度进行加权取值。显然,在大多数情况下,使用这样一个复杂、沉重的设备进行连线温度测量是非常不切实际的。

第三节 热环境对机体的影响

人在热环境中生活与活动时,高温环境因素作用于人体,对能量代谢、水盐代谢、神经系统、心血管系统、呼吸系统、内分泌系统、消化系统、泌尿系统和免疫系统等会产生一系列的影响。

一、能量代谢

在高温环境中,人体能量代谢可发生显著的变化。在28℃环境中,人体产热量即开始增加,随着环境气温升高,机体的基础代谢率也逐步增高,直肠温度每升高1℃,代谢率增加10%～20%。高温环境下机体能量消耗量比常温环境下增加5%～9%。环境温度过高时,外界的过热负荷会促使机体热平衡发生紊乱、能量代谢的细胞学基础损伤,导致细胞生物氧化受阻,生物化学效应明显下降。

二、水盐代谢

在高温环境中,人体经呼吸道、泌尿道和消化道丢失的水分量小,而经皮肤发汗丢失的水分量大。与细胞外液相比,汗液是低渗的,但大量排汗造成水、电解质过量丢失,若不及时补充水分和盐量,可导致水盐代谢紊乱,这是人出现热痉挛、热衰竭等的重要原因。水盐代谢紊乱主要包括高渗性脱水和低渗性脱水两种形式。机体水分不足可影响散热,丢失体重1%的水分即可使体温升高,而且随着缺水程度的加重,体温逐步升高。大量发汗可造成体内多种电解质绝对量不足,导致血浆晶体渗透压和血浆容量显著降低。而多种金属离子,如Na^+、K^+和Ca^{2+}等浓度的下降,可导致细胞一系列生理活动,如以金属离子为辅因子的酶功能及信号转导、能量代谢、细胞运动、离子转运等出现紊乱,进而导致机体疲倦、眩晕、肌痉挛、精神紊乱、神经传导阻滞,甚至昏迷、死亡。因此,在高温环境中及时合理地补充水、盐,对于提高机体耐热能力、防止热损伤是十分重要的。

三、神经系统

外部环境的热信号通过皮肤温度感受器和血液温度变化直接影响下丘脑的体温调节中枢,引起神经-内分泌系统和体温调节变化,以适应高温环境,这是神经系统对高温环境的积极反应。然而,当机体热平衡失调引起大量热蓄积时,过热血液流经神经中枢可损伤神经元,改变多种神经递质功能,直接导致脑细胞损伤甚至引起神经细胞死亡。此外,高热导致的心血管系统功能紊乱和水盐代谢失衡等,可引起大脑皮质缺血、缺氧,导致大脑神经元发生膜脂质流动性改变、膜脂质过氧化、线粒体损伤、细胞信号转导改变等一系列生理和病理效应。行为学上,表现为脑活动能力下降、肌肉工作能力降低、活动效能的下降。机体热负荷超过一定限度时可导致体温过高,中枢神经系统功能严重紊乱,甚至发生昏迷、惊厥和谵妄,中枢神经系统调控能力随之降低,一系列散热效应受抑制,人体会出现心血管系统功能紊乱等病理现象。

四、心血管系统

在高温环境中,机体心血管系统功能将出现明显的代偿性变化,对调节热平衡有重要作用。当高温环境导致机体代谢失调、体温升高时,可损伤心血管系统功能,出现心血管系统功能紊乱甚至衰竭现象。热环境对人体心血管系统功能的主要影响如下。

1. 组织血流量分配的变化

机体在高温环境中出现热应激,导致交感神经兴奋、肾上腺髓质激活、肾上腺素分泌增加,引起内脏,特别是脾、肝、肾、胃肠道血管收缩,血流量减少,并随热暴露时间的延长呈进行性减少,血流量可较常温环境下减少约37%。脑和肺部血管交感神经分布的密度较小,热应激时血管张力较低,血流量变化很小或几乎不变。皮肤血管明显扩张,血流量增多,甚至可达常温环境下的15~20倍。

2. 心率与心输出量的变化

人体在高温环境中心率明显加快,在高温环境中从事体力活动时心率增加明显。心率增加与心肌收缩增强将导致心输出量增加。但在高温环境中,因环境温度和热暴露时间不同,心输出量呈双向变化。直肠温度低于40℃时,每搏输出量和心输出量平稳或略有升高;但直肠温度进一步升高时,每搏输出量和心输出量却逐渐下降。

在高温环境中,皮肤血管明显舒张,末梢血管阻力下降5%～7%,血压明显降低。血压是反映机体心血管系统功能的综合指标,常将血压变化作为过热机体生理极限的重要预警指标。环境热强度过高时,心脏泵血功能减弱,血管充盈不足,血压降低明显,颈动脉窦与主动脉弓的压力感受器对血压变化敏感。机体在受热早期,散热所致的血压降低可引起压力感受器产生反射性调节,动脉血压在一定范围内保持恒定,以保证心脏、脑等器官的血液供应,这是受热机体积极的内源性防护机制,但掩盖了导致血压急剧下降的潜在危险。因此,不能仅以高温环境活动人员的血压作为监测活动强度极限的判定标准。

五、呼吸系统

大脑延髓网状结构的呼吸中枢调控呼吸系统功能。在高温环境中,体内的热蓄积使血液温度升高,引起血液pH值、渗透压、离子浓度等多项指标发生变化,通过刺激下丘脑体温调节中枢和外周化学感受器,激活呼吸中枢,反射性引起呼吸运动增强,特别是呼吸肌做功的能力,导致呼吸加深、加快,肺通气量增加,使呼吸道蒸发散热量增加,有利于对流散热。当环境热强度超过一定限度时,呼吸进一步加快,甚至导致换气过度,同时出现血液循环障碍,使组织血液灌注不足、组织缺血;加之机体在体温升高时组织代谢增强、耗氧量增加,加剧了过热机体的缺氧程度。因此,机体过热时多伴有缺血、缺氧现象发生,这往往是直接导致热损伤的重要原因。

六、内分泌系统

在热环境中,机体内分泌系统主要通过应激反应性调控和功能调节性调控对抗热损伤。

(1)应激反应性调控。高温环境暴露时,特别是在初始时期,机体往往处于应激状态,属于非特异适应性反应。首先,应激引起下丘脑-垂体-肾上腺皮质系统功能增强,增加下丘脑视前区促肾上腺皮质激素释放激素分泌,刺激腺垂体分泌促肾上腺皮质激素进入血液循环,进而使肾上腺皮质加速合成、分泌糖皮质激素和盐皮质激素。体内糖皮质激素大量分泌强化机体神经系统功能,并使机体在高温环境中保持血液 pH 值及渗透压的相对稳定,从而提高机体热习服和热耐受能力。

(2)功能调节性调控。机体在适应高温环境的调节过程中,内分泌系统的变化主要表现为促进下丘脑神经垂体分泌抗利尿激素,强化肾素-血管紧张素-醛固酮系统。抗利尿激素和醛固酮的分泌可有效地增加肾小管对水分的重吸收,减少尿量,对维持机体有效循环血量有重要的意义。醛固酮的排钾保钠作用不仅限于肾脏,而且对汗腺、唾液腺及胃肠道也有一定的作用。因此,醛固酮对维持高温环境下机体内环境晶体渗透压稳定具有非常重要的作用。

七、消化系统

机体在高温环境下失水,使唾液腺分泌的潜伏期延长、分泌量减少。当失水量达体重的 8% 时,唾液分泌几乎停止,唾液中 K^+、Na^+、Ca^{2+} 和 Cl^- 等含量减少,唾液淀粉酶活性减弱,唾液的消化功能明显降低。机体在高温环境下大量发汗,NaCl 过量丢失、血液中 Cl^- 浓度降低,可使胃液分泌减少、酸度降低,影响消化功能。胰液、胆汁、肠液的分泌也明显减少,胰液中酶蛋白含量和酶活性也会降低。消化腺分泌功能的降低,直接导致消化能力减弱。机体在过热环境中,胃肠道血流量减少,使胃肠道的能源供给及胃肠道功能下降。在高温环境下,小肠吸收功能明显减弱,小肠蠕动明显受到抑制,使肠内病原性甚至毒性物质滞留时间过长,病原微生物生长旺盛,可导致高热性肠炎的发生。机体在高温环境中工作时,体温调节中枢还可对摄食中枢产生抑制作用,使机体食欲减退、消化系统功能降低,甚至功能紊乱,导致机体营养不良,进一步促使热损伤的发生。

八、泌尿系统

在高温环境中,肾脏在机体水盐平衡调节中起着重要的作用。在常温环境下,肾脏水排出量占机体水排出总量的 50%~75%;而在高温环境中,当汗液蒸发成为机体的主要散热方式时,体内水分主要以汗液形式排出,肾脏水排出量仅占机体水排出总量的10%～15%。汗液是低渗液体,发汗时机体的水分丢失明显大于电解质丢失,机体可出现高渗性脱水。血浆渗透压升高,可激活下丘脑的渗透压感受器,使神经垂体抗利尿激素分泌增加。同时,肾上腺皮质球状带分泌醛固酮增多,可以减轻对抗利尿激素分泌的抑制作用,从而强化抗利尿激素对肾脏的作用,使肾脏对水的重吸收作用得到加强。因此,少尿往往是机体热应激早期的临床表现。另外,机体大量体液丢失导致缺盐,或因补水不当导致低渗性脱水,将激活肾脏致密斑感受器及肾素-血管紧张素-醛固酮系统,使醛固酮分泌增多,发挥保钠排钾的作用,可使机体尿钾排出量比常温下增加2倍多,加之大量发汗,易致机体缺钾,引起低钾血症和一系列病理性损伤。

九、免疫系统

高温环境使机体细胞免疫功能先增强后减弱,最后出现全面抑制,而且随着高热暴露时间的延长,细胞免疫及体液免疫功能均受到抑制,这是热暴露对免疫细胞的毒性作用所致的。高温通过抑制细胞免疫、体液免疫和细胞因子活性降低人体免疫功能,体核温度为40℃时即可抑制免疫细胞功能;体核温度为43℃时,免疫细胞出现不可逆损伤。在热负荷的影响下,清蛋白含量增高、球蛋白含量降低,清蛋白/球蛋白比值由1.6增至2.4。中性粒细胞的吞噬活性与机体的热负荷呈明显负相关,某些免疫因子、补体效价等均明显降低。皮肤自身菌丛的菌落数与皮肤温度及发汗量呈明显正相关,在高温条件下,皮肤的杀菌能力降低。另外,机体会发生一系列适应性生理变化,机体的代偿反应超过生理限度时会导致机体各系统功能失调,进而引发中暑等热损伤。

第四节 热传递过程

一、内部热传递

两个物体之间的热交换效率与温度差成正比。在热传递的过程中,内部的热量从各种组织和器官输送到温度较低的体表面,从身体核心传热到体表被称为内部热传递。散热涉及交感神经控制，也与血液循环系统的调节相关。例如，强体力活动下身体皮肤血管过度扩张，血管缓激肽和其他随汗水排出的介质引起血管舒张，内部产热增加或外部热应激导致皮肤血流增加。在热应激状态下，组织深部的动静脉吻合支基本是封闭的，从身体核心部位流出的血液流入到皮肤的静脉血管中，这种特殊性的解剖结构促进了热量在外环境中的散失。此外，深部动静脉吻合支的关闭可以抑制热量重新回到身体内部，从而防止身体温度过高。这种动静脉吻合支可以高效调节内部热量传递，使得不同部位的血液循环存在很大的差别。

二、外部热传递

环境条件，如气温、太阳辐射、相对湿度、风速、皮肤温度及有效的身体表面积都是影响体内热量传递到外部的重要参数。外部热传递有 4 个不同的方式：传导、辐射、对流和蒸发。

1. 传导

物理接触的两个固体物质之间的直接热传递称为传导。热量从温度较高的物体流向温度较低的物体。在原子层面上，热量交换的形式为相邻原子间的动能交换。热传递效率是由两个物体之间的温差、有效交换面积和材料属性及特殊的导热率决定的。空气具有非常低的导热率，是一个非常好的绝缘体。热量经由血液从身体核心传递到皮肤表面被边界层和对流的空气吸收，外部热传导只发生在皮肤与高导热性的材料表面直接接触的区域（如金属）。在这种情况下，不小心接触该区域会导致烫伤或冻伤。身体周围边界层越厚，身体表面和空气热量传递效率越低。通过选择合适的衣服，可以增加或减少人体边界层的厚度。衣服的多少对隔热具有决定性作用，穿的衣服越多，阻隔的空气越多。

2. 辐射

高于绝对零度（-273.15℃）的物体都会发出一定波长的电磁辐射。辐射的波长取决于物体表面温度，并与其成反比。越热的物体释放的波长越短，越冷的物体释放的波长越长。在温度频谱上，人类和动物体温是相对冷的，因此都在长波红外辐射范围内。辐射的波长不仅由表面温度决定，也与身体发出的辐射能量有关。在基础代谢状态下，当周围环境温度为 20～25℃、湿度和风速相对较低时，人体有 50%～60% 的总热量是通过红外辐射传递到周围环境中的，剩余部分的热量通过对流、传导和蒸发散失。辐射的热量与辐射损失或吸收的机体表面的温度和周围物质的温度的差异有关,两者的温差越大,辐射的热量越多。

3. 对流

身体表面与外部环境之间的对流主要发生在空气层(边界层),而且发生在皮肤表面。对流热传递有两种形式,即自然对流和强制对流。

1)自然对流

如果温暖的身体位于较冷的介质(如空气和水)中,热量沿着身体表面向上传递,在这一过程中,介质传输热流。在太空失重的状态下,宇航员体表空气层不会发生自然对流,这会引起热不适。皮肤和环境接触面积为 $1m^2$ 时,每摄氏度的变化会使得人体大约释放出 3W 的热量。因此,环境温度为 25℃ 和平均皮肤温度为 33℃ 时总热损失为 $24W/m^2$,与体表相关的基础代谢率为 $0.1\sim0.2J/(cm^2 \cdot min)$,这相当于 $45\sim50W/m^2$。

2)强制对流

强制对流发生在身体转移到移动的介质(风、水流)或身体穿过这样的介质时,因此,在热损失中目标的大小和形状起着重要的作用,这意味着个体较小的动物(如鼠)的每单位面积热损耗远超过个体较大的生物(如大象)。小个体动物的强制对流可以迅速引起其热平衡紊乱,尤其是强制对流降低了边界层的厚度,边界层转移到湍流边界层,且呼吸道也有对流热损失。然而,与其他哺乳动物(狗、马)相比,这种机制的热损失在人类身上发生较少。

4. 蒸发

蒸发是指体液的水分在皮肤和黏膜(主要是呼吸道黏膜)表面由液态转化为气态,同时带走大量热量的一种散热方式。每蒸发 1g 水可带走 2.44kJ 热量,因此蒸发是非常有效的散热方式。蒸发可分为不显汗和发汗两种。

1)不显汗

不显汗(又称为不感蒸发)是在未聚集成明显的汗滴之前即被蒸发的一种持续性散热形式,一般不易被察觉。在无明显汗感的情况下,一个正常成年人的体液流失量为 $20\sim30mL/h$,即在环境温度为 33℃ 时,每天为 $400\sim600mL$。在中等室温(30℃以下)和湿度条件下,有 20%~30% 日常代谢(被动蒸发热损失)的热量以这种方式散发。在高海拔或极端寒冷的环境中这些热损失更高,尤其是在体育锻炼时。

2)发汗

发汗是可以感觉得到的,又称为可感蒸发。发汗是汗腺主动分泌汗液的活动过程,汗液的蒸发可有效地带走热量。人类活动时会通过汗腺排出液体(有明显汗感)。因为蒸发吸热,通过汗水的蒸发,机体会失去大量的热量。当出汗量约 2g/min 时,完全蒸发的汗水就足够抵消一个成年人在静止条件下产生的热量(80~90W)。因为成年人每平方米的体表面积最多可以产生 15g/min 的汗水,在大负荷运动时或外部热应激时,这成了散热的主要机制。除了适当地补充水分外,外部环境的水蒸气压高低也是影响汗腺出汗多少至关重要的条件。环境中水蒸气压越高(空气湿度大的热带气候),通过蒸发损失的热量就越少。空气湿度相对较低时(干燥的沙漠气候),人类在短时间内之所以仍能承受极高的气温和外部热负荷,是因为从皮肤到环境水蒸气压梯度非常大。整个身体表面汗腺的数量高达 200 万~500 万个之间,在手掌和脚心中高度密集,头部和躯干分布着较少的汗腺,四肢分布着数量最少的汗腺。在人类皮肤表面每平方厘米平均有 150~340 个汗腺。然而,不同种族的人汗腺的绝对数量有明显的差别。一般来说,居住在寒冷环境中的人比居住在炎热或热带环境的人具有更少的汗腺。

第五节 体温调节

一、体温调节机制

体温调节系统的任务是使体温保持恒定,因此在体温调节系统内存在着一个产热和散热之间的平衡问题。这个控制变量就是体核温度,它是身体的各个部位局部温度的综合值。体温自动调节机制使得人体可以适应一定程度的极端环境条件。在极端的环境条件下,体温调节失败会迅速导致身体低温或高温,尤其是相对儿童和老年人而言。人体皮肤上不均匀地分布冷、热感受器,能感受外部环境和内部的体核温度。通过传入神经纤维,这些外部(体表)和内部(身体核心部位)温度感受器通过脊髓与下丘脑连接,构成体温调节中心。大多数的冷刺激受体位于皮肤以下大约 0.2mm 处。随着皮肤温度的快速增加,热感受器的首要反应是产生过量的神经脉冲信号,随后脉冲速率迅速下降。冷感受器比热感受器具有更低的自放电率,在冷、热感受器强烈刺激(兴奋)期,皮肤表面其他的受体被抑制。目前,已知的关于温度调节的信号转导机制不多。

在解剖学上,下丘脑的视前区似乎是体表和内部的实际温度与"设定点"温度数值(设定值)调节的中枢。在技术系统(如空调系统)中这个设定值是由放在控制电路中的温度参考信号装置设置的。在下丘脑中,特殊的神经元应是产生这种独立温度信号的区域,但直到现在人们都无法找到这些神经元存在的足够证据。

当实际温度与设定值偏离时,在控制回路中各控制元件(运动系统、棕色脂肪组织、血管舒缩性活动、汗液分泌和毛发活动)是由自主神经系统通过传出自主神经纤维正向或负向调节的。当体核温度数值低于设定值时,下丘脑会参与调节:①皮肤和体表血管收缩(负反馈),从而降低体表的热释放率;②体表的汗毛竖起(鸡皮疙瘩),增加皮肤的隔热边界层,从而减少热量损失;③颤抖增加产热。当体核温度数值高于设定值时,这些机制会引起体温进一步升高(运动系统)的程度被减轻(负反馈),热损耗机制加强(体表血管扩张,汗液分泌增加)。这些不同的防御机制维持体核温度的稳定,是自主条件反射而不会受到主观条件的影响(自主控制)。温度舒适与否的感觉是在感觉皮层产生的,冷、热感受器所接收到的内部和外部的刺激是通过脊髓丘脑束和非特异性丘脑内侧区激发产生的。不同的热不适,不仅刺激自主应激产生反应,而且通过介质传导大脑皮质产生行为上的变化。

热平衡在正常条件下,人体代谢产热与散热保持相对平衡状态。体温调节机制就是温度感受器将信号传入下丘脑,下丘脑视前区整合信息后将信号传递给效应器。产热过程主要通过骨骼肌收缩、寒颤、自由活动、进食等实现,散热过程主要是通过改变皮肤血流量、增加发汗量完成。在高温环境中,由温度感受器传入的神经冲动到达体温调节中枢,反射性地引起皮肤血管舒张、血液循环加快、皮肤血流量增加,导致皮肤温度升高,进而通过传导、辐射、对流和蒸发等方式增加散热量。人体热平衡的计算公式为

$$M \pm R \pm C - E = \pm S \tag{2-4}$$

式中:M 为代谢(基础代谢与活动代谢)产热量;R 为辐射热交换量(环境气温低于皮肤温度时为负值,反之为正值);C 为对流与传导热交换量(人体获得热量为正值,丢失热量为负值);E 为蒸发散热量;S 为热平衡值,在适中温度下,人体的产热量与散热量相等时,$S=0$。

在适中温度下，人体散热的主要途径是辐射散热，其次是蒸发、对流与传导散热。气温超过30℃时，蒸发散热成为人体散热的主要方式。

机体在高温环境中，体温调节将发生相应变化。一般情况下，热敏神经元的温度感受阈，即体温调定点约37℃。在高温环境中，身体内外环境的共同作用使皮肤受到过热刺激时，调定点可下移，体温达到36.6℃时即可发汗，以增强机体的散热能力，维持体温恒定。但人体的体温调节能力是有限的：在静息状态下，人体体温调节能力的极限为气温31℃、相对湿度85%，或气温38℃、相对湿度50%。从事较高强度活动时，人体代谢率随活动负荷的增加而增加，体温调节的极限值将大幅度降低。当机体产热及接受的外环境热量超过体温调节的生理极限时，体温调节功能紊乱，热蓄积及体温不同程度升高。体温过度升高将直接导致组织细胞生理代谢紊乱、结构异常，严重影响机体功能，降低机体活动能力。

1. 心血管调节

在极端环境条件下，如高温及相对湿度较高时，新陈代谢活跃的肌肉和体温调节系统（增加皮肤血液循环散热）对心血管系统都有很大的压力。皮肤的血液循环可以增加到每分钟几升，占心输出量相当大的一部分，同时增加身体核心和体表的温度，皮肤的静脉系统顺应性增强血管扩张，血管舒缩能力降低。此时需要减少身体中心的血容量，而这是身体的本能。当人体保持坐立休息且在一个温和的环境温度中时，约70%的血液量位于心脏平面以下，85%的血液量在低压系统中，在极端的环境条件下工作会导致体液分布紊乱（热虚脱）并伴随着动脉血压下降，充盈压和每搏输出量下降。

2. 水盐代谢调节

蒸发是人体散热的重要方式。人体损失的水分除了体液丢失外，还有电解质伴随汗水丢失，这些对水盐平衡起着实质性的影响。如果体液和电解质的损失无法及时补充，就会有脱水、低钠血症和低钙血症的风险。在早期阶段，汗液来自血浆，蒸发减少循环血容量会对心血管系统产生不良影响（充盈压和每搏输出量减少）。另外，低渗汗液对于维持体液流动和循环血量的稳定是有利的，因为它造成的汗液流失可使血液胶体渗透压升高。

立位耐力不良被认为是一种导致意识丧失的应激反应。水平位置平躺，可以使血容量从边缘到中心再分配。在热虚脱的情况下，这种从边缘到中心的重新分配可以通过抬高的肢体来实现。此时，肝脏和内脏区的血液可回到皮肤上以维持较高的体表血流量。由于所有的食物是由肠道吸收的,在肝脏处理的,这些组织和器官的血液供应减少也伴随着局部免疫系统效率的降低。肝脏是一个非常富有营养的器官,寄生虫一般喜欢在肝脏生存,因此肠道的免疫缺陷可迅速导致全身性感染(内毒素血症)。

随着蒸发量的增加,蒸发成为水从组织间隙和细胞内进入血管的驱动力。身体的温度对维持小肌群运动和大肌群运动的功能起着决定性的作用。如果体温下降,小肌群运动功能受到限制。随着寒颤的发生,大肌群运动功能也被严重干扰。基于这一事实,体育赛事最好是在下午和晚上进行,因为这个时期体核温度的昼夜节律处于一天当中的最高点,周围环境条件也较温和,这是影响剧烈运动执行能力的先决条件。

二、运动与体温调节

人类是温血有机体。这意味着与变温动物相反,人类减少了对外部环境温度的依赖。温血动物基础能量消耗高,并在各种不同的温度环境中保持恒定的体温。人类身体核心(脑、胸、腹腔)中体温在37℃左右,在外围,四肢体温较低,且具有部位差异(28~36℃)。在周围环境中,37℃体核温度是由持续性代谢活性的内部器官(如心脏、肝脏)维持的,体温调节系统主要调节皮肤的外周血流量和水分蒸发量。静息状态下,身体散热主要是通过辐射进行的。在温暖/热环境中或剧烈运动时,机体靠蒸发散热。

1. 运动时热产生

最大摄氧量与心率、每搏输出量和动静脉氧差相关。环境条件中气温和辐射温度、空气湿度和流速可以对人体功能产生重大的影响。例如,在进行身体耐力训练的过程中,大量的出汗和水分摄入不足会导致血容量下降,每搏输出量减少,从而影响最大摄氧量。如果为了维持体温引起体表血液循环增加,代谢活跃的肌肉组织血容量就会变少。例如,在进行身体耐力训练的过程中,由于大量出汗和液体摄入不足,每搏输出量降低,从而血容量降低,最大摄氧量同样下降。如果为维持体温,使得体表血液循环量增加,代谢旺盛的肌肉组织的血液就会减少,动静脉氧差也会减小。静息状态下,骨骼肌的氧摄取量大约是1.5 mL/(kg·min),而在体力活动时可增加10倍。静息状态下的成人能够产生约相当于80 W的热量,运动时可以增加至1000 W,当有足够的能量储备和持续的液体补充时,运动训练可以持续数小时,如马拉松运动。如果人类进化过程中没有形成这些增强的散热机制,如蒸发,体内产生的热量可能只允许人进行大约20min的耐力运动,因为每5～8min内人的体核温度将升高约1℃。

2. 运动时热损耗

从身体内部到皮肤表面总热损耗由两部分组成:不活跃肌肉组织和皮下组织产生固定的传导热值(被动传热)、可变的依赖于血液循环热对流传输的热量。从身体核心到体表热传递的增加主要是通过从肌肉到皮肤血液流量的加大和/或温暖环境下汗液蒸发的增加来实现的。皮肤的血液循环在身体的不同部位产生不同变化。例如,手虽然只是身体总表面积的小部分,却在人体的体温调节系统中发挥了决定性的作用,因此被称为人体的"热窗"。此外,蒸发的每克汗水,都是从血浆过滤出来的,机体失去约2.5kJ热量,汗腺能够产生2～4L/h,大约30g/min的汗液。排汗量和汗液的成分都是可变的。受过训练的机体可适应低于正常的温度,而且出汗阈值降低。与没有训练的人相比,训练有素的运动员出汗早可使自身的身体保持较低温度。同样的环境条件和负荷条件下,运动员能够保持更长时间正常的身体功能。此外,体表上汗液的冷却是维持较低皮肤温度的重要因素,从而温度从身体核心向体表产生一个扩散的热梯度。呼吸作用排出的热量在总热平衡值中只占据小部分,对防止中暑的作用较小。不过,在非常寒冷的天气中或者高强度运动时,通过高频率的呼吸可以将身体内大量的热量排出体外。

三、年龄与体温调节

当环境温度为32～34℃(空气相对湿度约60%)时,与成年人相比,此温度更适合婴儿。这是因为婴儿单位体重的体表面积比较高(大约是成人的3倍),并且只有很薄的皮下脂肪组织。另外婴儿可以经由交感神经系统调节棕色脂肪组织激活颤抖产热。出生后6～8周,根据人的体温节律,可以在凌晨2:00至4:00之间观察到体核温度的最低值。青春期开始前,人的出汗量明显增加,约350g/(m²·h)(7～11岁),而进入青春期后(13～15岁)约500g/(m²·h)。有学者通过不同的研究和综述探讨这个问题,他们的结论是:与成人相比,在炎热和潮湿的环境中,青春期前的儿童调节体温的能力相对较弱。在热环境中无论年轻人或老年人身体机能都会面临危险的境地。相比新生儿,老年人更需要保温,这可能是由他们的整体代谢率降低,皮肤的水分含量减少,皮下脂肪组织变薄,血管舒缩活动减少造成的。尤其在夏季期间出现热浪的第1~3d内,这对老年人来说是最危险的。

第六节 热适应和驯化

一、相关概念

一般生物须适应各类环境压力才能生存,生物学中用两个专业术语来描述这一过程,分别是适应、驯化,它们是有区别的。适应是指生物族群在其生命演化过程中出现具有功能性作用的特征。它是一个逐渐进化的过程,生物体通过此过程以适应环境,并通过自然选择而具有某些特殊活性。适应有助于生物体的整体健康率和存活率。适应过程中出现的变化包括热、冷、低氧等环境因素造成的基因型、表型或行为方式的变化。

热适应是在热环境中世居者的热耐受能力比进入热环境的非世居者明显增强的生物学现象。热适应具有明确的可遗传性和永久性的特点,表明其具有稳固的基因基础,因此又称生物性热适应。热适应是机体经过若干代对热的适应性调节过程,对热气候条件已建立稳固的协调关系,不仅多种生理功能出现适应性变化,而且机体的形态、结构,如皮肤的颜色、汗腺的分布和密度、汗腺的温度敏感阈值、外周血管的分布和舒缩能力,以及热损伤的临界值等也发生适应性变化,使热适应者有良好的散热功能。

驯化是用来描述对于实验性环境变化所出现的适应性生理反应,尤其是指通过如低压氧舱等人工装置造成的低氧等环境因素改变诱发的反应。通常生物体可以通过调整形态、行为、生理和生物化学方面的特征以应对环境的改变。这些反应可能包括细胞膜生物化学方面的变化,如增加膜蛋白的数量使细胞膜在高温中通透性更高。这些特定的膜蛋白也叫作分子伴侣,包括热休克蛋白分子,它们可以与正常的蛋白结合以防变性,也可使变性的蛋白复原。热休克蛋白的数量在加热1h左右后增加,使得维持细胞存活所需结构的温度范围提高1.5~2.0℃。因此,分子伴侣在极端环境中对于维持正常细胞功能是必不可少的,尤其对于生活在炎热沙漠中的生物。研究表明,以过高或过低温度驯化的生物体具有更多数量处于静息状态的热休克蛋白,以保证应对环境温度过高。其他生化方面表现适应性的例子是神经体液因子,如多巴胺和5-羟色胺。

人类是在一个相对干燥、食物和水的供应有限的中高原环境中进化而来的。早期人类为了获取资源每天被迫行进约20km,因此人类天生拥有抵御寒冷(低温)的解剖形态和生理生化保护机制,如较多的皮下脂肪组织。然而人类还可以抵抗热应变(高热),其主要机制包括:出汗阈值的降低,排汗量的增加,汗水中的电解质含量的减少,心率下降及增加血容量。按体表面积计算,人类的最大汗量显著高于其他有机体。汗液有低含量的电解质,具有以下作用:①生物体保存电解质,以抵消机体的消耗;②使汗液易从皮肤蒸发。另外,血浆蛋白质的增加使得血浆容量增加 10%～20%,相应减小血细胞比容从而降低血液黏度,使得心血管系统具有良好的基础功能以便有效率地运行。因此,适量的载荷运动可以降低心率。

二、特殊适应性

人类自主适应能力是相对有限的,这就需要通过相应的行为适应来加强自主适应能力。例如,体育活动多在清晨、傍晚或晚上进行可避免人体在阳光长波辐射最强时受到紫外线照射。在汗液流失量较大并且饮食不均衡的状况下,应有意识地重复补充液体和盐分。若出现夜间小腿抽筋,表明机体电解质代谢失衡。服装应尽可能多地覆盖皮肤表面,并且应选择宽松款式便于热量沿身体中轴线进行循环,材质便于透气(易于对流,并保持适宜局部微环境)。Shkolnik 等(1980)研究了在沙漠地区黑色长袍是否能帮助人减少热量吸收,结果显示长袍颜色与吸收热量之间的相关性不高。黑色长袍额外吸收的热量在到达皮肤表层前就已经流失了,服装款式造成衣服不同层之间的对流增加,因此黑色宽松服装与白色服装吸收的热量相当。重要的是,深色宽松的多层服装外层吸收的额外的热量能增加服装不同层间的对流。服装款式对调控微环境的作用较大,因此穿着深色宽松服装从辐射中吸收的能量较少,皮肤表层的舒适程度与穿着浅色衣服相当。

炎热气候地带的大型动物(如长颈鹿、骆驼)具有特殊的热适应方式,即所谓的异温适应性。这些动物出汗的阈值较高,而寒颤的阈值较低,因此其体核温度适应范围变宽。这使其出汗量减少,在体核温度降低的早期通过寒颤使机体产热。白天体内储存大量的热量,在夜间通过对流和辐射的方式将热量散发到凉爽的环境中。此外,可以观察到大型动物体核温度在 24h 范围内变化很大,这表明其机体在脱水状态下也能保持良好状态。

此外,大型沙漠动物如骆驼和驴,其机体蒸发的水量与体重的比值较其他动物低。这是缺水干旱的环境条件下,生物体进化出的一些生存策略。此外,在热带地区生活的土著人出汗的阈值较高,这也可以用节约的观点来解释。一般情况下,人对干热气候的耐受性较好,即沙漠气候的适应性比热带气候(暖/热空气温度,高湿度,无风)好,因为需要达到较高的气压才能使汗水完全蒸发并使机体降温。因此,高湿度环境导致汗水不能完全蒸发到空气中,而是流到地面,这种流汗方式不能起到降温作用,汗液白白流失。这种情况下,机体常年体液流失给循环系统造成沉重的负担,患心血管疾病的老年人尤其容易受到这些气候条件的影响。

第七节 热习服

习服是一种生理现象,是指机体内部结构和机能为顺应环境而发生的某种变化,机体为能适应新环境(如高温、低氧、失重、高压等)而产生的一系列改变。如果人长期在高温或低温的环境中居住、生活或工作,机体会对相应的环境温度逐渐适应而维持正常的健康状态,这种现象就称为对高温或低温的习服。对高温或低温习服的人,即使处在高温或寒冷的环境中,也不会出现由高温或低温引起的不良反应,仍然能够正常地生活和工作。

习服过程持续的时间较短,通常为几天到几周。与习服过程相比,适应发生在生物体的生命周期内。在这一周期内,生物个体逐渐进行调整以适应环境,使自身在各种环境条件下保持正常的生理功能。热习服是指初入炎热环境的机体,反复经受环境热负荷影响,生理紧张状态获得暂时性改善的现象。它包括热暴露时体温升高幅度和心率增加幅度明显减小,发汗率明显增加,不适感消失等一系列耐热能力提高的现象。未热习服的人,经过 7~10d 一定强度(特异性或非特异性的)热暴露,即可建立热习服。

一、形成过程

根据机体在热习服过程中生理反应的特征,可以将热习服的形成过程分为3个阶段。

(1) 应激反应阶段:在热暴露时,机体各系统功能产生强烈的反射性反应,但无整体的协调性。神经-内分泌系统活动增强,心血管系统功能处于极端紧张状态,皮肤血管的调节达到最高水平,呼吸加快、加深,而汗液分泌的调节尚未参与。如果这一阶段调节不当,可导致机体出现水、电解质和酸碱平衡紊乱,引起脑部供血不足而缺氧,使人产生不适症状,甚至发生热损伤。

(2) 代偿适应阶段:机体经过反复的热暴露,建立起新的特异的热代偿适应性反应机制。神经-内分泌系统的调节能力提高,各系统器官生理功能之间产生了整合性生理功能变化。该阶段的明显特征是:①心血管系统功能的稳定性得到提高;②汗液分泌的能力得到进一步加强,汗盐含量相对减少,皮肤的蒸发冷却率增加;③肛温和心率的增加幅度降低,不适症状减轻。

(3) 调整巩固阶段:机体建立新的热反应动力定型,各项适应性功能得到巩固并趋于完善。该阶段的突出特征是:①机体的汗液分泌进一步完善,汗液蒸发散热率增高;②心血管系统血液循环机制及其他相关生理机制进一步增强,具有更强的整体协调性和稳定性。此阶段机体的热习服形成过程已经完成。

二、形成机制

1. 神经-内分泌适应性调节

神经-内分泌系统、心血管系统、代谢系统的适应性变化,是热习服形成和保持的重要基础。热习服是在反复热暴露过程中,大脑皮质逐步形成综合性条件反射(动力定型)的结果。激素、神经肽等一系列应激蛋白和细胞因子参与了热习服形成。热习服后,下丘脑体温调节中枢的适应性改变占主要地位,垂体-肾上腺皮质-甲状腺系统以及肾素-血管紧张素系统在热习服过程中也起着重要的调节作用。

2. 代谢的适应性变化

热习服时,体温调节功能增强,主要表现为代谢产热率调整。一方面,代谢产热的抑制机制增强;另一方面,基础代谢率和活动代谢率下降,缓解了热对体温调节的压力。机体代谢产热率的降低通过机体对热能食物的选择性利用完成,如糖原合成增加、脂肪利用受到抑制、线粒体氧化与磷酸化紧密偶联、能量物质合成增加、产热和热释放减少。

3. 汗液分泌的适应性变化

随着热习服形成,汗液分泌量增加、有效汗蒸发利用率提高。汗腺易感性升高,发汗体温阈值降低(与未习服时比较,肛温、皮肤温度降低 0.3℃ 以上,皮肤温度甚至可降低 2℃)。发汗的潜伏期缩短,发汗速度增加 2 倍以上,汗腺分泌活动增强,在同等体温下发汗率增加 20%~40%,并长时间维持较高发汗率,汗脂较多,汗盐浓度及汗液中 Na^+/K^+ 值降低,液表面张力降低,汗液分布均匀,从而更易于蒸发散热。热习服后期,发汗率较初期有所降低但敏感性增强。

4. 心血管系统的适应性变化

热习服时,心血管系统紧张性和适应性改善,主要表现为血容量和组织间液容量增加、循环血量重新分配、静脉运动张力增加和循环热传递率增高。心血管系统热习服的分子机制包括:①热习服后,心肌代谢效率增加;②具有高 ATP 酶活性的快型肌球蛋白转变为低 ATP 酶活性的慢型肌球蛋白;③胰岛素依赖的葡萄糖转运子 4 表达增加,使葡萄糖的摄取和糖原生成增加。

三、影响因素

低热量的膳食有助于热习服形成;适当补充水分可提高耐热能力,突然或逐渐失水则会延缓热习服形成的速度;适量摄入盐分可加速热习服形成,提高热习服质量;低盐摄入可延缓热习服的形成,或不能产生热习服;高盐摄入不能加快热习服的形成速度;体格健康者建立热习服过程快,形成热习服的能力较好;过度疲劳、失眠等会中断或延缓热习服形成过程。

与热习服相反的是脱热习服,脱热习服是指热习服者脱离热环境一段时间后,原已获得的热耐受能力逐渐降低至热习服前水平。脱热习服速度因习服程度和个体健康状况不同而异。多数热习服者在热习服 1~2 周内尚能较好地保持,而后消退很快,并在 1~2 个月内完全丧失已获得的热习服。因此已获得热习服者,应进行巩固热习服训练,以防脱热习服。

四、训练方法

热习服训练是指高温活动人员预先在炎热环境中进行适宜强度的活动或训练,以加速热习服形成的方法。训练方法包括:①特异性热习服训练,即在热环境中反复热暴露或在热暴露与体力活动的共同作用下产生热习服。热环境可以是自然热气候环境,也可以是人工热环境(高温舱)。②非特异性热习服训练,通过常温下的体力活动,机体体温有一定程度升高、心肺功能增强,进而获得热习服,提高耐热能力。

要获得高水平的热习服,必须有足够的热习服训练强度和训练时间。前者包括热暴露强度和体力负荷强度,后者包括活动强度和活动持续时间。热暴露强度和体力负荷强度不能相互替代,但可相互调整。训练初期,过大的热暴露强度和体力负荷强度可致机体过度衰竭,应根据体质状况和训练基础合理安排,循序渐进,体力负荷强度由小到大,热暴露强度由弱到强,热习服训练强度应在生理耐受限度(最大生理负荷量)以内,不要过早施加超过生理耐受限度的训练,否则可造成机体生理功能紊乱,破坏习服过程。湿热环境与干热环境的热习服训练有同有异。人体在干热环境习服后,在湿热环境里只能显示部分热习服能力,而在高温高湿环境中进行热习服训练可加速对干热环境的热习服,因此建议采用干热环境和湿热环境交叉训练。参训者在高温下穿不透气服装进行训练,身体周围形成强湿热刺激,可加速形成热习服。

与单纯热暴露比较,每天短时间热暴露并进行身体训练,可迅速获得热习服。每次训练时间以 2h 为宜,至少 50min,因为不论热习服与否,在高温环境中活动 50min 左右,耐热能力才出现明显提高。耐热训练获得的热习服水平取决于每次训练使体温持续升高的时间,两次训练间隔时间过长不能获得较好热习服。热习服产生所需时间周期与热习服训练强度有关。如环境温度较高(40~50℃)、体力活动较强、活动持续时间较长,第 1 次训练时就产生热习服,第 3~4d 天渐趋完善,1 周内可完全建立热习服;若环境温度较低(30~40℃)、体力活动较轻、持续时间较短,则形成热习服需 2 周以上。多数学者认为,热习服可保持 1~9 周。热习服形成后,如果中断训练或离开热环境会发生脱热习服。脱热习服者,重新进行热习服训练的时间一般为 1~5d(与中断训练的间隔时间长短有关)。体格强健者[最大摄氧量达 63.8mL/(kg·min)]不仅热习服快(4d)、脱热习服慢,甚至中断训练 18d 后,再进行热习服训练 2d,就能完全恢复热习服。

五、巩固方法

训练 2 周后,可每隔一段时间结合训练或体育活动进行 1 次巩固热习服训练。用于巩固热习服训练的体力活动项目热能代谢率应在 $740\sim1170kJ/(m^2\cdot h)$ 之间,可采用热能代谢率 $690\sim1170kJ/(m^2\cdot h)$ 的活动项目进行训练。训练区气候炎热、地理环境复杂,进行热习服训练时易出现中暑及其他多发疾病。热习服程度个体差异大,这种差异不能简单地以年龄、性别、体质和健康状况来区分,不能作为是否发生中暑的判定标准。人体热耐受能力有一定限度,超出热耐受能力的范围,可导致生理功能紊乱,促使疾病的发生。加强热习服训练不能放松健康监测,应因时制宜、因地制宜地采取综合防护措施。

1. 健康监测

训练前摸清参训人员的健康状况,重病初愈及患有全身性皮肤病,心、肺、肝、肾等脏器疾病者,不应参加耐热训练。耐热训练过程中,应注意了解身体情况,出现轻微头晕、头痛、口腔温度达 37.8℃ 或心率达 162 次/min 的人,应减轻体力活动负荷;出现心悸、恶心、口腔温度达 38.3℃ 或心率达 174 次/min 的人,应立即到阴凉处休息,待症状消失、口腔温度降至 37.8℃ 或心率降至 162 次/min 以下,方可继续训练,且应减轻体力活动负荷、加强医学监督。从耐热训练的第 4d 开始,训练 1h 后,应抽查 10 名参训人员口腔温度,如果口腔温度低于 37.2℃ 者不足半数,应适当增加体力负荷;如果半数以上人员口腔温度超过 37.4℃,应适当减轻体力活动负荷,以使耐热训练过程中多数参训人员的口腔温度维持在 37.2~37.4℃ 之间的热紧张水平。

2. 防暑

训练前,应结合训练任务制订防暑计划,做好防暑降温设施的添置、检修,补充必需的防暑药品和器材。大力开展防暑教育,使每个参训人员都了解热区气候特征及其对人体的影响,能识别中暑先兆症状,能采取适宜措施防止中暑发生,对中暑患者采取简单急救措施。

3. 饮食卫生

训练期间,应保证水盐供给和睡眠充足,防止脱水和过度疲劳。补充水盐可饮用复合电解质等渗饮料,饮用时应多次不限量补给。复合电解质等渗饮料是根据人体在高温环境中水、电解质需要量,以及人体高温活动时的生理和营养卫生特点,设计、研制的一种电解质饮料,可提高高温活动人员的耐热能力和运动效率,预防热损伤的发生。与普通环境相比,在炎热环境中活动时人体的能量需求量增加,人体在热环境中的能量供给量以较一般情况下提高10%为宜。人在热环境中,食欲一般较差,应做好膳食调配与烹调。可适当增加一些酸味或辛辣调味品,提高参训人员食欲,保证足够的能量摄取促进热习服,提高耐热能力。耐热训练期间,人体大量发汗,除丢失水盐外,也从汗液中丢失一些其他营养素,故应改善膳食,增加营养素摄入量,特别是水溶性维生素和蛋白质摄入。

六、评价方法

根据口腔温度,并结合中暑前驱症状调查,综合评价热习服训练后的热习服程度。评价方法:选择热能代谢率相当于 $74kJ/(m^2 \cdot h)$ 的体力活动项目,安排受测人员进行 3h 的体力活动,每活动 1h 休息 10min。抽查测量并记录 20～30 名受测人员体力活动前及结束时的口腔温度,询问体力活动前、活动中及活动结束时的主观感觉,每20min测量并记录1次环境温度,计算体力活动过程中环境温度的平均值。体力活动过程中,受测人员凭口渴感随意饮水。体力活动前口腔温度高于 37.4℃ 者,或体力活动前主观感觉不适者,从热习服评价的人员中剔除。按照以上安排,受测人员进行 3h 体力活动结束时,测定口腔温度。如果受测人员中有中暑前驱症状的人数低于3%,口腔温度均值不高于相应平均环境温度下的热习服群体口腔温度均值标准,可评定受测人员热习服训练效果达标。

第八节　热疾病

一、高热

高热的特征是热量散失与内部产热或外部供热间的不均衡。在进行大量运动或提高外部供热(如桑拿)的情况下,观察到体温可升高至 41℃ 以上,体力活动(负荷)结束后或热暴露结束后,体温恢复至初始值。研究表明,人体长时间处于高温环境会出现死亡率极高的现象。在过去的 100 余年中,由于全球变暖,温和气候地区发生极端气候情况的频率明显增加。白天,热浪导致建筑密集的城市内气温升高,使温度在夜间不低于 28℃。居住在这些地区的人被暴露于 24h 的热应力环境下,特别是生活于高楼中的人群,儿童(<1 岁)、老年人、糖尿病患者及患心血管疾病的人受到的影响尤为严重。

二、热痉挛

在环境温度高于 27℃ 并且相对湿度较高时,重体力活动可导致由蒸发损失的体液达 5~10L/d。出汗也会流失电解质,特别是 Na^+、Cl^-、Mg^{2+} 和 Ca^{2+}。损失的 Na^+ 和 Mg^{2+} 可导致小腿肌肉热痉挛,有时腹肌也会受到痉挛的影响。Cl^- 损失可引起胃酸分泌不足,特别是在热带气候下,胃液缺乏可导致病原体掺入胃肠道。因此每天的液体摄入量应足以平衡每日 800~1000mL 的尿液排泄量。

三、热虚脱

常见的高热疾病是热虚脱,这是经常发生在炎热气候初期的体位性循环障碍。热虚脱是由心血管反应难以适应高温环境引起的,因此高温会引起体液分布循环障碍。产热、热吸收和热损失之间比例失调会促使皮肤血液循环增加,即使在休息状态下机体也需提高心输出量。由于外周血管扩张,胸内体积变小,这可能会导致热虚脱。与中暑相反,热虚脱的汗液分泌是正常的,患者皮肤湿润,患者的体温(38.5~41℃)低于中暑情况下的体温(>41℃)。热虚脱可表现出某些循环衰竭的现象,包括血压下降、心动过缓(乏力、头晕、疲劳)、头痛、食欲缺乏、恶心、呕吐和便意增加,还可引起胸部和上臂出现鸡皮疙瘩,引起过度换气、肌肉痉挛,有时还有神经方面症状,如运动失调和语无伦次。

四、中暑

长时间处于 40℃ 以上的高温环境可导致中暑(神志不清、抽筋及精神错乱)。中暑是一种威胁生命的体温调节紊乱。中暑的一个重要标准是体核温度超过 40.5℃。高温来袭的初期,中暑常出现于患有慢性疾病(如动脉硬化、心功能不全或糖尿病)的老年人身上。此外,中暑经常发生在用抗胆碱药来抑制汗液产生的患者、利尿剂治疗的患者及皮肤散热困难的患者(如外胚层发育不良、汗液腺体先天性缺失或严重的硬皮病)身上。然而,如果年轻人在强太阳辐射中进行大量体力消耗或头上无遮盖物也可能中暑。在高热应力环境中,若下丘脑体温调节紊乱使外周皮肤血管收缩,阻碍汗水产生,患者皮肤干热也会出现中暑现象。温度每上升 1℃,基础代谢率增加 7%,通常情况下,血容量减少,血细胞比容增加,外周肺血管的阻力也会增加。中暑预警症状包括剧烈的头痛、头晕、乏力、腹痛和呼吸紊乱,此外,还有血压降低、肌肉松弛、腱反射减弱、脉率增加、呼吸快而弱等症状,视病情轻重,可能伴有嗜睡、恍惚和昏迷症状。据报道,极端的病例其体温甚至可达 44.4℃,患者皮肤变红,干热,中暑死亡率超过 10%。患者由于并发症如肾衰竭、心肌梗死或支气管肺炎的出现,可能在几小时、几天或几周内死亡。高温期间如果没有及时排出热量,可导致体温持续上升,由于热调节机制失效,排汗受阻,需要外部辅助散失热量。

当暴露于高温环境时,应对机体供应充足的水分,穿着轻便的服装,增加冷水浴的频率,保持凉爽的环境,并减少体力活动(特别是老年人),这些方法可以避免高热相关疾病的发生,特别是中暑。为了避免在高温环境(>26℃)下出现热痉挛、热虚脱等情况,应限制或避免处于高湿度的环境中活动,并同时增加室内空气流动。当处于高温环境时,进行长跑运动的成年人应该每隔 3~4km 应喝约 250mL 含盐液体。饮用含有少量电解质(盐)和碳水化合物的液体,其效果优于饮用纯水,原因是纯净水迅速被肠道吸收,导致血浆中钠含量减少,尿量增加,从而使人体损失更多的体液。加入少量盐类的目的是提高口渴冲动,加入碳水化合物则可增强肠道吸收水的能力。然而,如果运动中摄入含碳水化合物的浓度超过 10%时,可导致由高渗引起的液体净移动入肠腔,从而使血管腔隙水分大量减少,这将破坏心血管功能,导致肌肉、皮肤和其他组织的血流量降低。因此,需要控制摄入含碳水化合物液体的浓度。

第三章 冷环境

冷环境是指人体运动时所处环境低于肌肉适宜温度,大气环境的温度接近或低于0℃。在这样的环境中运动,人体会产生一系列急性应激反应并启动体温调节机制来努力维持体温和正常生理活动。目前,地球冷环境主要有4种类型:极地、高山、冰川和冰川边缘,其中冰川边缘的典型代表就是北极和南极地区。这些区域接收到的太阳辐射很少,是由于太阳光是以一个倾斜角度的形式到达地球的,换句话说,光被分散在一个较大的面积上并需要穿越更长距离的地球大气层,因此多数能量都被吸收、散射和反射了。在寒冷环境中,人体通过增加产热、减少散热,维持体温相对恒定。长期在冷环境中生活的人群可获得冷习服,提高耐寒力,但仍不足以抵御自然界严寒的侵袭。因此,人体还必须借助服装、装备及设施的防护作用进行调节,才能抵御严寒,扩大自身生存和生活空间。低温环境超越人体的生理耐受限度时,轻则降低体力和脑力活动效率,诱发或加重某些疾病,重则导致冷伤,甚至危及生命。因此,认识冷环境对机体的影响、机体对寒冷刺激的反应、冷伤及其防治,对提高人类在寒冷环境中的生存能力具有重要意义。

第一节 环境冷强度的评价

一、环境冷强度的影响因素

环境冷强度是指冷环境使人体散热冷却的效率。体热以传导、对流、辐射和蒸发的方式散失,散热量取决于环境冷强度的大小。在冷环境中,气温不足以全面评价寒冷程度。气温和太阳辐射、风速、海拔高度、湿度是构成环境气候的基本要素,任何一项的改变都可引起环境冷强度的变化。

1. 气温和太阳辐射

白昼地面吸收太阳辐射后温度升高,与地面接触的空气层被加热,通过冷热空气对流又将热能转移到上层空气。这种上下运动的气流不断升温,就形成了某一地区的气温。在同样的太阳辐射作用下,巨大水体的温度上升速度比陆地慢,因此在同一纬度上,内陆与近海地区比较,夏季气温高,冬季气温则较低。气温随季节和昼夜变换交替变化,也因地域地形的不同而有很大差异,但均与太阳辐射的强度和持续时间有关,并直接影响人体与环境间的热交换。因此,气温和太阳辐射是构成环境冷强度的重要指标。

2. 风速

风不能降低环境气温,但是它通过破坏身体表面相对静止的空气保温层或扰乱衣内静止空气层,使人体与外环境间的温度梯度增大,加快体热散失。2m/s的风速可使服装保暖作用降低12%,5m/s时可使服装的保暖作用降低22%。在相同气温条件下,人体在风速大的环境中散热快且多,使冷强度大为增加。例如,在气温为-15℃的环境中,当风速增加至6m/s,则相当于无风时-30℃气温下的寒冷程度。风速在1~8m/s之间对人体散热影响大,超过18m/s时其致冷作用不再继续增加。

3. 海拔高度

随着海拔高度的增加,空气密度逐渐减小,对流散热系数随之减小,太阳辐射作用增强。海拔高度每上升100m,气温下降0.5~0.6℃,故高原气温相对平原要低;加之高原大风常年不断,会使人体热量大量散失。因此,海拔高度也是影响环境冷强度的因素之一。

4. 湿度

空气中的水汽来自江、海水面以及各种动、植物水分的蒸发。水和汽通过蒸发和凝结过程相互转变,产生了云、雾、雨、雪等不同的天气变化,同时伴有热量的吸收和释放,影响着气温的变化。人在湿冷环境中活动时,衣服和体表的水分如雨、雪、汗等不易蒸发,降低衣服保暖性;而此状况下体表水分蒸发时散热量明显增加,可达干燥体表散热量的25倍,有风时体热散失更多。因此,湿度在构成环境冷强度中具有一定的作用。

二、环境冷强度的评价方法

1. 根据环境气温和风速评价

气温和风速是寒冷环境中重要的因素,目前多根据环境气温和风速计算环境冷强度,使用较多的指标有风冷指数、等价致冷温度和当量温度。

1)风冷指数

风冷指数(wind chill index,WCI)反映了在一定气温和风速作用下裸露体表的散热率,它被沿用至今,但未考虑太阳辐射与出汗的作用是其不足之处。经验方程为

$$\text{WCI} = 4.18(\sqrt{100V} + 10.45 - V)(33 - T_a) \tag{3-1}$$

式中:V 为风速(m/s);T_a 为气温(℃)。

根据气温与风速可直接从图 3-1 中查出 WCI 值[kcal/(m² · h)]。

2)等价致冷温度

等价致冷温度(equivalent chill temperature,ECT)是由 WCI 导出的,表示与该环境气温、风速对裸露体表散热作用相当的微风(风速小于 2.2m/s)环境的气温。ECT 的数值可从表 3-1 中查出,其计算公式为

$$\text{ECT} = 33 - 0.01085 \text{WCI} \tag{3-2}$$

3)当量温度

当量温度(equivalent temperature,T_{eq})是综合干球温度、辐射温度和气流速度的一种综合指标,它用于表示寒冷程度与该环境相当的无风环境气温。当量温度为 -25℃ 时裸露的指(趾)约 10min 可冻结,-70℃ 时约 1min 可冻结。其计算公式为

$$T_{eq} = T_a + (T_a - 36)V/10 \tag{3-3}$$

式中:T_a 为气温(℃);V 为风速(m/s)。

2. 根据气温、风速和太阳辐射评价环境冷强度

静阴温度(still-shade temperature,T_{ss})表示环境冷强度,它综合考虑了气温、风速和太阳辐射对环境冷强度的影响。计算方程为

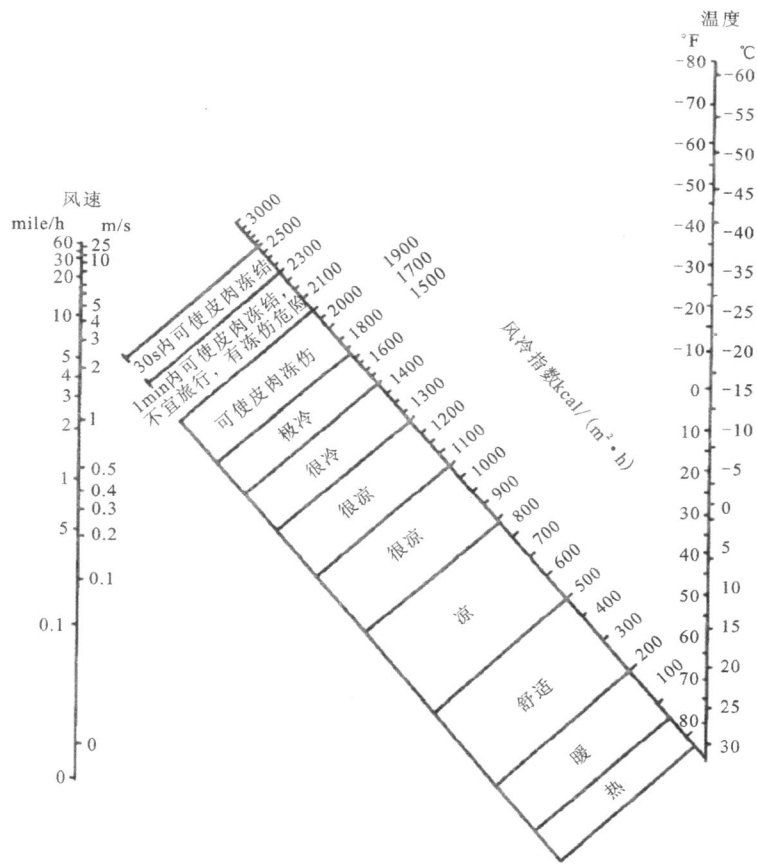

图 3-1　风冷指数测算图(据吕永达等,2003)

(1mile≈1 609.34m；1℉=1℃×1.8+32)

$$T_{ss}=T_a-M\cdot W/0.11+R\cdot I_a/0.11 \tag{3-4}$$

式中：T_a 为气温(℃)；M 为代谢产热率与蒸发散热率之差[(met，1met=209kJ/(m²·h))]；W 为风速引起的边界层空气隔热值的降低值(clo，1clo=4.30×10⁻²K·m²·h/J)；R 为衣服表面吸收的太阳辐射率(met)；I_a 为边界层空气隔热值(clo)。

方程中 $M\cdot W/0.11$ 为风降温值(℃)，$R\cdot I_a/0.11$ 为太阳辐射增温值(℃)。方程中所用单位为 met，相当于安静时人体的代谢率。

表 3-1 以等价致冷温度表示风冷的作用(据吕永达等,2003)

风速		等价致冷温度/℃									
m/s	mile/h										
微风	4.0	5.0	0.0	−5.0	−10.0	−15.0	−20.0	−25.0	−30.0	−35.0	−40.0	−45.0
2	4.5	4.5	−1.0	−6.0	−11.0	−16.0	−21.0	−26.5	−31.5	−36.5	−41.5	−47.0
3	6.7	1.5	−4.0	−9.5	−15.5	−21.0	−26.0	−32.0	−37.5	−43.5	−49.0	−54.5
4	8.9	−0.5	−6.5	−12.6	−18.5	−24.0	−30.0	−36.0	−42.5	−48.5	−54.5	−60.5
5	11.2	−2.5	−8.5	−15.0	−21.0	−27.0	−34.0	−40.0	−46.5	−52.5	−59.0	−65.5
6	13.4	−3.5	−10.5	−17.0	−23.5	−30.0	−36.5	−43.0	−49.5	−56.0	−62.5	−69.5
7	15.7	−5.0	−11.5	−18.5	−25.5	−32.0	−39.0	−45.5	−52.5	−59.0	−66.0	−72.5
8	17.9	−6.0	−13.0	−20.0	−27.0	−34.0	−41.0	−48.0	−54.5	−61.5	−68.5	−75.5
9	20.1	−7.0	−14.0	−21.0	−28.5	−35.5	−42.5	−49.5	−57.0	−64.0	−71.0	−78.0
10	22.4	−7.5	−15.0	−22.0	−29.5	−37.0	−44.0	−51.5	−58.5	−66.0	−73.0	−80.5
11	24.6	−8.5	−16.0	−23.0	−30.5	−38.0	−45.5	−53.0	−60.0	−67.5	−75.0	−82.5
12	26.8	−9.0	−16.5	−24.0	−31.5	−39.0	−46.5	−54.0	−61.5	−69.0	−76.5	−84.0
风速超过18m/s几乎不再继续增加致冷作用		危险小(当皮肤干燥且受冷时间少于5h)大意时仍有危险			危险增加(裸露皮肉在1min内可能冻结)				危险很大(裸露皮肉可能在30s内冻结)			
		浸渍足可在本表的各条件下发生										

第二节 冷环境对机体的影响

在冷环境中人体散热增加,机体动员各系统功能增加产热、减少散热,以维持体热平衡,防止体温降低。严寒环境的作用往往超出人体体温调控能力,此时将对人体产生多方面的影响。

一、体温调节

评价冷环境对机体的影响,体温是最有意义的生理指标。通常需测定皮肤温度(skin termperature)、体核温度(core temperature, T_c),进而计算加权平均皮肤温度(weighted mean skin termperature, T_s)和平均体温(mean body temperature, T_h)。

1. 皮肤温度

人体各部位皮下脂肪厚度、肌肉厚度、血管密度和几何形状不同,其温度分布呈现较大差异。即使在室温条件下,手足皮温可能较头部和躯干低8～10℃,而胸、背部皮肤温度可相差10℃以上却无不适感。一般情况下,体表的皮肤温度总是低于体核温度。

皮肤温度对冷刺激的反应灵敏。人体冷暴露时,首先是手足末梢部位皮肤降温,而后逐渐影响四肢和躯干。皮肤温度随环境温度和衣着的不同会有相当大的变化,环境温度越低、冷暴露时间越长,皮肤温度下降幅度越大。皮肤温度降低使人体体表与环境间的温差减小,经体表散失的热量大为减少,有利于保持体内温度相对稳定,具有重要的体温调节作用。但是,手足皮肤温度降至23～20℃时会感觉寒冷,降至16～10℃时感觉疼痛,手部皮肤温度低于12℃时,手指触觉敏感性及操作的灵活性均明显降低。任何部位皮肤温度降至2℃均为寒冷耐受的临界值,日常寒冷环境生活中常见指(趾)皮肤温度达此临界温度。皮肤血管收缩、血流量减少是皮肤温度下降的主要原因。若以常温下皮肤血流量为100%计算,在环境温度18℃(暴露2h)时,皮肤血流量平均减少16%;在环境温度15℃、12℃、10℃和7℃时,血流量分别平均减少58%、64%、65%和66%。持续的皮肤温度下降将不可避免地导致皮下组织和肌肉温度降低,最终引起体温降低。

2. 体核温度

真正意义上的体温是指心、脑、肝、肾及大小肠等重要器官部位的温度,即身体内部温度,称为体核温度,可用直肠温度(rectal temperature,T_r)、鼓膜温度或食道温度表示。通常以T_r为代表,正常范围为36.9～37.9℃。维持人体生理功能要求的T_c大约为37℃,其变化范围仅限于0.4～0.6℃之间,变化超过1℃则影响体力和脑力工作能力。人体在寒冷环境中T_c变化不易出现较大的波动,这是由皮肤、皮下脂肪和肌肉组织的隔热保温作用及机体对体温的调控作用所致。在持续冷暴露一定时间后,如机体的代偿调节不能维持体热平衡,热债超过167kJ/m²时,T_c将下降1℃。一旦T_c下降,对机体产生的影响远比皮肤温度下降的影响要严重,因为各脏器的功能及各种酶类的活性对温度的变化都非常敏感。尤其是心脑功能,当T_c降至35℃时,可出现反应及思维迟钝、构思困难,T_c降至32℃时多数人会发生心脏传导紊乱。因此从防寒的观点看,重要的是防止人体内部各脏器的温度下降。人在极端寒冷环境中,应以T_r为35℃作为耐受限度,这相当于体重60kg的人热债达到418.4kJ,超越此限度则视为低体温。

3. 加权平均皮肤温度

在冷环境中,不同部位的皮肤温度分布可能有很大差异。为获取尽可能真实的皮肤温度,一般采用多点测温、加权计算的方法,以加权平均皮肤温度(T_s)作为代表。实验测定9个点或12个点的皮肤温度,再根据各测定部位占体表总面积的比例,赋以不同的加权系数进行计算。12个点计算公式为

$$T_s = 0.0611T_{头} + 0.0809T_{上臂} + 0.0641T_{前臂} + 0.0493T_{手} + 0.1328(T_{胸} + T_{腹})/2 + 0.1631(T_{背1} + T_{背2})/2 + 0.2463(T_{股1} + T_{股2})/2 + 0.1329T_{小腿} + 0.0695T_{足} \tag{3-5}$$

加权平均皮肤温度多简称平均皮肤温度。人体服装覆盖部位的最适 T_s 为33℃,T_s 降至 30.3℃ 时 50% 的人感到冷,降至 28~29℃ 可出现寒颤,降至 27.5℃ 时大部分的人都感觉极冷,而 T_s 为 22℃ 则视为寒冷耐受极限。

4. 平均体温

人体的 T_s 和 T_c 存在着很大的差异,二者均不能反映真实的体温。为此,引入由不同比例的 T_s 和 T_c 之和构成的平均体温(T_h)的概念,T_h 接近人体体温的实际状况。其计算方法为 $T_h = 0.67T_c + 0.33T_s$。

5. 体热含量

人体组织的比热为 $3.473kJ/(kg·℃)$,根据人体重和体表面积即可计算体热含量(heat, H)。

$$H = (0.67T_c + 0.33T_s) \times 3.473 \times 体重 \div 体表面积 \tag{3-6}$$

人体在冷环境中散热增加,如产热不能代偿散热,则人体体热含量减少。散热超过产热造成的体热负平衡称为热债(heat debt, D),可根据下式计算:

$$D = H_2 - H_1 \tag{3-7}$$

式中:H_1 为冷暴露前体热含量(kJ/m^2);H_2 为冷暴露后体热含量(kJ/m^2)。

单位时间内的热债称为热债率,单位为 $kJ/(m^2·h)$。影响体温和体热含量的因素包括冷暴露的程度和时间、人体的冷适应程度、体力活动强度、活动安排及防寒装备的使用等。

二、体热平衡

体核温度的稳定有赖于机体产生热量与散失热量的平衡调节机制。人体在

代谢产热的同时又以辐射、传导、对流和蒸发等方式将这些热量散发到体外,以维持体热平衡。代谢产热量随着机体活动的强度变化而增减。成年男子安静时代谢产热为 335~377kcal/h；运动时代谢产热增加到安静时的 10 倍,但一般只能维持很短的时间;持续性重体力活动时为安静时的 4~5 倍。机体冷暴露时,寒颤产热可达基础产热量的 3~4 倍,最高可达 6 倍。

三、能量代谢

人体适宜的环境温度为 27~29℃,此时机体的代谢稳定。环境温度降低时,机体散热增多,并通过中枢神经系统的调节作用增加产热以维持体热含量及体温的恒定。产热增加包括基础代谢率增高和安静状态下代谢率增高。人体安静时的代谢量在一定的环境温度范围内显示最低值,这个环境温度范围称为温度中性区。气温低于这一范围时散热增加,机体代谢亢进、增加产热,以保持体核温度恒定；气温上升超过这一温度范围时,代谢也亢进。温度中性区的上限和下限分别称为上临界温度和下临界温度。但一般所讲的临界温度是指具有重要生理学意义的下临界温度。机体对环境温度适应后下临界温度会发生变化,即使生存环境相同,不同个体的下临界温度也不尽相同。人的下临界温度较高,一般为 10℃。极地动物的下临界温度很低,它们具有隔热型的耐寒能力。人类在进化过程中隔热组织退化,在寒冷条件下主要通过增加产热保持体温,具有一定的产热型耐寒能力。

未冷习服的个体冷暴露时以寒颤产热为主,出现寒颤(即骨骼肌不随意的周期性收缩和舒张)、呼吸、循环系统功能增强、肌肉耗氧增多等变化。寒颤出现在体温下降之前,并随体温下降而加剧,体核温度接近 35℃时寒颤最剧烈,此后随着体核温度的降低会逐渐减弱,体核温度降至 33℃时寒颤则完全停止。

寒颤时产热效率明显增高,此时肌肉收缩消耗的能量几乎全部转变为热量,而运动时骨骼肌随意收缩消耗的能量却只有 60%~70% 转变成热量。通常寒颤产热可达基础产热量的 3~4 倍,体核温度可升高 0.5℃并维持较长时间；最大寒颤产热可达基础产热量的 6 倍,但维持时间较短。尽管寒颤是机体在冷环境中快速代谢产热的重要机制,但寒颤耗能多,而且干扰肌肉运动的目标性和协调性；重要的是寒颤时肢体血流量增加,组织隔热作用减小,机体散热量反而会增多。冷习服个体冷暴露时寒颤明显减少,主要是以非寒颤产热完全或部分替代了寒颤产热,此时耗氧量明显增加而肌电活动增加不明显。

四、皮肤血管反应

寒冷刺激作用于人体的冷感受器,引起外周血管和四肢小动脉收缩,使皮肤血流量减少、温度降低,从而减少散热。人体皮肤血管充分舒张及收缩时全身组织隔热值分别大约为 0.15clo 和 0.9clo,相差 0.75clo,这相当于厚度为 0.5cm 的毛皮的隔热作用,或相当于环境温度降低 6℃,而安静的人体不增加产热就能维持舒适的状态。皮肤血管收缩一定时间后,其动静脉吻合支突然开放,皮肤温度回升,这一现象称为冷致血管舒张反应(cold-induced vasodilation,CIVD)。实验中,当手浸入冰水的时候,手指温度迅速下降,至接近 0℃ 时一般不再降低,在此温度水平持续 1~5min 后手指温度急剧回升,回升幅度在 1~8℃ 之间,温度回升持续 1~2min 后又呈指数曲线方式下降到接近 0℃,如此反复。随着手指皮肤温度的升降交替,痛觉也呈现缓解或加剧的变化。皮肤血管周期性地舒缩交替使皮肤温度在一定范围内波动,可明显提高肢端的抗冻能力。如冷暴露超过生理耐受限度,则使局部血管活动减弱甚至麻痹、血流减少或停滞,引起冷伤。目前已证实:CIVD 的强弱与机体的抗冻能力有关,此反应强者抗冻能力也较强;冷锻炼可增强 CIVD;增加全身体热含量的因素均可增强 CIVD。

五、心肺功能变化

冷暴露引起交感神经兴奋、血液中儿茶酚胺浓度增高,使心输出量增加、血压上升、心率加快;还使血液浓缩及流变性质变化,如血液黏度、红细胞比容、血小板数升高,增大血流阻力和心脏负担。吸入寒冷空气后常使舒张压升高,使心血管动力学改变及冠状动脉收缩,有诱发心绞痛的危险。吸入极冷空气可直接损伤上呼吸道黏膜,支气管分泌物增加、排出困难,严重时可发生呼吸道黏液溢出;还可使气道阻力增高,成为冬季运动性哮喘发病的主要原因之一。大量冷空气的吸入对呼吸道及肺实质的血流有明显的影响,表现为肺静脉收缩,严重时可引起进行性肺动脉高压,甚至右心衰竭,这些症状可见于严寒季节户外重体力活动者。

六、泌尿变化

冷暴露后皮肤血管收缩,使体内血流量增加,胸内压力感受器受刺激使抗利尿激素分泌减少,因而造成多尿。寒冷性利尿是冷暴露后常见的现象。实验发现,人在10~15℃环境中裸体暴露1h,尿量增加1.1倍,Na^+、Cl^-及磷酸盐排出量增加,K^+、Ca^{2+}排出量无变化。尿量增加造成血液浓缩、血浆蛋白含量和红细胞比容增高,血液流变性质变化。冷暴露所致多尿造成的机体失水与低体温的发生密切相关。

七、活动效率

寒冷影响神经系统和肌肉、关节的功能,使肌肉的收缩力、协调性和操作灵活性减弱,使人体的活动效率和精细活动能力下降,易发生疲劳。手部皮肤温度降低时会感觉寒冷、疼痛,知觉与触觉鉴别能力降低。同时冷暴露后脑力活动效率也会下降,表现为注意力不集中、活动错误率增多、反应时延长等,特别是观察距离较远的物体时视觉灵敏度减弱,还易产生幻觉和错觉。

八、内分泌变化

1. 肾上腺素和去甲肾上腺素

在实验中观察到,0℃冷暴露后,大鼠肾上腺内的肾上腺素(adrenaline,E)的含量迅速减少,而后逐渐恢复;但去甲肾上腺素(norepinephrine,NE)并无减少,随着大鼠在冷环境中滞留时间延长(75d),NE可逐渐增至原来的4倍,但不同动物的反应程度有很大差异。大鼠3℃冷暴露24h内,尿中NE排出量增加2~3倍,在此后的冷暴露期间始终保持这一高水平;E含量增长缓慢(增长约1.7倍)。摘除肾上腺的大鼠冷暴露时,E排出量受到明显抑制,NE排出量基本无变化;而用交感神经阻断剂美加明处理的大鼠冷暴露后,E排出量增加,NE排出量未增加。这表明尿中E主要来自肾上腺髓质,NE主要来自交感神经末梢。在低温环境下人体尿中儿茶酚胺排出量增加,人体10~15℃条件下暴露1h,尿中E和NE排出量较对照组增加1倍以上。身着薄衣裤且在室温及10℃

环境中暴露90min,尿中NE代谢产物香草扁桃酸排出量分别为0.16mg和1.01mg。在香草扁桃酸排出量增加的同时,机体能量代谢亢进。

2. 甲状腺素

动物冷暴露1周至1个月后甲状腺明显肥大,甲状腺素(T_4)含量增高、甲状腺激素分泌增多;但长期冷暴露后,甲状腺质量恢复至正常水平。人体长期冷暴露后血浆T_4低于正常水平,冷习服后机体组织代谢增强,T_4半衰期明显缩短,尿中无机碳排出量明显增加。在自然低温和人工低温环境中,甲状腺对低温的反应不同。冬季户外饲养的大鼠甲状腺退化,滤泡上皮扁平,T_4分泌速度为18μg/(kg·d);而6℃冷室习服的大鼠甲状腺滤泡上皮细胞高达15μm,T_4分泌速度为55μg/(kg·d)。户外冷习服大鼠肝耗氧量也低于室内冷习服组,很可能是户外习服时,除气温以外的其他条件也刺激了垂体-肾上腺皮质系统,进而抑制促甲状腺激素分泌。

3. 肾上腺皮质激素

肾上腺皮质激素(adrenal cortical hormone,ACH)可提高动物冷暴露时的存活率,对冷习服十分重要,但对冷习服的作用还有许多不明之处。动物冷暴露初期伴随着促肾上腺皮质激素(adrenocorticotropic hormone,ACTH)释放,肾上腺皮质对ACTH反应增强;ACH含量增加、分泌亢进,并在此后的一段时间内一直保持较高水平。冷习服建立后,肾上腺皮质功能才恢复至正常。

第三节 冷水浸泡对机体的影响

海洋约占地球表面积的71%,浩瀚海洋的表层水温年平均不超过20℃,其中有13%的海洋表层水温低于14℃。我国除榆林、湛江海域夏季水温较高外,11月份至次年5月份水温均在20℃以下,3月份黄海、渤海海域水温在10℃以下,北部海域冬季最低水温可达-1.0℃。

一、冷水浸泡致伤的特征

人在15℃的室内可正常工作和学习,但在15℃的水中,只要浸泡3~5h就会出现严重的失温症状。因为水的比热大约是空气的4倍(1:0.24),而导热系数大约是空气的23倍(14.7∶0.64),因此,在同样的温度下人体在水中丧失的热量比空气中大得多。从人体热散失角度来看,冷水致伤比冷空气致伤更为严重。

当人暴露在冷环境中,机体可动员一切代偿调节功能来维持生存,如增加产热量弥补过多的热量散失;外周血管收缩,使热流密度(单位时间内单位体表面积的散热量)下降,保持机体处于热平衡状态。人对冷空气暴露和冷水浸泡的反应不同,一般人对冷空气的接触是渐进的,机体有一个习服和适应过程;而冷水浸泡多属突然发生,缺少这一习服过程,是机体对强烈冷刺激的一种应激反应。

1. 存活时间短

人在冷水中的存活时间取决于很多因素,诸如水温、体质、服装、活动情况以及在水中的姿势等,因此,在同样温度的冷水中个体存活时间差异较大。大量海上事故调查及实验观察表明,人在20℃水中一般可存活80h以上;15～20℃为12h以上;10～15℃多数人可存活6h;2～10℃大部分人的存活时间不超过1h;在2℃以下冰水中,不超过30min,个别情况下仅数分钟即死亡,甚至在落水的瞬间即丧生。这种突然丧生绝非热量大量散失所致,而可能是个体对冷水极度敏感,发生"寒冷性休克",导致机体各种功能失调。"寒冷性休克"是冷水浸泡伴发的一种特有现象,其机制尚不完全清楚。

2. 体热散失快

在大气中,蒸发散热是人体重要的生理热传递形式;而在冷水中,传导和对流则是热传递的主要形式。当裸体或防护不足的人暴露在6℃冷水中时,可立即增大皮肤的散热率,使皮肤温度迅速下降,经12min后皮肤温度几乎与水温相同,随后很快下降。此时落水者要尽量保持安静,切勿无目的地随意游动,因为活动虽可使产热量增加,但同时却破坏了身体周围已被加热过相对稳定的水层,而重新更换的冷水层会更迅速地通过传导和对流散失大量体热。

二、冷水浸泡机体致伤的病理生理变化

人与恒温动物的体温在适宜的正常生活条件下变动范围很小,这是因为机体内有完整的调控体温的系统。当落入寒冷的水中,冷水侵袭可导致机体内各脏器、器官系统的生理功能急剧变化,甚至发生严重功能失调。因此,冷水浸泡时,了解低体温发展进程中机体一系列重要器官系统功能的病理生理变化非常重要。

1. 应激性生理防御反应变化

首先发生皮肤血管收缩和温度调节性肌紧张与寒颤,这些反应是为了提高机体对寒冷的抵抗力。皮肤血管收缩是为了防止机体散失更多的热量,其发生机制是低温直接作用于血管肌膜或温度感受器,通过丘脑、下丘脑影响血管运动中枢,然而这种防御效果甚微。机体增加抗寒能力主要是靠化学调节增加产热量,是由温度调节性肌紧张和寒颤来完成。当肛温降至36℃时,常见到强烈寒颤,到34~35℃时,寒颤达到高峰,此时产热量可提高2倍左右。肌紧张与寒颤释放热量不是由肌肉的收缩引起的,而是由于肌纤维激活的能量代谢,它发生在肌肉收缩动作之前的数毫秒间,不取决于收缩力的大小,有恒定的强度。随体温持续下降,寒颤也逐渐减弱直至停止。关于体温与产热量的关系,有研究表明,要保持体温不变,必须增加产热量达基础代谢的11倍才行。但在体内增加如此巨大的热量,事实上是不可能的,要维持体温不变,还必须加强人工隔热保暖。

2. 呼吸功能变化

呼吸系统对突然的冷水浸泡反应非常强烈,其突出表现是不能自控地过度换气,肺通气量可比正常高9倍,从而使CO_2排出过多,减少了驱动呼吸的刺激因素,甚至导致呼吸暂停。

3. 心血管系统功能变化

人与动物的反应有较大不同。人在冷水浸泡时,最初反应是血管收缩和肌肉寒颤而引起心率加快,而血压变化不明显;随体温持续降低,心率很快下降,此时心肌收缩功能尚维持正常,每搏输出量未减少;但随着心率持续减慢,心输出量明显减少,结果导致组织供血不足。当体温降到33℃时,冠脉血流量开始减少,心肌缺氧,出现心电图(electrocardiogram,ECG)异常,室颤。室颤可能是自发的或受微小刺激而发生,故救治时要格外小心,轻搬稳运,避免病人意外死亡。室颤发生的确切机制尚不清楚,一般认为与缺氧、酸中毒和血钾变化等因素密切相关。根据低体温实验大鼠研究,心率从开始冷却时立即下降,此时心输出量却在增加,研究者认为这是左心室驱血压力增加的缘故。

4. 神经系统变化

中枢神经系统变化主要表现脑功能活动受抑制。临床脑电图(electroencephalogram,EEG)所见,首先是波幅降低,随体温继续下降,可依次出现α、β波消失,继之θ波消失,在体温降至20℃时δ波消失。其表现是计算能力、逻辑思维能力、文字记忆能力、认知能力和肢体灵活性降低。当肛温降至 26.7℃ 时,各种反射包括瞳孔对光反射消失,逐渐处于昏迷状态。有关低温直接对中枢的作用知之尚少。有人报道,动物下丘脑的温度感觉神经元在大脑温度降低时其脉冲频率明显减少。外周神经主要表现为皮肤温度感受器的功能改变,温度降低时感受器脉冲频率发放先增加而后逐渐减少,直至完全消失。但也有资料表明,某些温度感受器直到皮肤温度接近零度还有脉冲出现。

三、对冷水浸泡致伤者的复苏与复温

抢救低体温症病人的首要措施是复苏与复温同时进行。复苏着重室颤的消除和预防,有呼吸减弱或暂停者,应插管控制呼吸,因为生理功能成功恢复的基本条件是保留肺呼吸。复温是治疗体温过低的根本措施。根据复温方式、速度、部位可分为靠自身产热复温与采用外热源复温,缓慢复温与快速复温,体表复温与体心复温。选择复温方法应根据体温降低的程度:轻者(肛温不低于 35℃)一般多用缓慢、自身复温法,使其自然恢复,如覆盖毛毯,给予热饮料等;中度多用体表、热水浸泡躯干法;重度以体心复温为宜,如腹膜透析和血液透析法等,也有用射频局部产热法进行复温,在动物实验中获得较好效果。用体外循环法或心肺侧支循环法对重度低体温症伴有室颤病人进行抢救获得了较理想的效果。

冷水冻僵复苏时,应注意一个事实,即冷气温致使体温下降的同时,机体的调节功能也逐渐衰竭,因此有人认为肛温在 20℃ 以上时才有复苏的可能,但冷水浸泡冻僵是在较短时间内肛温急剧降到危险程度,机体调节功能尚未发挥即处于昏迷状态,因此对待冷水冻僵者即使肛温在 20℃ 以下,仍有复苏的可能,切不可轻易放弃抢救。

第四节 冷应激和冷习服

一、冷应激

冷应激是指冷暴露时机体对冷刺激的一系列反应。冷应激反应的结果是以最快的速度动员机体各系统的功能,增加产热、减少散热,提高机体对寒冷刺激的承受能力和抵抗力。机体冷暴露时,首先是交感神经兴奋引起皮肤血管收缩、外周血流量减少,皮肤温度与环境气温间的温度梯度减小,使散热量明显减少,随即出现寒颤。寒颤是冷刺激引起的骨骼肌不随意的阵发性收缩,各肌群运动互不协调。寒颤可在短时间内大量产热,对抗体热的散失。与此同时,交感神经兴奋引起心率加快、心输出量增加、血压升高和呼吸加快等,为机体增加产热提供保障。冷应激只是机体对冷刺激的一种有效的防御性反应,但作用并不持久。若冷刺激强度过大、持续时间过长,超过机体的应激反应能力会造成冷损伤。但如果机体反复接受适当强度的冷刺激,则可能建立冷习服。

二、冷习服

在生理耐受限度内,人体长时间反复接受冷刺激,可获得冷习服,提高自身的耐寒抗冻能力,在一定程度上预防或减轻冷损伤。但脱离冷环境1～3个月后,人体获得的冷习服能力会逐渐减退。

1. 冷习服机理

冷习服的建立是在中枢神经系统调节下,神经系统、内分泌系统、组织细胞代谢等发生复杂的生理生化改变的过程,甚至可出现组织形态学变化。这些改变的最终结果是增加机体产热、减少散热。由于机体冷暴露的方式、持续时间的长短、冷刺激的强度,以及衣着、饮食、居住条件和机体状态不同,冷习服的表现也各不相同。代谢型冷习服主要是通过增强产热减缓体温降低;隔热型冷习服主要是增加皮下脂肪厚度、加强外周血管收缩以减少散热;肢端血管反应型冷习服主要是增强寒冷血管反应指数(index of vaso-response to cold, VRCI)以保持一定的皮肤温度;而神经系统型冷习服是通过下调体温调定点,使得体温下降较多时才开始产热。各类型冷习服很难截然区分,同一个机体常兼有不同类型的冷习服。尽管各类冷习服机体对寒冷的反应不同,但其总的效应是减少身体向环境中散热、增加产热,以保持适度的体温。另有实验发现,人体在冷室锻炼几周后冷暴露时的寒颤反应即停止,但产热量仍能增加25%。表明人体还可通过冷习服发展自身的非寒颤产热能力,以增强代谢产热的方式抵御严寒的侵袭。对于生活在温暖地区的人群,获得增强代谢产热型冷习服,具有提高耐寒抗冻能力的实际意义。动物实验表明,冷习服主要是由交感神经系统调控棕色脂肪组织(brown adipose tissue,BAT)增加产热完成的,慢性冷暴露诱导 BAT 增生。从细胞和分子水平看,冷习服的建立过程是棕色脂肪细胞中与产热有关的重要组分,如解偶联蛋白(uncoupling protein,UCP)、脂蛋白脂酶基因表达上调的过程。UCP 是 BAT 线粒体内膜特有的蛋白质,具有质子通道作用,能绕过 ATP 合成酶这一产热的限速步骤加速底物氧化产热。UCP 基因表达调节主要在转录水平:视黄酸和环型腺苷酸(cAMP)促进 UCP 基因转录;三碘甲腺原氨酸(T_3)可增强去甲肾上腺素诱导的 UCP 转录。可能还有转录后调节机制(如 UCP 的降解机制)参与 UCP 水平的调节。

冷暴露时 NE 分泌增多。NE 可诱导棕色脂肪细胞合成甲状腺素-5′-脱碘酶(活性可提高数百倍),催化 T_4 生成 T_3,进而促进 UCP 表达;NE 通过肾上腺素能受体活化 G 蛋白,激活腺苷酸环化酶促进 cAMP 生成,进而增加 UCP 转录;NE 引起的 cAMP 含量增高,还能经蛋白激酶 A 激活激素敏感脂肪酶促进贮存脂脂解。脂解生成的游离脂肪酸不仅是氧化产热的主要底物,还是 UCP 的激活剂。冷习服过程中,NE 在转录水平上促进脂蛋白脂酶合成增多,加速血浆脂蛋白中甘油三酯的分解,甘油三酯分解生成的游离脂肪酸也发挥着双重作用。这表明交感神经系统在调控 BAT 产热中有十分重要的作用。目前认为,神经在调控 BAT 产热中可能也起一定作用。

与动物 BAT 相比,人体 BAT 分布零散、数量少,但实验证实成年人依然有 BAT 存在且有增殖能力,人类 UCP 含量与热习服大鼠 UCP 含量接近。尽管 BAT 在人类冷习服中的作用还不明确,但研究表明人体 β 肾上腺素能受体-UCP 产热系统的作用越来越明显。研究还发现与 UCP 高度同源且有解偶联作用的 UCP2 和 UCP3。UCP3 在人骨骼肌中选择性高表达,受 T_4 和 β 肾上腺素能受体兴奋剂调节,但不受冷暴露影响。然而 β 肾上腺素能兴奋剂可极大地增加白色脂肪组织 UCP3 的表达,这可能是增加产热的另一途径。肾上腺素诱导的骨骼肌和白色脂肪组织产热可能是人类冷适应的主要机制。因此,UCP3 在人骨骼肌和白色脂肪中的高表达及其解偶联作用诱发的产热机制在人体冷习服中的作用值得进一步研究。

2.建立冷习服的方法

人体在自然冷环境中或在模拟自然的冷环境中都可建立冷习服。自然冷环境是大部分人建立冷习服的条件,人工冷环境多用于实验研究,便于精确控制各种因素。冷锻炼可加速人体冷习服的建立。常用的锻炼方法有体力训练、全身冷暴露和局部冷暴露(如冷水浴、延长户外活动时间)等。冷暴露方式有连续性和间断性两种。冷锻炼应于秋初开始,可结合日常训练活动进行,循序渐进、持之以恒,以免造成意外伤害。

3. 冷习服的评价指标

目前主要以全身或局部冷暴露时的生理变化为指标来判断人体耐寒力和冷习服程度。常用指标有全身冷暴露时的代谢产热量、体核温度,皮肤温度和热债的变化,以及局部冷暴露时的寒冷血管反应指数。

第五节 冷伤防治

冷伤是因寒冷条件引起的一类全身或局部病症的总称,包括全身性冷伤(即低体温)和局部性冷伤。局部性冷伤又分为冻结性冷伤(即冻伤)和非冻结性冷伤(包括冻疮、浸渍足)。平时冷伤主要见于极地探险、冬季户外运动人员中,遭遇地震、暴风雪等自然灾害时常有大批冷伤发生。因此,必须重视冷伤的危害。

一、冷伤的致病因素与危险因素

引起冷伤的危险因素主要包括环境因素、人体因素和活动因素。这些因素可因为减少机体产热、增加散热、妨碍局部血液循环、减弱身体和精神方面的应激反应能力等,使人体易感冷伤,应采取相应的措施予以控制。

1. 环境因素

寒冷是引起冷伤的主要致病因素。风速是影响环境冷强度的重要因素,在有风的冷环境中发生冷伤的危险性明显增加。

2. 人体因素

(1)疾病或创伤:饥饿、饮水不足、疲劳、创伤,以及心、肺、肝、肾疾患等可使散热超过产热,引起冷伤。既往有冷伤史者发生冷伤的危险性更大。

(2)皮下脂肪厚度:人体脂肪组织的隔热值最高、血管数量少,因此皮下脂肪层越厚,散热越少。皮下脂肪少的瘦弱者易发生冷伤。

(3)户外锻炼程度:耐寒锻炼可增强抗寒力,缺少户外锻炼的人易发生冷伤。

(4)烟酒嗜好:吸烟引起外周血管收缩,增加冻伤的易感性。饮酒可造成感觉迟钝、判断力降低,易忽略冷伤的先兆症状,甚至醉倒野外引起冻伤或冻亡。

(5)局部血液循环障碍:在严寒环境中肢体长时间静止不动、鞋袜狭小或扎止血带时间过长等均可使局部血液循环受阻,促使冷伤发生。缺乏防冻知识不了解冻伤的前兆症状或未采取预防措施,均易造成冻伤。

3. 活动因素

严冬连续、长时间静态,冷伤发病率增高。防寒装备潮湿、数量不足或着装不当限制了身体活动,均易发生冷伤。乘无篷车时活动少(产热少)、风大散热快,易冻伤。身体直接接触极冷的金属、石块、低沸点燃油等均可使局部组织温度突然降低,发生冻伤。

二、冻伤的临床表现与治疗

冻伤多见于身体的末梢部位,以足部最多,其次为手和面部。

1. 冻伤的分度与诊断

1)冻伤的分度

我国常将冻伤分为四度。Ⅰ、Ⅱ度冻伤统称为轻度冻伤(浅表冻伤),Ⅲ、Ⅳ度冻伤为重度冻伤(深部冻伤)。因Ⅲ度和Ⅳ度冻伤不易区分,有人将二者合并,称为三度分类法。Ⅰ度冻伤仅伤及表皮层,局部皮肤呈红色或微紫红色,稍肿胀,有轻度疼痛及灼痒感,一般1周可自愈。Ⅱ度冻伤伤及真皮层,局部皮肤明显水肿,呈红色或暗红色,冻后1d出现较大浆液性水疱,充满橙黄色或粉红色透明液体,疱底呈鲜红色,疼痛较重。无感染时水肿逐渐减轻,水疱干燥、脱痂后痊愈,病程约2周。Ⅲ度冻伤伤及皮肤及皮下组织,局部皮肤为紫红色或青紫色,水肿显著,温度较低,感觉迟钝;有厚壁血性水疱,疱底呈暗红色,局部渗出较多;可造成全层皮肤和皮下组织坏死。Ⅳ度冻伤伤及肌肉、骨骼等深层组织,皮肤呈紫蓝色或青灰色,中度水肿,温度低,皮肤感觉丧失;有厚壁小水疱,疱液呈咖啡色,疱底污秽,严重时无水疱,局部渗出多;无感染时坏死部位逐渐转变成干性坏疽,合并感染时呈湿性坏疽且有恶臭分泌物。而且,同一受冻肢体常见不同程度的损伤。

2)冻伤的诊断

冻伤多根据冷暴露史及冻区融化后的症状与体征进行诊断。组织冻结时冻区苍白无血色,冷、硬,难以判定冻伤度,一般在冻后4～5d才能确定轻度或重度冻伤,而确定组织坏死界限则需在冻后45d。冻后1～5d作专业骨扫描可准确判断组织坏死程度。

2. 冻伤的急救

冻结部位尽用温水快速复温,将患部浸在40～42℃水中30～60min直至冻结融化,远端皮肤尤其是指(趾)甲床红润。严禁直接将容器加热以防烫伤。面部冻伤可用42℃的湿毛巾局部热敷。无快速复温条件时,可由他人或伤员本人怀抱冻肢利用体热复温。另外是室温下自然融化复温,效果不及上述两种方法。严禁采用冷水浸泡、雪搓、火烤、汽车废气加温或用力捶打患部等错误方法复温,以免加重损伤。

3. 冻伤的住院治疗

轻度冻伤涂敷冻伤膏或5%磺胺嘧啶锌霜,重度冻伤局部治疗可采用洗必泰液多次温浸疗法:将患肢浸于40℃、1‰氯己定(洗必泰)液中30min,每日2次,连续6d,浸泡后涂敷冻伤膏。冻结部位融化后72h内采用以上方法治疗仍然有效。此外,重度冻伤还应采用综合疗法,单一疗法难以取得满意的疗效。改善局部血液循环是治疗中的重要环节。常用的治疗措施包括:静脉滴注6%或10%低分子右旋糖酐扩张血容量;阻断交感神经以解除邻近冻区的血管痉挛;使用肝素、阿司匹林、尿激酶、蝮蛇抗栓酶等抗栓、溶栓药物;给以维生素C和维生素E消除或减轻自由基造成的损伤。

施行全身支持疗法,加强营养,维持水、电解质和酸碱平衡。重度冻伤者应注射破伤风抗毒素,但一般不用抗生素预防感染。手术治疗应慎重,早期清创有可能造成组织严重损伤并增加创面感染概率;过早截肢时创面不易愈合,且易误将存活组织切除。重度冻伤伴有骨筋膜室综合征时可做筋膜切开术。合并创伤时首先是保存生命和肢体功能。

4. 后遗症

冻伤造成皮肤、汗腺、皮脂腺、神经、肌肉和骨骼等损伤,其愈合后损伤部位仍有对冷敏感、肢端冷痛感、麻木、多汗,关节活动受限等后遗症。此症可持续数周或数月,重度冻伤引起的骨关节炎可持续数年。

三、非冻结性冷伤的诊断与治疗

在气温 0～10℃ 寒冷潮湿环境中，长时间停留可致非冻结性冷伤。常见的是冻疮，是反复低温暴露引起的慢性真皮血管炎，手、足、面部多发。患部皮肤外呈紫红色，肿胀，触之冰冷，可有大小不等的结节，遇温暖时有灼热、刺痛或痒感，严重者有水疱，破溃感染时呈化脓性炎症。治疗的关键是使患部保持温暖干燥。可用氯己定液或温水浸泡患部后外涂冻伤膏辅助理疗效果更好。多数冻疮可自愈，但易复发。长时间在寒冷潮湿地区站立不动或少动，肢体下垂所引起的下肢非冻结性冷伤称为浸渍足，主要涉及足和小腿。早期表现为局部冷感、麻木，进而血管充血，水肿，可能会有水疱，严重者可见组织坏死、溃烂。下肢长时间浸泡在 0～10℃ 的冷水或泥浆中亦可致浸渍足。足部先潮红而后苍白，肿胀，足背动脉搏动减弱或消失，足部疼痛、麻木、沉重感强，尤以足底较为明显，严重者可出现肌无力和肌萎缩。浸渍足治疗可参照冻疮的疗法。

四、低体温

1. 分类

体核温度低于 35℃ 称为低体温。低体温常见于极地探险、冬季登山、滑雪时的意外事故。通常依据体核温度高低对低体温进行分度，低体温分为轻度、中度、重度，分度标准分别为 35～32℃、32～28℃ 及低于 28℃。合并创伤时分度标准向较高温度偏移。按发生的性质可将低体温分为事故性低体温、人工低体温和继发性低体温。事故性低体温指体核温度意外地低于 35℃，多见于冷空气暴露引起的陆地型低体温和落入冷水引起的浸泡型低体温。人工低体温指人为措施引发的低体温，如临床施行的低温麻醉。许多疾病如严重感染，代谢异常，中枢神经功能障碍，药（毒）物中毒，胸、腹部大手术等引起的低体温为继发性低体温。

2. 临床表现

随着体温降低，伤员表现出兴奋状态，心率加快、血压升高，呼吸频率和通气量均会增加，外周血管收缩，寒颤增强。体核温度降至 35℃ 左右寒颤最强，此后逐渐减弱，体核温度 33℃ 时寒颤基本消失。随着体核温度的降低，人体生理功能逐渐抑制,体核温度31～32℃时伤员呈半昏迷状态,降至20℃时可冻亡(表3-2)。

表3-2 不同体核温度时的症状和体征

体核温度/℃	症状和体征
36	代谢率增高,心率、呼吸加快,血压升高,四肢温度下降
35	寒颤强烈,反射增强,构音障碍,思维迟钝,动作笨拙,心率、呼吸减慢
34	反应迟钝,意识开始模糊,通常能应答,血压正常
33～31	逆行性遗忘,意识模糊,血压不易测得,瞳孔扩大,寒颤已大部分停止
30～28	意识逐渐丧失,肌肉僵硬,脉搏、呼吸缓慢,开始出现心律失常,如心脏受到刺激后可发生心室纤颤
27	随意运动消失,对光反射、深肌腱反射及皮肤反射消失,显示死亡征兆
26	极少有意识尚未消失者
25	深度昏迷,心室纤颤,脉搏不能触及,血压测不到,呼吸极其微弱且不规则
24～21	发生肺水肿
20	心脏停搏
19	无脑电活动

注:体核温度为约数。

3. 诊断

根据病史、体检、辅助检查和体核温度诊断低体温。昏迷伤员主要依据体核温度测定(用低读数体温计)结果。注意鉴别事故性低体温与继发性低体温。

4. 急救与医院治疗

使伤员尽快脱离冷环境,除去湿冷衣服后包裹保暖,尽早开始心肺复苏及全身复温。医院治疗原则是在全身支持疗法的基础上,尽快恢复体温。

(1)全身支持疗法:连续监测生命体征,建立适宜的呼吸通道和静脉通道,心脏停搏者及时复苏、除颤,对症处理。

(2)复温:及时、正确的复温是救治低体温伤员的关键,方法有被动复温、主动体表复温和主动体核复温3种。被动复温是依赖伤员自身寒颤产热复温。除去伤员湿衣后,以干燥织物包裹保暖,减少散热,此法适用于既往体健的轻度低体温伤员。主动体表复温是指外加热量直接作用于体表,如用电热毯、热水袋或温水浸泡等复温。温水浸泡复温快、抑制寒颤,但复温时严禁先浸泡四肢,以防外周血管迅速扩张引起低血容量休克,防止冷血液回心过多加重体核温度下降。主动体核复温指外加热量直接作用在体核部位,是有效的复温方法。常用的方法包括:伤员经面罩自主呼吸或经气管插管正压呼吸40~45℃的湿热空气的气道复温法;医院常用的温透析液腹腔灌流、连续结肠灌流等体腔灌流法;特别适用于伴有毒(药)物中毒的低体温伤员的血液透析法;部分心肺旁路复温及改进的连续动-静脉循环复温、体外静脉-静脉循环复温等体外循环复温法,适用于合并创伤的低体温伤员。

5. 并发症及预后

室颤是严重的并发症,常为致死的直接原因。其他并发症有肺水肿、应激性胃溃疡、弥漫性血管内凝血、急性肾功能衰竭等。预后取决于患者低体温的程度、救治措施、有无合并创伤及既往健康状况。体核温度降至28~32℃时死亡率为21%,野外低体温死亡率高达50%,合并创伤时死亡率明显增高。

五、冷伤的预防措施

人体通过增加自身产热、减少散热,并利用服装、掩蔽所或辅助加热等方法减少散热以抵御严寒。实际上,在冷环境中只要正确地利用服装和掩蔽所,就可以预防大部分冷伤的发生。

1. 作好防寒保障

1)增加产热

增加产热是预防冷伤的有效措施,增加运动可有效地增加产热。人在冷环境中生活时摄食量增加,环境气温每降低10℃人体摄食量增加5%,冬季运动时热量的需求比温暖环境高25%~50%。保证热饮热食是预防冻伤的有效方法。

2)采取防寒措施减少散热

冷习服后人体的耐寒力增强,但仍不足以抵御严寒的侵袭,必须采取有效的防寒措施,减少体热散失。

(1)加强服装保暖:服装是人体有效的防寒装备,着装不当是冷伤发病的重要原因。服装的隔热性能取决于服装的厚度、材料的性质和服装内静止空气含量。材料相同时,服装越厚隔热性能越好,纤维结构中所含空气越多隔热性能越好。穿多层衣服时衣服间静止空气层厚度增加可增强保温,而且便于高强度活动和频繁进出保温掩蔽所时增减服装调节保暖。衣服浸湿后隔热作用降低,用透气材料制作的服装便于汗液蒸发,保持服装干燥。在寒冷环境中活动时,可定期打开衣领,解开衣扣增加透气。

（2）适当采取辅助加热措施：怀炉、化学产热袋、电热手套和鞋垫等局部加热装置耗能较少,是维持肢端温度与功能的好方法。

（3）搭建临时掩蔽所或掩体：搭建帐篷应避开风口处,事先清除地面积雪和冰,无帐篷时可搭建雪窟、雪壕或单坡房,帐篷或掩蔽所内可使用加热器保温。

2. 防寒药物研究

（1）使用药物加速冷习服：实验表明,使用去甲肾上腺素和甲状腺素,可产生完全的冷习服；使用β受体兴奋剂异丙肾上腺素也可产生冷习服。但激素应用需慎重,不宜用来加速人体冷习服。中药刺五加、五味子、人参、黄芪等有加速人体冷习服的作用,其中人参的效果较好。

（2）使用药物增加产热：研究表明嘌呤衍生物促进产热的作用好。目前国外已有使用供热底物和促进代谢的甲基黄嘌呤衍生物制备的防寒食品,能在冷环境中快速提供热量以保持体核温度恒定,该食品70g可提供1.088MJ热量。

3. 落实防寒具体措施

严格管理、落实防寒措施,能有效预防或减少冷伤。入冬前应做好防寒物资和药械供应保障,做好居室及活动场所的防寒采暖,组织耐寒锻炼,开展冷伤防治和急救教育,加强易冻人员的防护。训练时应建立训练小组、检查防寒装备、掌握气象变化、选好宿营地点、供应热饮热食、合理安排户外活动和休息等。加强对分散人员的指导,增强自我保护意识是做好防寒工作的关键。重点是：掌握气象变化,避免因天气骤变长时间受冻；注意冻伤的先兆症状（体表暴露部位及肢端的冷痛感）；逆风行进时应扎紧领口、裤脚,侧脸行进并及时揉搓面部；鞋袜不宜过紧,及时增减服装,防止汗湿；冬季涉水时脱、穿衣服应迅速；徒步途中休息时严禁睡觉,掉队、迷路或疲劳时不能坐卧雪地或在道旁休息或睡觉；应静中求动,以动防冻；身体勿直接接触极冷的金属、石头及燃油等物品。

第四章 森林环境

长期以来,人们一直都很钟爱森林环境,喜欢其宁静的氛围、秀丽的风景、温和的气候和清新的空气。森林环境可减轻压力,产生放松的效果。因此在森林公园散步或者进行森林浴越来越受大众欢迎。森林包括天然林和人工林,它被用来指林木的覆盖率在 10% 以上且面积大于 $0.5 hm^2$($1 hm^2 = 0.01 km^2$)的陆地。一块陆地被确定为森林主要应有树木存在且没有其他主要土地利用方式,树木最低高度应为 5m。对于目前覆盖率还没有达到 10%,但有望达到 10% 且高度为 5m 的幼林应被纳入森林的范畴,作为暂时无立木的区域。该术语包括用于生产、防护、多功能利用或资源保护的森林(即国家森林公园、自然保护区和其他保护区)和在农田中的森林成分,以及橡胶种植园和栓皮栎林等。

森林浴之旅是指在森林中的短期休闲之旅,类似天然芳香疗法,旨在让人放松并呼吸林中由植物放出的被称为芬多精的挥发性物质(木精油),如 α-蒎烯和柠檬烯。森林浴已成为一个被广泛接受的放松和舒缓压力的活动。森林浴作为预防疾病和促进健康的方法正在成为公众关注的焦点。人们可以通过 5 个感官享受森林环境:森林的清香、绿色植物的色彩、淙淙的溪流和鸟的歌唱、森林饮食、触摸树木等。关于如何享受森林浴,有人提出了如下建议:按照自己的体能制订计划,避免过度劳累;如果有一整天时间用于森林浴,那么可在林中度过约 4h,步行约 5km;如果只有半天时间,可以在林中度过约 2h,即在森林步行约 2.5km;任何时候,只要感到疲劳就应停下休息;每当感到口渴,就应饮水或者饮茶;找到喜欢的地方,坐一会儿,读读书或欣赏一下风景;在森林浴后,如果可能进行温泉浴,根据目的选择森林浴的路线;如果想提高免疫力〔自然杀伤细胞(natural killer cell,NK 细胞)活性〕,建议进行三天两晚的森林浴;如果只是想放松和缓解压力,建议在附近的森林公园一日游。森林浴是一种预防性措施,因此,如果患有疾病还是应及时就医。

目前还没有足够的医学证据支持森林浴的治疗效果,这主要是由于技术上的限制，无法测量并进行以数据为基础的评估，并且森林浴治疗无法提供明确的治疗项目。技术发展使人们能够研究和探讨森林环境对人体健康的影响。森林浴可通过减轻压力促进身体和心理健康，森林浴可减少交感神经活动，增加副交感神经的活动，通过减少应激激素水平，如唾液中的皮质醇及尿中的肾上腺素和去甲肾上腺素，稳定自主神经活动。森林浴也可降低前额叶脑活动，降低血压，达到放松的目的。此外，研究者发现如果到森林观光而不是城市，可提高人体NK细胞活性和抗癌蛋白包括穿透细胞膜的穿孔素、颗粒酶A/B和颗粒溶素的表达，并确认NK细胞活性和抗癌蛋白的增加可在旅行后保持7d以上，甚至30d之久。这表明，如果人们每月进行一次森林浴，机体有可能保持较高水平的NK细胞活性。从促进健康的角度来看，这一点是非常重要的。

森林医学已成为一个新的跨学科的科学和公众关注的焦点。森林医学属于替代医学、环境医学和预防医学的范畴，是研究森林环境对人类健康影响的科学。森林环境包括以下因素：①物理因素，如气温、湿度、照度、辐射热、气流(风速)、声音(瀑布的声音、风吹树叶的声音)等；②化学因素，源于植物(树木)的挥发性有机化合物，如α-蒎烯和柠檬烯，它们主要是萜烯类物质，也被称为芬多精(植物杀菌素)，其中包括半萜、单萜、倍半萜、二萜和萜类；③心理因素，这个因素是对森林环境主观反映的评价，如森林环境的冷/热、亮/暗、紧张/放松、美/丑、好/坏、休闲/刺激、安静/嘈杂、平淡/多彩。

森林环境对人类健康的影响应该从以下两个方面进行研究：①从实验研究(包括现场调查和实验室研究)中获得数据/证据，即在森林和自然环境中散步对于心理-神经-内分泌-免疫作用效果的调查所获得的数据/证据。这些实验利用生理学、生物学、生物化学、心理学和免疫学的测定方法，研究森林环境对中枢神经系统(脑额叶活动、功能磁共振成像)、交感神经和副交感神经的神经系统(血压、心率变异性)、心理反应、内分泌系统(应激激素，如皮质醇和肾上腺素)、免疫系统(NK细胞活性，NK细胞内的抗癌蛋白)的作用。②从流行病学研究角度获得数据/证据，即接触森林和自然环境(绿地)对发病率和疾病死亡率的影响。虽然森林医学包括森林对健康的益处和风险，但在本书中将只集中讨论森林的有益影响，而不讨论森林可能会造成的风险，包括与森林有关的传染病，以及危险的野生动物，有毒果实、叶子和真菌。

随着森林有益于人类健康证据的增加，许多国际研究机构和学术团体推出有关项目，研究森林与人类健康之间的关系。2007年，日本森林医学研究会成立,森林医学这一术语,首次被提出。日本森林医学研究会的目标是促进森林医学研究,包括森林浴和森林对人类健康的影响及其治疗效果。2007年,国际林业研究组织联盟(国际森林研究组织联合会)这一全球性森林研究合作组织,成立了森林与人类健康的专题研究组。专题研究组有两个主要目标:①支持在这一领域的各种人员(不同学科的科学家、决策者、执行机构和其他利益相关者)之间的对话和信息交流,特别是林业和卫生专业人员之间的交流;②将森林对健康的益处和风险的有关知识应用于实践。2011年是国际森林年,国际自然和森林医学会(international society of nature and forest medicine,INFOM)成立。INFOM的目的是促进对自然和森林医学的研究。在国际力量的强力支持下,森林医学将得到持续发展和进步。

第一节 森林环境的评价

一、森林环境的物理因素

通常认为人们通过五官获得森林物理环境信息,由此产生治疗效果。森林疗法是当人们进行活动(如散步)时,通过感官感受到每一个积极的环境因素(如树木、花草、鸟类和昆虫的活动)而产生效果。因此,保持这些治疗效果,并了解产生疗效的森林有关的物理环境信息是非常重要的。基于上述原因,在森林中应有目的地保留并维护步道。森林环境的绝对照度值和变化都小于城市环境。由于森林中树叶和土壤的蒸腾,气温、热辐射和风速一般低于城市环境,然而森林中的相对湿度高于城市。在夏天,由于蝉的鸣叫,森林环境中的声压力水平与城市环境大致相同,但是,在森林环境中声音变得清晰,音量不一定能到达让人不舒服的水平。

森林环境由许多因素组成,其中包括对人有影响的环境因素。在此,着重介绍与人们的视觉或"光环境"(绝对照度、相对照度)有关、与触觉或"热环境"(温度、相对湿度、平均辐射热、风速)有关,以及与听觉或"声音"(声压)有关的环境因素。

1. 森林的光环境

光环境方面,在森林生态系统管理和育林方面的研究已证明,测量照度和亮度是有意义的,尤其是在研究光环境时,照度最为适用。对阔叶林和针叶林的比较研究表明,即使针叶林实际上更亮,人们主观上也认为阔叶林比针叶林亮。在森林的光线环境下,树叶对阳光的过滤是形成舒适感的重要因素之一。因此,要想理解森林光环境,理解舒适感对于森林治疗的意义是非常关键的。相对而言,在森林环境散步所处的照度比在城市环境中要小。在一个小范围内,森林中的光环境照度变化是不太可能造成眩光或眼睛不适的。

2. 森林的热环境

森林热环境与皮肤的感觉有关,通常认为的森林环境有使天气温和的功能。许多人在夏季到森林中避暑,并进行休闲游憩。一般认为,某些气候因素与森林中的热环境有关,因此,需要从不同的角度来评价这些关键因素。森林环境中的风速是相对温和的。一般情况下,森林环境中平均辐射热和风速都较低,且由于树叶和土壤中不断蒸发水分,相对湿度高于森林外部,一般认为这些是产生治疗作用的原因。

3. 森林的声环境

作为森林疗法的有效因素,声环境也发挥重要作用。然而,这样的环境因素种类繁多,要客观地了解它们是相当困难的。森林中的舒适声环境有很大的不同,并可能包括野生鸟类的鸣叫、流动的水声、吹过树梢的风声、昆虫的鸣叫。事实上,森林是安静的,因为以上因素而显得不同。

二、森林空气中的植物杀菌素

在针叶林和阔叶林中发现的主要植物杀菌素分别是 α-蒎烯和异戊二烯。植物杀菌素的含量随季节变化,在夏季增加,冬季则下降。不同物质的昼夜变化模式不同,单萜类化合物(如 α-蒎烯)含量在夜间高于白天,而异戊二烯的含量则相反。与森林边缘相比,森林中白天植物杀菌素的水平分布往往集中在森林的中心,且其垂直分布趋于集中在地面附近。森林的空气非常清新,在森林漫步时,有时会有微风拂面,微风带着清新的香味,让人感觉心旷神怡。森林的空气新鲜清爽,是因为树叶可清洁空气,吸附和吸收废气或其他污染物,并释放新鲜的氧气。森林中空气清新的另一个可能原因是植物释放到空气中的挥发性物质——植物杀菌素的作用。

植物杀菌素(芬多精)被认为是植物自卫的手段。换句话说,植物不能移动,它们需要释放植物杀菌素保护自己不被食叶害虫伤害。因此,植物杀菌素被认为是植物释放用作驱虫剂、抗菌剂或其他植物生长抑制剂的物质,植物以此拓展自己的生存空间。不仅植物分泌植物杀菌素,真菌等微生物也分泌并释放该物质。此外,植物杀菌素可以是有香味的挥发性物质也可以是无香味的非挥发性物质。植物杀菌素的影响范围不仅限于驱赶原生动物和微生物,也包括昆虫和其他动物。植物杀菌素不仅包括"可杀死"其他物种的物质,也包含对接受者产生有益作用的物质。植物杀菌素是由植物产生的生物活性物质。植物杀菌素的化学反应包括抗菌作用、植物生长控制、对昆虫或动物的吸引/斥力效应。此外,植物杀菌素还有令人"耳目一新"的效果。迄今发现,植物杀菌素包括挥发性物质或液体物质,也包括固体物质。在林中散步时,与人体直接接触的是植物释放到空气中的挥发性植物杀菌素。

人们在森林所体验到的植物杀菌素是由树叶、树茎、树皮、灌木、草丛、凋落物、蘑菇和苔藓植物等释放的挥发性物质的混合物。研究表明,在森林中发现的植物杀菌素已被确定为多种类型的化合物,其中包括酚和碳氢化合物。在这些化合物中,萜类化合物是重要的组成物质。

针叶树叶的植物杀菌素释放量取决于温度和光照,释放量随着温度升高和光照增强而增加,而当树叶中释放的物质接触到风、高温、紫外线、臭氧等时,森林中检测到的量将减少。植物杀菌素由森林中的各种植物释放,但大部分是从树叶中释放的,而不同树种叶子释放的植物杀菌素浓度是不同的,这可能就是不同树种组成的针叶林有不同的植物杀菌素成分的原因。阔叶树森林通常包含不同的树种,不同树种组成的阔叶林中的植物杀菌素没有明确的特点。异戊二烯是阔叶林中植物杀菌素的重要组成部分,而α-蒎烯为针叶林中植物杀菌素的主要组成部分。针叶林中植物杀菌素的主要组成部分单萜的比例很小,而阔叶林中异戊二烯含量特别高,阔叶乔木释放的物质的主要成分就是异戊二烯。据估计,每年从植物中生产和排放的生物挥发性有机碳(如异戊二烯)量要大于因人类活动造成的挥发性有机碳的年排放量。其中,异戊二烯排放量估计高达生物挥发性有机碳排放总量的50%。环境因素对异戊二烯排放量作用显著。在高湿度条件下(如雨后),树叶活跃地释放挥发性物质。事实上,在森林中获得的数据显示,下雨时,异戊二烯的排放量增加。

树木体内产生的物质含量随季节变化,相应地,不同季节叶片释放植物杀菌素的数量也不同。一般情况下,植物杀菌素释放水平夏季高,而冬季低。虽然挥发性物质很容易受到环境因素(温度、湿度、风速、紫外线等)影响,不同年份的数据需要进行整体综合评估,但是植物杀菌素的含量往往在4月和5月迅速上升,6~8月温度高时含量最高。已证实,挥发性物质的浓度与温度呈正相关。

在森林中,由于受温度和风速的影响,空气的流动时刻在变化。有趣的是,植物杀菌素的昼夜变化形式因物质类型的不同而不同。α-蒎烯主要在针叶林中检测出,它的含量从傍晚到午夜在不断增加,稍后达到峰值。与晚上的含量相比,α-蒎烯的含量在白天较低,一般在早晨暂时增加。早起后,在森林的晨雾中步行感觉良好,其原因之一可能是森林植物杀菌素的浓度增加。以往的研究报告认为上午香味物质的含量大于下午香味物质的含量。异戊二烯的含量往往在夜间低,而白天高。这些差异的原因尚不清楚,但可能是由植物体内生物合成机制的差异或释放机制的差异引起的。

植物杀菌素在水平和垂直方向的分布是不同的。一般来说,森林边缘的林木密度低,而森林中心的林木密度高,因为植物杀菌素主要由树叶释放,所以植物杀菌素在林木密度高的地方含量高。在森林边缘植物杀菌素含量低,而向森林中心逐渐增加。这可能是因为森林中心林木密度高于森林边缘,此外也可能与环境因素有关,如在森林中心风力较弱。如果认为植物杀菌素是与森林的治疗效果有关的因素之一,那么治疗更有效的方法是走进森林深处。

白天,离地面越高植物杀菌素的含量越少,也就是说植物杀菌素主要分布在地面。原因是白天在离地面较高的树冠附近紫外光强烈,植物杀菌素可被紫外线降解。此外,地面风比冠层弱,植物杀菌素比空气重,所以往往积累在地面附近。当然,分布在森林的地面草丛、枯叶、苔藓植物所分泌的植物杀菌素也必须列入考虑范围内。森林的治疗效果可能是多种成分的综合作用,植物杀菌素可能是具有重要作用的成分之一。然而,森林中检测出的植物杀菌素的含量非常少,它们的含量和组成因森林树种组成、季节及一天中的时间而异。需要进一步研究,以阐明森林树种组成与环境因素的关系及从植物中释放的植物杀菌素的量,并找到更有效地体验植物杀菌素的环境。

第二节 森林环境对人类健康的作用

一、森林环境对人类生理放松的作用

与城市环境相比,森林环境有利于降低皮质醇浓度、心率、血压,提高副交感神经活动,降低交感神经活性。对于居住在城市的人们,环境压力可能会产生严重的心理紧张。大多数人认为自然环境可促进人类健康,而且一些研究表明森林环境对人类健康有影响。森林浴是非常有名的自然疗法。森林浴意味着置身于森林的空气中或把森林当作浴场,沐浴其中。森林浴被普遍接受作为一个简易的方式来亲近自然界,降低压力。德国Kneipp疗法是利用自然环境对在城市中生活的人进行治疗的例子。虽然森林浴的概念已广泛传播,但森林浴的作用需要更多的科学证据来验证。随着社会对于森林浴兴趣的增加,对其作用的实验证据需求也不断增加。Hartig等(2003)发现,当行走在一个自然保护区时,血压的变化表明在森林中行走的减压作用大于在城市行走的减压作用。

皮质醇是下丘脑-垂体-肾上腺轴(hypothalamic-pituitary-adrenal axis,HPA)应对压力释放的激素,当受试者观赏周围森林景观或步行时,他们的脉搏率、血压、皮质醇浓度下降,表明森林浴影响内分泌应激系统的主要组成部分。从NK细胞活性的角度来看,森林环境是可以帮助恢复人体免疫系统的。早期人类大部分时间居住在自然环境中,因此,他们的生理功能适应自然环境,这是自然环境放松人类身体和精神的原因之一。关于森林治疗效果的科学证据正在积累,这将帮助人类在日常生活中更好地理解和实际应用森林浴,以改善健康和进行放松。森林浴的方案需要根据个人情况来制订,每个人的体力不同,个人喜好、生理特征、性格和年龄等是量身定制森林浴方案的主要考虑因素。为了解森林环境对人类健康的影响,未来需要更多的国家参与其中。

二、森林环境对人体免疫功能的影响

有研究显示,不论男性还是女性,森林浴期间其NK细胞活性和NK细胞数

量明显高于或多于对照组,而尿液肾上腺素浓度均显著低于对照组,且增加的 NK 细胞活性一直保持到森林浴后 30 多天。森林浴之旅增加了 NK 细胞活性,这是由 NK 细胞数量的增加造成的。从树木中释放出的植物杀菌素和应激激素可能有助于提高 NK 细胞活性。由于 NK 细胞释放抗癌蛋白以杀死肿瘤细胞,而森林浴可增加 NK 细胞活性和抗癌蛋白量,因此,森林旅游可能对预防癌症的产生有积极作用。

森林浴之旅可以降低血压、降低唾液中的皮质醇浓度、减少脑额叶活动,并稳定人类的自律神经活性。在世界各地都可能有类似的森林环境作为森林浴场。众所周知,包括 NK 细胞的免疫系统对细菌、病毒和肿瘤的防御起着重要作用,且应激和压力会抑制免疫机能,具有较高 NK 细胞活性的人癌症发病率较低,与此相反,NK 细胞活性较低的人癌症发病率较高,这表明 NK 细胞的功能对预防癌症有着重要作用。此外,与健康对照组相比,癌进展期患者的颗粒溶素阳性的 NK 细胞减少,NK 细胞表达颗粒溶素的损害与癌症的发展相关,这说明颗粒溶素表达是评估癌症患者免疫状况的重要信息。森林环境可能通过减轻压力对免疫功能产生有益影响。总的来说,森林环境可以提高 NK 细胞活性,这是由 NK 细胞数量增加和细胞内穿孔素、颗粒酶 A/B 等的诱导引起的。

三、森林环境对人体内分泌系统的作用

森林环境可影响人体的免疫系统及交感神经和副交感神经系统,还可改变某些激素的水平。在森林中行走,可以显著降低男性和女性尿中应激激素肾上腺素和去甲肾上腺素的水平及唾液中的皮质醇浓度,产生放松效果,而树木分泌的植物杀菌素的一部分有助于这种效果产生。然而,森林环境对血清皮质醇水平的影响不太一致。森林环境对脂联素(脂肪细胞分泌的一种激素)和硫酸脱氢表雄酮(肾上腺分泌产物)分泌也产生有益作用,但不影响男性受试者血清胰岛素、游离三碘甲状腺素(FT3)和促甲状腺激素(TSH)浓度及女性受试者的血清雌二醇和黄体酮水平。

四、森林浴对人类睡眠和身体活动的影响

已有研究结果表明,森林浴对于健康保养是有效的。在几个生活方式因素

中,充足睡眠时间是保持免疫机能的一个重要因素。睡眠时间和每天运动量有微弱的关联,不考虑日常体力活动水平,森林浴能增加睡眠时间。

五、森林环境对人类血糖的影响

由于森林环境能引起激素分泌变化和减缓精神紧张,因此,除了消耗能量和提高胰岛素敏感度外,在森林中行走还能降低血糖水平。对于糖尿病患者,日常锻炼对控制血糖值具有非常重要的作用。但受糖尿病并发症危害的患者,如视网膜病、神经病、肾病,应该非常小心地运用锻炼疗法;而且对于年纪大的糖尿病患者,由于发现他们经常伴有心肺功能不全,因此,锻炼疗法也应谨慎使用。森林浴有利于振奋精神和保持良好的心情,森林释放的物质会给人体带来生理功能上的变化,改变生物活性。森林浴在血糖控制方面被认为具有一定的功效。

六、森林环境对人体心血管和代谢指标的影响

经常在森林环境中行走能通过减小交感神经活性来降低血压值,对增加脂联素及硫酸脱氢表雄酮水平起到有益作用。

研究发现在森林公园中步行能显著降低中年男性受试者的收缩压和舒张压,而在城区中不能降低。据报道,经常性的步行锻炼4～58周及身体活动对降低血压有好处。还有研究发现年轻男学生在森林环境中行走20min后,和城区行走相比,收缩压和舒张压显著降低。普遍研究认为在森林环境中行走对血压高的受试者影响程度比对血压低的受试者更重要。因此,在森林中行走通过减少交感神经活动、增加副交感神经活性可以达到降低血压的目的。

此外,森林环境因子能降低血压也可能与树木中散发的植物杀菌素对血压产生的影响有关。有研究表明,与吸入空气相比,吸入雪松醇(香柏油)能显著降低收缩压和舒张压,同时能增加副交感神经活动,降低交感神经活动。通过呼吸道暴露于树木来源的植物杀菌素(柏树油)能显著降低男性尿中肾上腺素和去甲肾上腺素的浓度。事实上,在森林公园中检测出较高浓度的植物杀菌素,如 α-蒎烯、β-蒎烯、三环烯、莰烯和柠檬烯。在森林公园中的行走实验表明,树木散发的天然香味(植物杀菌素)在降低血压方面起到一定的作用。研究表明,血液中脂联素浓度低于正常值常会导致代谢紊乱。与在城区行走相比,在森林公园中

行走能明显增加血液脂联素的水平,表明经常在森林环境中行走对增加血液中脂联素水平有益。

总之,步行(锻炼)和森林环境协同增加了血液中脂联素的水平。然而,需要进一步研究为什么森林环境能增加脂联素的水平。脱氢表雄酮和硫酸脱氢表雄酮是肾上腺的主要产物,随着年龄的增长其分泌量会显著下降,同时与出现退化、慢性疾病及衰老有关。人群流行病学研究表明,硫酸脱氢表雄酮具有心肌保护、抗肥胖和抗糖尿病作用。有研究发现在森林公园中行走能显著增加血液中硫酸脱氢表雄酮水平。尽管在城区行走也能增加血液中硫酸脱氢表雄酮水平,但统计学结果不显著,这表明经常在森林环境中行走能对血液中的硫酸脱氢表雄酮水平产生有益的影响,经常性的步行锻炼可以对血液中 N-端脑钠肽前体水平产生有益的影响。

七、森林环境对人类心理-神经-内分泌-免疫网络的影响

传统观念认为神经系统、内分泌系统及免疫系统之间相互独立。然而,现在广泛认为它们之间通过心理-神经-内分泌-免疫网络相互作用。

现在广泛认为外周免疫细胞的激活导致大脑功能的变化。相反地,某些脑神经细胞的激活可导致免疫调节性神经-内分泌反应,而大脑内的 IL-1 及 IL-6 等细胞因子在很大程度上是此类交互影响的中介物。中枢神经系统具有直接的内分泌活动或可控制内分泌细胞,即在下丘脑-垂体门脉循环中通过下丘脑释放神经递质。神经递质调节垂体前叶的分泌活动,并且最终通过 HPA 轴在体内调节内分泌腺活动。一方面,肾上腺髓质向血液中释放肾上腺素及去甲肾上腺素,这有助于免疫功能的系统调节。另一方面,免疫细胞释放细胞因子,然后依次发送信号至中枢及末梢神经系统。此外,IL-1 及 IL-6 等一些最初被视为免疫产物的细胞因子也可由胶质细胞甚至是一些神经元在"健康"大脑中生成。

总之,神经系统在下丘脑-脑垂体门脉循环中通过下丘脑释放神经递质,进而影响内分泌系统及免疫系统。内分泌系统通过分泌激素的方式影响神经系统和免疫系统。此外,免疫系统通过 IL-1 及 IL-6 等细胞因子反馈信息至神经系统及内分泌系统(图 4-1)。森林环境(森林浴)通过心理-神经-内分泌-免疫网络对人体健康产生各种影响(图 4-2)。

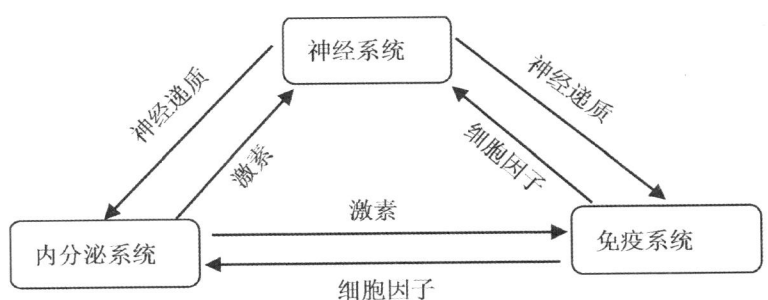

图 4-1　心理-神经-内分泌-免疫网络(据李卿等,2013)

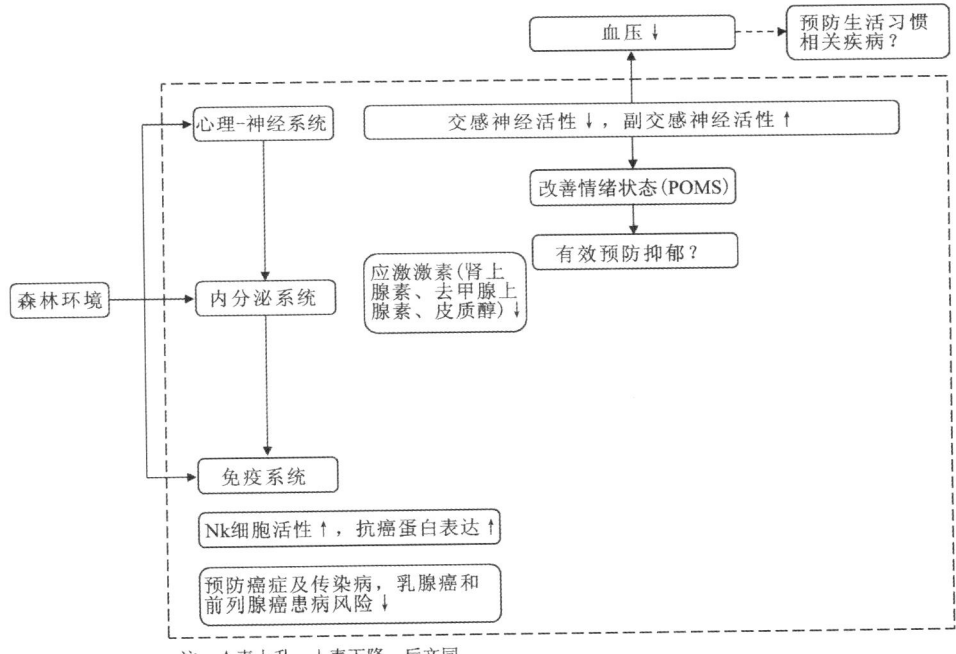

注：↑表上升，↓表下降，后文同。

图 4-2　森林环境对人类心理-神经-内分泌-免疫网络的影响(据李卿等,2013)

1. 森林环境对心理的影响

森林环境通过大脑及神经系统可影响心理反应。森林浴可显著地降低男性及女性受试者在情绪状态量表测试中焦虑、压抑、愤怒、疲劳及困惑的分数,并且显著地提高了活力的分数。此外,森林浴在防止心理压力方面具有独特的功效。这表明森林浴对处于压抑状态的人具有预防功效。

2. 森林环境对交感及副交感神经活动的影响

交感和副交感神经系统在调节血压及心率方面起关键作用:交感神经活动增加血压及心率,而副交感神经活动降低血压及心率。心率变异性(HRV)血压及脉搏率通常被用来判断自律神经活动的变化。森林环境可降低交感神经活动、增加副交感神经活动、调节自律神经平衡。因此,森林环境可降低血压和心率并具有放松作用,这些作用通过心理-神经-内分泌-免疫网络间接地影响内分泌系统及免疫系统,导致尿中肾上腺素及去甲肾上腺素降低并提高末梢血中的 NK 细胞活性。

3. 森林环境对内分泌系统的影响

森林环境作用于内分泌系统从而降低尿中肾上腺素及去甲肾上腺素,唾液皮质醇及血液皮质醇的水平,并且具有放松作用。压力可抑制免疫功能,森林环境通过降低应激激素的水平可间接提高免疫功能。森林环境还可以显著增加脂联素及脱氢表雄酮硫酸盐(DHEA-S)水平。研究显示,血液中脂联素低于正常水平与一些代谢紊乱相关,如肥胖、2 型糖尿病、心血管疾病及代谢综合征等。DHEA-S 是肾上腺的主要分泌物,其血液中含量水平随着年龄的增长而大幅下降,与和年龄相关的退行性变化及慢性病的发作相关。人群流行病学证据表明,DHEA-S 具有保护心脏、预防肥胖及抗糖尿病的功效。

4. 森林环境对免疫系统的影响

森林环境直接作用于免疫系统:一方面,通过增加男女受试者体内 NK 细胞的数量,以及穿孔素、粒溶素和颗粒酶 A/B 等细胞内抗癌蛋白的水平,来提高人 NK 细胞活性;另一方面,应激激素抑制免疫功能,而森林环境可降低应激激素水平。因此,森林环境还可通过自律神经及分泌应激激素的内分泌系统间接地作用于免疫系统,从而增加 NK 细胞活性(图 4-3)。

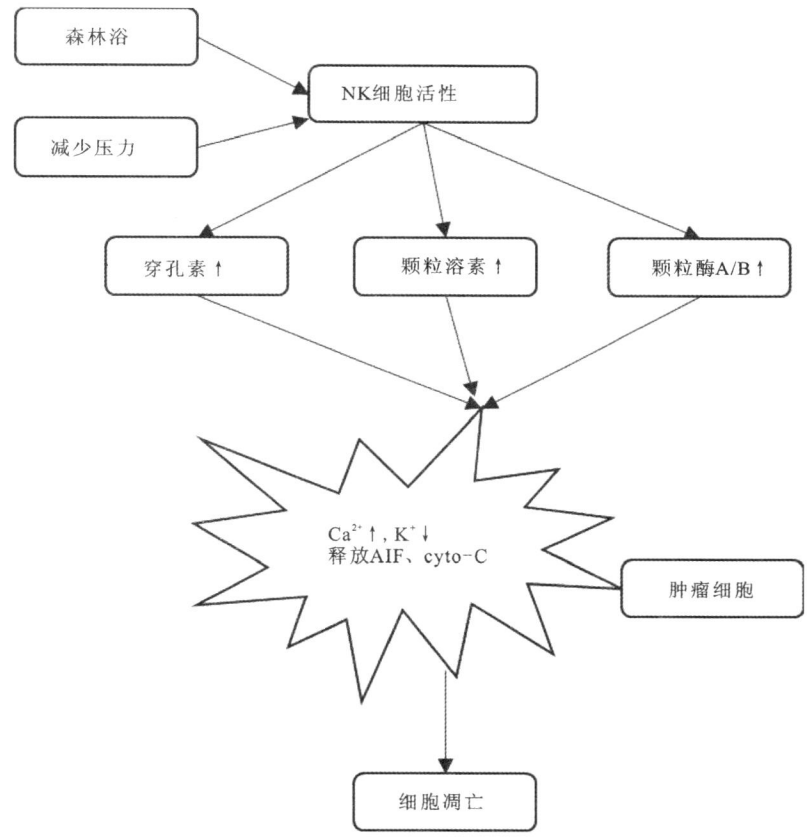

图 4-3 森林浴诱导 NK 细胞活性增加的机制(据李卿等,2013)

第三节 森林环境中对人体健康影响的因素

在森林中欣赏优美景色(视觉)、呼吸树木芳香(嗅觉)、聆听溪流潺潺及树叶飒飒作响(听觉)、触摸树皮及树叶(触觉)等可带来感官刺激。4 种感官带来的感觉信息输入到大脑的相应部位进行处理,然后通过互动在不同的感觉输入之间传递信息。这些信号随之到达控制情绪及生理功能的大脑部位并引起生理变化,即在森林环境中散步或欣赏景色可使血红蛋白的浓度发生变化。

树木植物杀菌素对人体免疫功能有一定的影响。植物杀菌素化学成分因森林不同而有所不同。森林中植物杀菌素的大气浓度非常低,并且根据季节、气候及森林结构等因素而有所不同。因此,可以认为,森林环境的效应非常复杂并且由与感官相关的所有要素(如植物杀菌素)组成。植物杀菌素是森林环境中与嗅觉相关的要素,嗅觉与直觉、情绪及嗜好相关。与其他感官刺激相比,嗅觉对生理变化具有更大的影响。树木具有不同的气味。α-蒎烯是树木气味中的主要成分,通常在针叶林的大气中被发现。α-蒎烯浓度的增加将导致前额活动的增加,α-蒎烯较淡的气味将引起生理放松,但是相对较强的气味将导致压力。柠檬烯是树木上的另外一种常见的植物杀菌素,柑橘果皮中发现的柠檬烯具有柠檬及葡萄柚的香味。柠檬烯具有舒适及镇定作用,并可抑制交感神经活动。

　　目前人们尚不清楚气味影响人体生理的途径是通过嗅觉通道还是以化合物的形式通过血液路线。有研究显示,雪松醇可以通过中枢嗅觉及边缘系统,和(或)血液路线或(控制呼吸系统的)迷走神经的外围传入纤维起作用。人体研究发现,直接从下呼吸道吸入的雪松醇(但未进入上呼吸道)可抑制交感神经传出并增强副交感神经传出。

　　气味主要通过嗅觉处理途径影响人体生理,但不能排除气味化合物通过血液通道产生影响的可能性。事实上,植物杀菌素在森林大气中浓度较低,因此不大可能通过血液途径起作用,而是通过嗅觉处理途径起作用。森林环境的要素,即使是微小刺激,也可以对人体生理产生有益的影响。

第四节　绿地与人类健康:流行病学研究

　　长久以来,人们一直认为接触自然环境可以产生健康效益。在某些情况下,"呼吸新鲜空气"及"到乡村散步"被视作治疗与养生的一部分。在21世纪,流行病学家主要把注意力集中在自然环境解决公共健康主要问题方面的潜能上。关于自然环境(也叫绿地)的定义有很多种,美国疾病控制中心将其定义为"具有天然植被的、开阔且未经开发的土地",如公园、森林、河流廊道等。应注意的是,接触自然环境或绿地可产生健康影响,这方面的流行病学论据主要针对城市人口。

　　自然环境影响健康,可能有3个重要的机制:绿地鼓励体能活动并为其提供了机会;绿地有助于促进社会交往,是社交的场所;与绿色环境进行虚拟或实际的接触有益于健康,人们将获得生理及心理效益。当人们感知自然环境时,大脑的反应是降低压力水平并增加康复水平。在这样的环境中,心理等得到放松,疲惫的大脑得以放松。目前,有两个理论模型试图解释这些影响发生的原因:Ulrich提出了心理演化论(PET),Kaplan提出了注意力恢复模型(ART)。本质上,两个模型类似,它们都认为人类先天偏好自然环境背后存在生命演变的基础。感知自然环境不需要太多的精力并且具有有益的功效。PET表明,有趣的且能引发积极效益的自然场景可以吸引注意力,使人摆脱消极思想并降低压力水平。ART主要关注从注意力导致的疲劳中恢复过来,并认为疲劳是由心理不断专注特定任务导致的。相反,自然环境引发的吸引力则不需要花费精力,亦不会导致疲劳。自然环境富含刺激物,它引发所谓的"软"吸引力。这些特点可以引发足够的兴趣点来吸引注意力,但是不会排除反思的空间,这可促进心理"恢复"。两个理论虽然稍有差别,但是其主要思想都是人们先天偏好自然环境,通过在自然环境中放松、休闲及治疗,从而获得益处。

理论上,接触自然环境可对个人身心产生深远影响。个人健康受到自身、地方、地区、国家及国际层面等各种因素的影响。这些因素中包括人们一生中(甚至出生前)接触自然的累积。也就是说,城市、社区等特定区域内人群健康不仅受该区域社会、经济及环境状况的影响,同时还受其他时期及其他地区社会、经济及环境状况的影响。不可以单纯地衡量某地自然环境的量与人群健康程度之间的关系后就假设它们之间的因果关系。同样,也不能根据对照实验性研究的结果来假设参与者接触自然与其健康状况之间的关系将适用于更广人群。有证据显示,社区绿地对那些生活在社会经济条件不佳环境的人们所产生的健康影响更为深刻。目前,没有或很少有证据显示多接触自然环境会损害人体健康。一般来说接触自然环境的人群中健康问题风险较低。相关证据使人们有理由相信,优良的自然环境是解决21世纪健康问题的有效途径之一。

第五节 绿色运动对健康的有益影响

随着城市化生活的不断推进,心理问题,肥胖、体能活动不足及心血管疾病的人数都在呈上升趋势。然而,接触自然可对健康产生积极的影响。因此,通过提供可利用的与自然互动的城市或乡村空间,可应对以上所述的部分问题。参与绿色运动相关活动可产生直接及间接的健康效益。直接的健康效益包括心理及生理方面。绿色运动可改善情绪、带来放松感、提升幸福感,它还可降低血压与心率、减少压力生物学指标、降低体重指数(BMI)及全死因死亡风险和循环系统疾病死亡风险,并可改善免疫功能。自然具有恢复功能及美学吸引力,它还为绿色运动提供了环境。这些都促进了社会交往,是间接的健康效益。有证据表明,相关绿色运动可应用于心理疾病的治疗,这在患者恢复的过程中起着关键的管理及支持作用。儿时体验自然环境会影响到成年后的行为,因此,扩大儿童生态方面的知识可以提高他们对当地环境的兴趣,并提高其在整个成年期户外活动及绿色运动相关活动的参与度。将绿地与景观相结合同样可促进绿色运动。因此,这些发现表明应重视将绿色运动开发成一种治疗性干预方法,规划者及建筑师应注意使接触及使用绿地空间更加便捷(绿色设计),应鼓励儿童多与自然接触并创造机会使其在户外学习(绿色教育)。通过增加绿色运动的参与度,可解决社会面临的一些心理健康问题及现代饮食和久坐生活方式引起的部分身体问题。自然除了包括自然保护区以外,还包括农田、经济林、城市绿地及后花园。

越来越多的证据显示,接触自然及绿地可对健康产生积极的影响。无论是主动参与还是被动参与,绿色环境都可以积极地塑造自感健康。自然与运动之间协同联系,自然生态系统可为体育运动或活动(亦称"绿色运动")提供环境背景。体能活动及与自然接触均已经被证实有益于心理健康,因此绿色运动具有协同健康效益。绿色运动包含了散步、跑步、骑自行车、钓鱼、划船、滑雪、爬山等各种类型的活动,它还涉及荒野、郊野、森林、林地、国际或乡村公园、自然或野生动物保护区、城市公园、草原、丘陵、山谷、居民自家花园及小块园地等各种类型的绿色环境。

乡村及城市绿地可为绿色运动提供更多场地,使人们消耗更多的热量,促进人们生理健康。绿化程度较高地区的人们,超重或肥胖的情况较少,并且全死因死亡风险也较小。绿色运动对心率及血压具有重大影响。与在城市中散步相比,在森林环境中散步可降低舒张压、心率及皮质醇浓度,血压的降低是交感神经活性的低下以及副交感神经活性的上升所致。在乡村环境中进行绿色运动也可显著降低平均动脉血压。绿色运动可对自主神经系统产生放松效果。绿色运动具有恢复皮质醇水平的潜力。绿色运动还可影响免疫系统,因为在森林里散步可增加NK细胞活性。

绿地中进行的运动对特定群体具有治疗作用。绿色运动最佳运动量取决于很多变量。自然环境是促进运动并提供较大健康效益的理想场所。很多方法可促进绿色运动行为,并对健康及社会产生直接和间接的积极效益。其中包括针对弱势群体的"绿色运动疗法";倡导青少年参与绿色教育及各种绿色运动体验;鼓励绿色设计以确保为绿色运动提供更多机会。绿色运动可应用于相关治疗中,这种"绿色运动疗法"被归入术语"绿色保健"中。绿色保健是一个包容性术语,它是指以自然为基础并使用自然环境作为框架来为脆弱群体创造健康及福利效益的各种介入方法。很多方面越来越向绿色保健转变,包括社会及治疗性园艺、动物辅助介入方法、生态疗法,以及作为治疗方案的绿色运动疗法和用于绿色保健的农耕活动。绿色保健不同于绿色运动,原因在于绿色保健是针对目标群体(包括精神病患者和具有学习障碍的人、离经叛道的年轻人及其他处于风险中的人群)的一种疗法或具体干预方法,而绿色运动在很大程度上是一种有益健康的体验。绿色运动疗法可为轻度到中度抑郁症患者提供有效的治疗方案。

荒野疗法是一种"在荒野或者偏僻的户外环境中进行的体验式项目",它将荒野环境中进行的自然活动与指导及讲习班相结合。荒野疗法目标群体是处于危险情况的弱势群体,主要利用户外活动及荒野体验冲破阻碍社会交往的生理及情感障碍,并增强自尊心。

增加儿童的生态知识可以提高他们对地方环境的兴趣,使其整个成年阶段参加户外活动及绿色运动次数增加。显然,环境的类型对所进行娱乐及活动的类型具有重大影响。有证据显示,与"居家"自然环境活动(如摘花、播种或种树)相比,"野外"自然环境活动(如徒步旅行、在林地里游玩等)对儿童会产生更为积极的长期影响。有人认为,"居家"自然环境活动的结构不可能使人"大范围、自发地与自然互动",这妨碍了体验的效果,从而不会对个人产生较深刻的影响。据报道,与接触绿色环境相比,接触城市可导致精神疾病、情绪障碍(抑郁症)及焦虑症的高发病率。另据报道,城市住宅区内具有自然环境可能降低犯罪率。因此,流行病学研究常常显示,住宅距离绿地较近与积极的健康效果有关。绿地的使用也十分重要。访问绿地的频率越高,压力相关疾病的发病率就越小。住所附近有可用的公共或私人公园是另外一个主要因素,城市景观规划应考虑到这一点。林荫大道、公园和其他绿地在使居民长寿及降低心理疾病风险方面发挥着关键作用。

第六节　森林与人类健康研究：国内外研究趋势

尽管森林在碳吸收能力方面得到广泛的认可，但是许多森林的未来仍不太明确。当今社会城市化飞速发展，人们过于注重现代化，因而常把森林环境当作土地开发中的障碍。此外，全球经济活动的增长促进了行业专门化的发展，森林木材生产的商业价值提高，导致木材进出口国家及关注环境的国家之间具有明显的分界。人们不断呼吁扩大森林以防止全球变暖，减少人为将二氧化碳扩散至大气中，使社会生产及释放最小量的二氧化碳。当前国际社会正努力从使用石油等不可再生能源向使用可再生能源方面转变。目前，全世界的森林总和只可以消除人类所释放温室气体的20%，并且建立新的太阳能及风能发电设施有可能导致大规模砍伐森林的趋势上升，因此人们越来越担忧全球森林面积可能进一步缩小。

当然，森林保护全球环境方面的作用不仅仅局限于碳吸收。一方面，树叶通过蒸腾作用与阳光接触，可捕获并存储热量，冷却森林中的空气；另一方面，通过树木过滤到森林地面的阳光，可使夜晚或较冷地区森林的温度保持较高水平。此外，降雨或刮风也可以对大气候产生缓解及调节功效。已知的其他森林环保能力包括，吸收与树叶接触的微观气溶胶粒子（NO_x、SO_x），净化大气中的污染物及通过树叶捕获水分等。树木中水酸碱平衡可以从土壤中获取电解质并通过脱氮作用将其净化，这反过来可以产生包括人在内的动植物赖以生存的高质量的淡水，并为动植物提供栖息地及营养。森林还为人类社会提供很多益处，如通过阻止溪流泛滥防止泥沙灾害，可作为房屋建材，制成家具等物品。目前发达国家常将森林资源用作食物及商品的天然原料，当然，人们也可以欣赏森林景色的美丽。1982年，日本的秋山智英提出了"森林浴"的说法，从此有了"森林浴"一词。那时"森林浴"的定义为："吸收"森林大气并通过5种感官感受森林的力量。人们认为沐浴森林大气具有治疗功效。因此，科学家开始分析森林大气及其化学成分。结果显示，森林大气中存在杀菌物质、消炎物质及其他可能对人体具有治疗功效的物质。

虽然人们对森林活动的意识不断提高，且人们对森林之行表示了强烈的意愿，但是事实上人们在森林里休憩放松的旅行只构成地方经济很小的一部分。

随着住宅的开发,越来越多的森林被砍伐。20世纪90年代后期,人们开始强调森林保持淡水的能力,却只把森林看作是"树木大坝"。

一、日本的研究趋势

2001年,日本发起了一项活动,旨在提高人们对森林在医疗保健、疾病治疗及预防等医学方面潜能的认识。该活动提出了在森林休憩可获取健康功效(包括降低压力相关的激素、皮质醇等)方面的医学及科学解释。该领域的研究获得了一致的结果,促成了如下3个针对老龄化社会的森林项目方案:①卫生保健及福利森林,用于一般护理、帮助人们抵御疾病或减轻人口老化的影响;②治疗及康复森林,用于必要的治疗以帮助患者在康复期复原;③防止生活习惯相关疾病的森林,用于防止生活习惯相关的疾病进而促进健康。

在日本,森林疗法被定义为一种项目,此项目期间,在特别选定的森林中开展森林浴,以达到保持全身活力、大脑功能及心理综合健康和预防疾病的目的。选定的森林应符合下列3种情况:①森林环境维护状态良好,能确保各项活动的安全;②森林环境各项物理及化学指标良好;③森林必须具有经过证实的环境,在这里特定的活动能达到一定水平的恰当反应,并且研究结果需显示心理反应能有助于维持人类生命及健康。具体地说,目标是减轻压力并改善免疫系统功能。为了这一目的,首先在指定的森林环境中开展了物理及化学实验,并测验实验对象的生理及心理反应,这样就能证实该森林环境内所提供的效应达到了一定水平。为了实践森林疗法,实验对象应尽力待在指定的森林区域并在森林治疗师的指导下活动。实验对象应该在该区域进行散步、坐下来欣赏景色、做运动等,充分运用5种感官。实验对象还应食用当地有机原料所制均衡的森林疗法食物(预制的午餐等)。如果可以的话,实验对象也可以利用周围可用的温泉,作为附加的一种实践活动。应该注意的是,城市居民进入森林前及完成森林道路活动后需要对其血压及应激激素水平进行测量。森林疗法是在医疗保健体系的监督之下,在森林环境中开展的健康休闲活动,预期达到一般医疗效果,如明显的松弛效应。然而,在获得明确的临床实证之前,对于森林疗法特定健康益处方面的说法必须十分谨慎。在未来,森林疗法可能成为具有重大意义的医学疗法,但是目前只有在医师的指导下才能开展。

在现代城市化的社会中,人类过多地接触人工刺激,这对健康具有消极的影响。此外,信息技术的快速发展给现代生活带来了便利,但同时也产生了技术压力。随着对健康与自然的兴趣不断增长,人们把注意力集中在森林对健康的益处上。然而,目前森林健康益处的科学数据还比较少。全球气候变化及随之而来的生物多样性的严重丧失不仅被公认为环境问题,同时还严重威胁到人类的生存与健康。人们对这些问题越来越关注,并且开始重新评估森林的重要性。人类进化史几乎均发生在自然环境中,在生物进化过程的漫长时期里人类已经适应了自然,从这个角度来看,当前的城市环境则是进化中陌生的新栖息地。因此,当前的身心健康问题或许与人类和自然接触减少具有紧密联系。一些探讨人类健康与自然环境之间关系的科学研究支持了这种观点。一些人口统计研究显示生活区绿色植物对居民的自感健康状况、老年人寿命,以及社会经济健康具有积极的影响。自然环境是个人及社区健康的重要贡献者。特别地,自然通常是健康养生模型及概念中的关键要素。森林中很多产品具有健康益处,森林景观及整个森林环境本身对人类健康具有积极的影响。人们试图使用新的方法来厘清森林的健康益处并将其应用到临床环境中。日本启动了一些项目,试图通过与自然接触来促进体育锻炼,进而缓解健康问题。现在,人们对以自然为导向疗法的兴趣越来越浓。

20世纪,工业化及城市化进程加快,人类生活变得更加便捷。但是,随着生活方式的变化,各种健康问题也随之而来。普遍认为,很多健康问题与人类不再接触自然有紧密的联系。一些发达国家启动了健康项目,用以鼓励人们接触自然环境。大量研究显示与自然接触对身心均有益处,但是关于森林的具体健康益处还不是很明确。目前特别需要森林环境的生理健康效应方面的科学实证及系统且严谨的研究。事实上,如何管理森林使其对人类健康的益处最大化,这个问题还不得而知。

室内研究为调查各个森林相关环境因子对人体生理及心理反应产生的影响,以及接触自然所产生松弛效应的作用机制提供了重要的数据。室内实验中,可开展针对不同刺激物的单刺激研究,进而调查各个刺激物所引起的放松效应。室内研究可以进行详细测量进而确定导致放松状态的生理机制。有研究测量了年轻男性观赏森林景色时的生理反应,发现很多森林相关的视觉刺激可引起生理放松,如大脑前额皮质及自律神经系统活动的减弱。另有实验研究调查了人倾听森林声音的影响,这些声音降低了大脑前额皮质的活动及交感神经活动,该结果表明森林声音可促进生理放松。

实地研究比室内研究更能显示真实环境的功效。从预防医学的角度清楚地显示了森林浴体验的功效。实地检测有助于厘清森林环境的放松效应。与城市环境相比,森林环境可以增强副交感神经活动(放松情况下)并抑制交感神经活动。此外,在森林环境下,压力、脉搏率及血压将显著降低。这证实了森林环境可提高生理放松程度。

人类长期在自然环境中进化及发展。人们居住在城市化的现代社会中,身体最先适应的是自然环境。随着居住地从自然环境到城市的转变,潜意识里人们的身体感到不适且压力增大。人工刺激很有可能对人类生理功能产生消极影响,压力水平可能变得过高并且人们的交感神经系统可能受到过度刺激。因此,将已增强的压力水平降低至正常水平,对人类生理活动的正常运行具有重要的意义。这正是森林疗法备受关注的原因。当人体在森林接近预期自然健康水平时,免疫系统等生理功能得到改善并且身体功能处于较为良好的状态。使用森林疗法时不指望达到这种所谓的"特定效果"并借以治愈疾病,人们期望达到一种"非特定效果",包括生理放松及免疫系统的功能得到改善,进而使人体对疾病的抵抗能力增强。

森林疗法的科学研究证实,在与森林接触后,人们通常感到放松、舒适,这种放松、舒适是5种感官从环境刺激中获得的。很多研究试图探索森林等自然环境的放松效应,这些研究中大多数使用问卷调查、主观评价等方法。然而,用语言表达这种舒适的感觉并有条理地解释这种舒适的过程是十分困难的,因为这种效果是在直观且无条理的过程中获得的。因此,在解释这种舒适过程时生理指标起着重要的作用。随着生理测量及评估方面科技的最新发展,人类接触自然时生理活动的变化可以得到量化的研究。目前,日本的研究小组慢慢累积了一些生理反应方面的科学数据。

二、韩国的研究趋势

当今的世界已成为一个都市化的社会,一些人从传统的人与自然关系中脱离出来。为了解决这一问题,韩国很多城市居民试图通过森林来寻求一种不同于城市生活的前景。森林体验被视为现代城市居民的一种生活方式。森林环境被描述成"一个伟大的健康机器",森林活动可提供预防性及治疗方面的健康效应。实验证明使用森林或欣赏森林景色有助于减轻压力,使情绪及情感更加积极并可能帮助患者从疾病中康复过来。森林的治疗功效是指森林环境中的健康治疗，森林可能提供契机以有助于形成更加高效且更为积极的行为，进而促进身心健康。之前大多数研究评估了森林相关实验在改善违法者、精神病治疗机构内住院和门诊患者（含情绪失常儿童）、酗酒者，以及具有其他临床心理健康问题之人有效行为方面的价值。随着健康及可持续生活趋势的发展，森林治疗成为韩国社会出现的新需求。

三、欧洲的研究趋势

健康的生命包含心理、生理及社会方面的健康。通过接触森林等自然环境降低心理压力，这是人类健康的重要组成部分。其他健康益处包括从森林里采集或获得药物、营养食品等。此外，森林还有助于形成更为清洁、健康的环境。体能活动对人类健康的益处是有据可查的。然而，在森林及其他自然环境里与在室内环境进行相同的体能活动所产生的功效是否一致尚不明确。接触自然环境并参加户外活动具有以下3个层面的治疗效果。第一，在景色宜人的户外环境中开展体能活动并进行沉思，可有助于身心健康。第二，自然环境可为社会互动提供积极的背景，在这里人们分享经验及价值观，有助于人们调整自我形象并对自身及对他人价值方面态度更加积极，虽然其他环境也适用，但是户外自然环境通常更容易利用、成本很少或基本不需要费用、面积足够为个人提供隐私或为社会互动提供选择。第三，学习及沉思可使参与者改变其生活方式并带来长期积极的效果。目前大多数欧洲人具有都市生活方式及价值观，即使是生活在乡村的人也极有可能到市中心工作。通常，只有3%的欧洲人在原生土地或海洋产业上工作。有证据显示，城市噪声干扰使人倍感压力，同时城市热效应及污染可直接影响健康。绿色区域可极大地降低这些负面效应。绿色区域及城市森林的优势在于通过降低建筑物能量需求从而为夏季降温、为冬季增温。绿色区域也是人们最了解的自然环境，在这里人们可以了解自身对更广阔自然世界的影响。

四、中国的研究趋势

随着中国工业化与城镇化的发展，生态健康问题变得更加突出。生态健康涉及人类与环境的关系,其研究问题复杂多变、难度大。因此,多学科、多部门的交叉协同是很有必要的。作为地球上重要的生态系统,森林在提高人类健康和福祉方面具有很大的实际及潜在价值。然而,中国研究者还没有开展关于森林环境对人类生理及心理效应方面的深入系统研究。中国学者主要以人体和人群的生理与心理生态健康、不同类型生产与生活活动的物质能量代谢过程的健康及区域自然和人文生态服务功能的健康为研究领域。森林维护大众健康为主的利用价值易受到重视。森林以其丰富的自然景观、优越的生态环境吸引着旅游者旅游、度假、疗养。森林保健旅游资源的开发利用已日益成为旅游开发中的热点,并且森林保健旅游成为森林旅游的重要发展方向。国内对森林环境的生理及心理效应领域的研究主要从以下 5 个方面进行:①空气负离子浓度时空变化及其生理和心理效应;②植物精华及植物精油的生理和心理效应;③景色环境的生理和心理效应;④森林浴的生理和心理效应;⑤开发心理健康保健相关的森林旅游产品。

第五章　水环境

在水环境中运动时,水的浮力、密度和导热性对人体的运动能力可产生显著影响。水的浮力会使人产生不习惯的漂浮感;水的密度比空气大,因此在齐胸深的水中人体可明显感受到较大压力;水的导热性比同温空气高很多,因此相同条件下水中运动比陆地上运动消耗更多的热量。水的特性给人体在水中运动(如游泳)带来了特殊影响,也对人体在水环境中运动时的生理功能提出了一些特殊的需求。

第一节　水环境与运动

人体有完善的体温调节功能,可对冷热环境逐步适应并形成冷热习服。游泳在水环境中进行,水的冷刺激可提高人体对冷刺激的适应能力。因此,经常在水环境中运动,不但对人体产热、散热的调节能力有良好影响,而且对各器官系统的功能也有所促进。由于游泳时完成呼吸运动要比在陆地上克服更大的阻力与压力,所以经常进行游泳运动,可使通气效率和最大摄氧量得到提高。经常进行水中运动的人,也可使其循环功能得到有效的锻炼,心血管机能得到提高,表现为运动性心脏肥大,心律徐缓和心搏有力,心力储备与心率储备增强。经常从事游泳活动的人会提高身体的抗寒能力,如通过提高代谢水平和增厚皮下脂肪来对冷环境产生适应。

一、水环境中运动的生理调节

1. 呼吸机能

水环境中运动对呼吸功能的影响较陆地上运动深刻,这与水的密度及压力有关。水的密度比空气大,在水中前进要克服更大的阻力,使得游泳时完成呼吸运动要比陆地上克服更大的阻力与压力,因而对呼吸肌的锻炼效果较好。此外,在水中运动时,呼吸频率的变化受游泳动作节奏的限制,不能随意加快呼吸,同时水的压力又使补吸气的增加受限,因而经常进行游泳等水环境中的运动,可使人体从通气中获得氧气的效率得到提高。研究表明,无论进行最大强度运动还是次最大强度运动,游泳时肺泡通气量均比跑步时要高。经常在水环境中运动,还可有效提升游泳运动时的最大摄氧量。有研究表明,非游泳训练者的最大摄氧量在游泳时比陆地上运动时降低15%~20%,而优秀的游泳运动员在游泳时的最大摄氧量不仅不会降低,甚至会高于本人跑步时的最大摄氧量。

2. 循环机能

人体在水环境中运动时对循环功能也有良好的影响,这既与水的特性有关,又与人在水中运动时多采取平卧姿势有关。在陆上运动时,许多肌群需要通过肌紧张来维持基本的身体姿势,而游泳时的平卧体位可大大减少维持肌紧张的肌群。这一方面有利于减少能耗、节约心输出量,另一方面有利于心脏以较低的压力便可为全身供血。此外,游泳运动时,呼吸加深,使胸膜腔内压降低,再加上水波对身体表面的拍击,更有利于促进静脉血液回流。因此,在水环境中运动可使循环功能发挥更大的潜力。与跑步相比,在以相同强度进行游泳时,心输出量和每搏输出量均比较低,游泳时的最高心率比跑步时降低10~15次。

3. 能量消耗

水的导热性比同温度空气高,因而和陆地上同强度、同时间的运动相比,游泳需要消耗更多的热量。在水环境中运动,能量消耗与水的温度、水中停留的时间、游泳姿势及运动者对环境的适应程度有直接关系。水的温度直接影响能量消耗的量,水温愈低能量消耗愈多,在水环境中停留时间愈长,能量消耗将愈多,如在12℃的水中停留4min和在20℃的水中停留15min的能量消耗相近。游泳运动比陆上运动消耗能量多的另一因素是水中运动的机械效率比陆地低,优秀游泳运动员蛙泳时的机械效率仅为4%~6%。此外,不同泳姿和距离也会影响能量消耗的多少。

4. 运动技能

在水环境中运动,运动技能的掌握比陆地上要求更高。水浮力使人在水中的支撑感觉被削弱,产生不习惯的漂浮感,加上游泳时体位的改变及冷刺激,对神经系统适应能力及协调能力提出了更高的要求。同时,不适应水性者还有恐水的心理障碍,这也给其运动技能的掌握增加了难度。

二、水污染与运动

1. 避免在污染的水环境中运动

水中运动给人类带来了很多益处,但在受到污染的水中运动,同时也会给健身者和运动员带来许多负面影响,甚至是造成机体损害。所以在选择天然水域进行运动时,要特别注意避免在工业与生活废弃物排污口的水区附近进行游泳。因为未经处理的含有大量有毒物质的工业废水和包含有多种病毒、病菌与寄生虫的生活污水直接排入江河湖泊会造成水体污染,这将对在排污口附近进行游泳的人造成直接或间接的急性或慢性健康损害。

2. 注意水中运动卫生以防水污染

一些人在选择天然水域或人工水域进行运动时,经常不注意个人和公共卫生,给运动水环境造成不同程度的污染。人体自身污染主要指运动者自身在水中运动时分泌与排泄的有毒和有害物质造成的水体污染。有研究表明,游泳时排尿者占游泳人群的 $3.5\%\sim5.0\%$,成人每次在水中的排尿量一般约为 50mL。场区内游泳人群越密集,则排尿总量越多。因此,尿液是导致水域污染的主要原因之一。另外,水中运动者不时将入口的水连同唾液一起排放于水中,这些唾液都可能存有致病细菌或病毒,进而造成运动场区水体污染。因此,水中运动者必须对水污染造成的健康损害引起高度重视,以防自身或他人受被污染的水侵害。

第二节 水下环境及其对机体的影响

水下环境对于人体(和陆生动物)来说是一种异常环境,它具有一系列的特点,诸如高压、寒冷、浮力和阻力异于陆地,以及光和声在水中的特殊传播等。潜水者进入水下,将受到这些异常因素的影响,产生相应的生理反应或病理变化,甚至危及安全。采取一定的方式,按照一定的方法和步骤,主动地从空气中穿过空气-水界面没入水面以下(入水)、向深处进发(下潜)、到达水底或目的深度(着底)后逗留一段时程并从事一定的活动(水底逗留),又从水底或目的深度离开

(离底),向浅处返回(上升),经过一定的规程(减压),最后露出水面(出水)的全过程,称为潜水。潜水作为人类进入水下环境中以求达到一定目的的一种手段,在人类的原始时代就开始,发展到现在已成为经济、国防、体育运动和科学研究中一种不可缺少的技术。

水下环境对人体来说,毕竟是严酷的异常环境,如呼吸气体的供应、静水压、水温、水的密度和阻力、光和声在水中的传播以及水下生物的影响等因素,都与陆地正常大气中的情况迥然不同。人能否安全、顺利地完成潜水过程,达到潜水的目的,每一个环节都受水下环境中相应因素的制约。为了克服或限制客观因素对机体的作用,潜水者常使用不同的潜水装备,特别是保证供应适宜于潜水时呼吸的气体及保暖、抗浮等设备和物件。但在利用这些可保证安全的设置的过程中,又会带来一些新的问题。当然,除了环境因素和装备、呼吸气体等因素外,潜水者自身的某些因素有时也成为圆满完成潜水过程的制约因素。

在许多制约因素的作用下,机体会产生相应的反应。在某些很不利于机体正常活动的情况下,还可能发生特殊的病症和(或)创伤,那就是潜水疾病。所以,对于潜水人员,无论在平时或潜水全过程的各个环节,自始至终都需要潜水医学工作者给予保障,包括训练和活动时的医学、生理学、卫生学等方面的监督和保障,以保持和增进潜水者的身心健康,预防各种疾病,以及保障发生潜水疾病、创伤时的诊治。应避免由于医学保障的缺乏或出现不当、差错,潜水失败,活动不能完成,甚至发生伤亡事故。尤其是大深度和(或)长时程的潜水,如果离开了医学保障,几乎不可能安全顺利地进行。不但如此,对于任何具体潜水活动,大量的潜水生理学和潜水医学方面的工作必须在潜水开始之前做好准备。潜水向更大深度、更长时程的发展以及相应更安全、更便利的潜水装具(备)的改良、发明和创造,都必须先解决相应的生理学和医学问题,或者说,潜水的发展在相当程度上依赖于人们对潜水生理学和潜水医学规律的深入了解和掌握。总之,人进入水中执行任务,潜水是先决条件,而要安全顺利地完成潜水的全过程,即所谓"下得去、呆得住、干得成、出得来",必须在潜水前、潜水时以及潜水后要有切实、可靠的潜水生理学和潜水医学的保障。潜水技术、潜水装备要发展,须先有生理学原理在潜水中应用的成功,也要有医学科技能够解决潜水中出现的新的医学问题。因此,可以肯定地说:潜水生理学和潜水医学在潜水工作中和潜水技术及设备的发展中,具有关键性的、先行性的重要作用。

一、水下低温和潜水员的体温调节

江河湖海中的水,因吸收了太阳的辐射热而具有一定的温度。由于水的比热容是空气的3倍,太阳的辐射热通过水的热传导只能达到一定的深度,水温的升高或降低较空气缓慢。一般海水温度随水深的增加而降低。表层水温较高、较稳定;向下是中间层,温度比表层低,往往深度增加很小而温降很大;中间层以下直至海底为下层,这层温度渐降,比较恒定。以我国北方海域5月份的水温为例,表层厚度在10m左右,水温约14℃;中间层厚度也有10m左右,水温为13~16℃;下层厚度最大,终年保持6℃以下。鉴于海水温度一般都低于人体体温,且潜水多在一定的深度下进行,故潜水时遇到的实际问题之一是水下低温。裸潜时,皮肤直接与水接触,机体的热量将按温差梯度,通过体表向水中散失。由于水的导热系数大于空气,所以在此情况下,主要以传导方式散失身体的热量。此外,与皮肤最接近的水分子层受皮肤加热后很快离去,冷的水分子层又流来替换,如此往复,以对流方式带走大量的体热。人在水中以辐射方式散失的热量很少。穿潜水服潜水时,虽然皮肤不与水直接接触,但仍能按温差梯度散失热量,只是散失得慢一点、少一些而已。除通过体表散热外,呼吸寒冷的氦氧混合气时,呼吸道蒸发散热较为显著。不同水温对潜水员的影响及防寒要求见图5-1。

机体在水下受寒冷刺激后,可发生一系列增加产热和减少散热的反应,最初出现外周血管收缩,使皮肤温度下降,缩小与外界之间的温差,以形成"隔热层"保持深部体温,不过这种机制最多起到0.1~0.8个隔热单位(clo)的作用。当所接触的水温很低时,会导致人体寒冷性血管扩张,这可能是因为人体外周组织冷却到一定程度时,交感神经失去对血管的调节功能。寒冷也可反射地引起肌紧张增加、颤抖等,最强烈的颤抖可产生350~400kcal/h的热量。然而,颤抖所产生的热量很快经皮肤散失,这是由于皮肤与同部位的肌肉由相同的动脉供血。水下颤抖又往往使外周血管扩张,从而增加人体失热量。所以水下颤抖对于人的低温耐力并非完全有利。有经验的潜水员对冷水的习服之一,就是减少在冷水中的颤抖反应。人在水下低温环境中,也可通过升高代谢率、加速组织氧化来补偿机体热损失。如人在6℃水中浸泡17min后,代谢率由浸水前的86kcal/h上升到202kcal/h;浸水40min后增大到560kcal/h。所有这些都是机体对寒冷暴露的重要生理反应。但是,当上述生理代偿过程不足以弥补散失的热量时,将

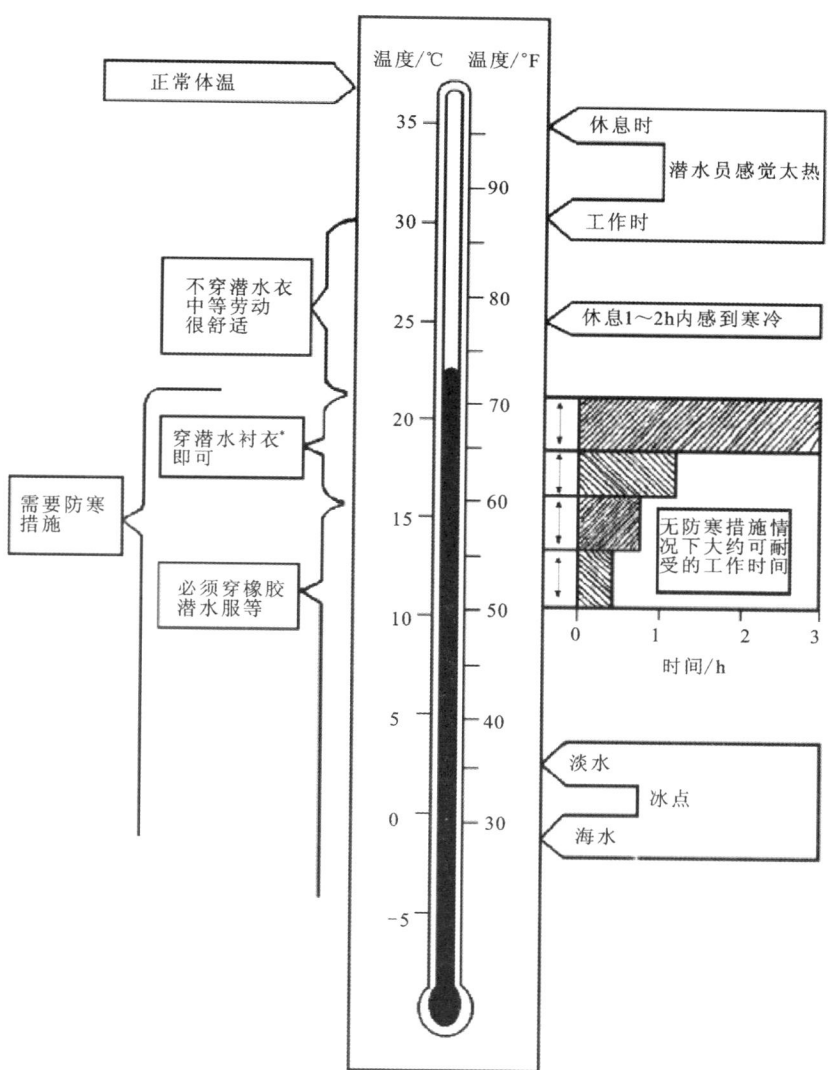

图 5-1　不同水温对潜水员的影响及防寒要求（据陶恒沂等，2001）

＊潜水衬衣为羊毛衫裤

出现体温降低和功能障碍。通常认为，直肠温度低于35℃，开始出现精神错乱、嗜睡、语言不清、感觉和运动功能障碍等体征；直肠温度低于32℃，可失去知觉，疼痛反应消失，心跳缓慢，可能还有心律不齐；直肠温度降至30℃以下，则陷于昏迷，皮肤苍白或呈灰色，脉搏、呼吸微弱，血压降低，瞳孔对光反射消失，并出现代谢性酸中毒，生命垂危。人在水下失热发展快，易使潜水员失去自控而招致严重的潜水事故。如穿保暖性差的潜水服潜入5℃以下的低温水中，几分钟后就可发生低温溺水。据报道，出现这一事故之前，主要症状是突发性胸内疼痛。通风式潜水未戴手套的潜水员，如水下温度使手的皮肤温度降低到15℃，即可发生剧烈疼痛，随之出现麻木，以致不能觉察受伤流血。为了防止体温降低造成不良后果，对不同水温条件下的潜水，规定了相应的保暖措施和要求，供实施潜水时参考。发生体温降低的潜水员出水后，其体温降低情况仍要持续2~4h，然后经过高于正常体温0.5~1.5℃的波动才能复原。对体温过低的复温处理，通常采用热水浴、喝热饮料和进行适当的活动等。在体温未复原之前，不能反复潜水。

二、水的阻力和潜水员的体力消耗

人在水中运动时，要受到水的阻碍，这种阻碍运动的力就是水的阻力。潜水时所遇到的水的阻力，主要由两部分组成：①摩擦阻力，这是水与物体之间相对运动的情况下发生摩擦而形成的；②压差阻力，水流与物体正面碰撞受到阻挡时，物体正面的动压强升高，而周围水流的惯性和水流方向的骤变（填入物体后的空间）形成转速很快的漩涡，使物体后面的动压强下降。这种物体前后压力差可形成压差阻力，压差阻力在很大程度上与物体的形状有关。若物体呈流线型，压差阻力就可缩小。水的阻力值跟水与物体的相对运动速度、接触面积及水的密度成正比，并且同物体的形状密切相关。水流愈急，施加于潜水员的阻力愈大。湍急的水流会给水下活动带来很大的困难，甚至使潜水员无法下潜。穿通风式潜水服潜水时，身体与水的接触面积增大，所受阻力就大；而穿贴身的湿式潜水服时，阻力就小得多。轻潜水员潜泳时若尽量保持流线型姿势，则受到的阻力显著减小。由于水的密度大于空气近1000倍，在其他条件相同的情况下，水的阻力要比空气大近1000倍。单就这一项而言，潜水时增加的体力负荷即很大。综上所述，水的阻力对潜水员的影响有：①妨碍潜水员水下活动；②为了克服水的阻力，潜水员要额外消耗很多的能量。

第五章 水环境

三、水的浮力与潜水员的稳度

1. 水的浮力

水作用于浸入其中物体的垂直向上的力,称为浮力。这个力的大小等于该物体排开水的重力。浮力若大于物体的重力,则物体上浮,称为正浮力;若小于物体的重力,则物体下沉,称为负浮力;若等于物体的重力,则物体可停留在水中任何一个水平上,既不上升也不下沉,处于悬浮状态,称为中性浮力。潜水员穿戴潜水衣、帽后,由于体积的增加大于重力的增加以致在水中形成正浮力不能下潜,因此潜水装备都配有压铅、潜水鞋等压重物,使其具有一定的负浮力。但增加的压重物不宜过多,否则可造成潜水员在水下活动困难和容易疲劳。像通风式潜水装备,在陆上总质量为 66~70kg,在水中为 5~10kg。有经验的潜水员,根据水下活动的需要,可有意识地增减潜水服内的气量来调节他在水中的浮力,如在一定范围内使排气量超过供气量而减小体积,可增加负浮力,加速下潜或防止被动上浮;如使排气量少于供气量,可利用一定程度的正浮力增加,便于爬高、搬运重物等,以减少体力消耗。在水底活动时,将潜水服内的气垫调节到使领盘刚离开肩部,这样潜水员负荷最小,活动时省力。在重力不变的情况下,体积的改变使浮力改变,以致沉浮失控,可能发生"放漂"及"挤压伤"等事故。潜水员了解并正确利用沉浮规律,既可获得在水中活动的自由,还可安全、有效地完成各种潜水活动。此外,工程技术人员要合理设计各种类型潜水装备,也应掌握这一规律。例如,自携式水下呼吸器所带的钢质气瓶,它的重力应与其体积所排开的液体的重力相等,即呈中性浮力。不然,钢瓶重力大于其排开液体的重力,还需要额外增加正浮力的附件,增大了装备的体积,给使用者带来诸多不便。

2. 潜水员的稳度

潜水员在水下行走或活动时,采取各种不同的体位,如站立位、跪位、侧卧位等,不论采取何种体位,须力求使自身保持最稳定、舒适和便于操作的姿势。潜水员能够自如地保持身体处于平衡稳定的程度,称为潜水员的稳度。潜水员在水中的稳定主要决定于重心和浮心在体轴上的位置关系。正常情况,重心在下,浮心在上,在一条垂直线上两点距离适当。而两者的位置关系,与压重物的佩戴和潜水服的气量有关。通常,重心对潜水员稳度的影响较大。造成潜水员不稳,一般有以下原因或情况:①重心位置过高是因为压重物挂得过高,潜水员进入水中后,感到"头重脚轻",容易倾倒,甚至倒置。这一情况在潜水员两只潜水鞋都脱落时更容易发生。②重心位置过低主要是因为压铅挂得过低,重心位置下移,虽然不易倾倒,但在水中屈身或进行其他活动就比较困难。③重心偏向一侧,当一只潜水鞋脱落或一侧压铅绳断开时,重心就会移向对侧,潜水员身体会朝重心所在侧倾斜。应当指出,潜水员的稳度固然取决于重心与浮心的位置关系,但也不能忽视潜水员主观努力的作用。当平衡受到破坏时,他将通过自己的努力调节,使身体处于平衡状态。潜水员处于平衡不好的情况下进行活动,要额外消耗能量,会迅速地引起疲劳,甚至未完成任务就不得不出水,否则可能会导致事故发生。因此,一定要重视潜水员的稳度。

四、光在水中传播的特点及水下视觉

光在水中传播比在空气中差得多,可以说,水是光的"不良导体"。当光线由空气向水中传播时,在空气与水的交界面上,可发生光的反射及折射。经过折射进入水中的光,在传播过程中,又因水中混有泥沙微粒等而发生散射或被不同程度地吸收,从而使潜水员的水下视觉受到显著影响。水下视觉与正常视觉相比,其特点是能见度低、视力降低、视野缩小、空间视觉和色觉改变等。

1. 能见度低

能见度低是水对光的反射和吸收,消耗大量光能所致。当光线射向水中时,在水面发生反射,入射角越大,反射光量越多。如正午,阳光直射,入射角为零,反射光量很少,大部分光线透入水中,水下能见度要比稍早或稍晚大气中同样照度时要好。另外光在水中传播,水对光的吸收比空气大上千倍。光能受水分子和悬浮于水中的颗粒阻碍产热而消耗,因此水愈深或愈混浊,吸收光能愈多,能见度就愈低。光线每行进 1m,在清澈水中吸收 10% 以上;在混浊的河水或沿岸海水,吸收可达 80%～95%,甚至更多。在这样的水中,即使在夏季晴朗的中午,4m 深处的照度仅 0.3～0.6lx,只相当于月夜的照度,此时的视觉属于暗视觉。因此,潜水至一定深度,眼前漆黑一片,潜水员全靠手摸索活动。

2. 视力降低

视力降低有多种不同的情况和原因。若角膜与水直接接触,由于水对光的折射率(1.333)与角膜的折射率(1.376)相差不多,光线从水入眼,屈光度比从空气中入眼减少约 40D(正常眼在空气中约 59D),就会变成"远视"。此时,来自水下物体的光,经眼折射后在视网膜上形成的将是模糊不清的图像,视力显著降低。光线在水中散射也是视力降低的一个原因。因散射使物体轮廓变得模糊,物体与其背景的对比不明显。如在空气中视力为1,在水里可降到1/100～1/200。戴潜水头盔或潜水面罩入水,在水与角膜之间存在空气层,光虽系由空气入眼,眼的屈光度得以保持,但光在水中散射和水中照度低所致的视力降低依然存在。

3. 视野缩小

人角膜接触水时,视野约为空气中的3/4。这是由于光线从水中射入眼内,屈光度减小,原来视野边缘上的光不能被折射到视网膜的边缘。水下使用潜水装备时,虽然避免了角膜与水的直接接触,但头盔或面罩遮住一部分光,使视野仍然限制在较小的范围内。

4. 空间视觉改变

借以感知物体大小、形状、位置、距离等的视觉,称为空间视觉。戴头盔或面罩的潜水员在水下视物时,除视野缩小外,空间视觉还发生放大、位移和失真。水下空间视觉发生放大和位移,是光从水中进入空气时发生折射,以及习惯于感觉直线光所致。此时水下物体看上去显得大一些,约为原物的4/3;距离显得近些,约为原距离的3/4。来自水下物体的光线在水-空气界面的入射角大,折射角也大,离眼近的光线入射角小,折射角也小,以致同一物体的各个部位或不同距离的物体放大的比例不一样,于是产生了失真。

5. 色觉改变

光谱中各种色光射入水中后,都将随着水深的增加而先后被吸收。长波先被吸收,短波后被吸收。一般红色、橙色、黄色光分别在水下1m、5m、10m处被吸收掉;20m处仅蓝色、绿色光能被保留下来。因此,这导致水下色觉的改变。例如,在水深10m处,从伤口流出来的血,看起来不是红色而是蓝绿色;在水底看来是阴暗的鹅卵石,取到水面上可能是鲜红色的。水中的悬浮颗粒易吸收波长短的光。因此,在清澈的海水中蓝色和绿色最明显可见;在较混浊的近岸海水中绿色和黄色最明显可见;而在混浊的江水和港湾水中,黄色、橙色和红色最明显可见。改善潜水员的水下视觉,一般采用以下补救措施。

(1)采用人工照明。人工照明有水上照明和水下照明两种。前者多用于浅水活动,后者常用于深水活动。但由于水对光线的吸收,即使光源强度成百倍地增加,水下能见度的增加也很有限,如照度增加 119 倍,水下能见度距离仅增加了 0.6 倍。使用耐压、水密的水下照明设备,效果也不够理想。

(2) 增加角膜与水之间的空气层。在角膜与水之间用空气层隔开,让光线由空气入眼,以保持眼的正常屈光度。目前应用于潜水的头盔、面罩、潜水帽等都具备这样的条件。

(3) 使用钢化玻璃透明头盔,或者借助转动眼球或头颈来扩大视野范围。水下空间视觉的改变对潜水活动的影响不大,通过实践锻炼可以适应,无需专门予以纠正。

五、声音在水中传播的特点及水下听觉

水中声音传播速度为空气中的 4 倍多,约 1425m/s。在水中传播时声能衰减比在空气中低,而水对声波振动的阻尼作用却比空气要大。声音在水中传播的这些主要特点,以及人在水下接受声音的传导途径的改变,使人在水下的听力和听觉辨别能力发生一系列的变化。

1. 听力改变

潜水活动时,潜水员的水下听力可能出现 3 种情况,即听力减退、听力不变、听力增强。听力减退是主要改变,只是在相应的特定情况下,才有听力不变或增高。在水下,头部直接浸水或戴防水面罩时,外耳道仅残留少量的空气,传音主要依靠骨传导。水下的声阻抗与人体组织相近似,当声波振动从水下传到头颅骨、肢体与躯干等部位时,其声能在界面上因反射消耗得少,故对传音有利。这与声波从空气传到骨头大不相同,因为两者声阻抗相差大,反射量多,声能消耗大,传到内耳的声量很小。此外,传音由气传导改为骨传导后,对声音的听觉阈提高很多,对语音范围内的频率尤其如此。例如,100Hz 的声音,在气传导时听觉阈为 $10\sim10\mu W(0dB)$,但在骨传导时却为 $10\sim4\mu W(60dB)$,阈强度提高了 100 万倍。尽管声在水中传播有些有利因素,但抵消不了不利因素造成的影响,结果还是发生听力减退。戴头盔潜水,头部不直接浸水,入耳的传导途径仍为气传导,但传音的过程中,大部分声能在水-金属和金属-空气的界面上被反射,因此听力还是减退,同理,声音从头盔向外传入水中也减退很多。两个戴头盔的潜水员,即使距离很近,也难直接交谈,只有头盔直接接触才能交谈。

2. 听觉辨别能力改变

人在水中对声源（音源）的距离、方向、音色等辨别能力都降低，但经过训练后都可有不同程度的改善。音色改变：声音在水中传播，其音色与在空气中不同。如在水中敲击氧气瓶的声音，只是短促、高调的敲击声，而无在空气中敲击时特有的持续的低音调的"余声"；又如水下爆炸声，听起来好像用木棒击碎陶土罐所发出的声音。音色的改变，可能由水对低频率的声音吸收量大，以及对发音物体振动的阻尼作用所致。声源距离改变：因为声音在水中传播的速度为空气中的4倍，故水中判断声源的距离只及实际距离的1/4。声源定向能力改变：人在水中，若传音完全依靠骨传导，对声源的方向的辨别能力极度降低以至于丧失，潜水员在水下寻找音源方向，要走弯路，有时朝相反方向走去。其原因是多方面的，主要是传音途径由气传导改为骨传导。在空气中，人接受声音主要靠气传导，当声源发出声音到达双耳时，是由强度和次序不同来判断音源方向。但在水中，人接受声音是由头颅骨甚至整个身体，同时水中传播速度快，到达两耳的相距时间很近，不易分先后，辨别声源方向就发生困难。经过训练后，辨音能力会有一定的改善。

六、静水压对潜水员呼吸气体体积和压强的影响

潜水时，水下环境诸因素中，静水压改变是引起潜水员发生生理或病理变化的主要因素，也是向深海进军的重要障碍。水垂直施加于水面以下物体单位面积上的质量称为静水压。水面以下不同深处的静水压，与该处水深和水的密度成正比；而在同一水深的各个方向上，其压强大小都相等。人在水下，身体承受的绝对压由水面以下的静水压和水面以上的大气压两部分组成。由于静水压的存在，人在水下必须呼吸与所在深处压强相等的压缩气体。例如，仍呼吸正常大气或压强不够的压缩气体，肺内压将低于外界环境压，胸廓受挤压，呼吸困难。潜水者须呼吸相应压强的压缩气体，而各组成气体分压增加又给潜水员带来一系列的影响。在不同水深处，深度增减的幅度相等，绝对压和气体体积增减百分比却不相等。在浅深度处，水深增加引起的绝对压以及气体体积改变的百分比大；在大深度处，水深增减同样幅度引起变化的百分比小。潜水员水下呼吸一定量的气体，无论是潜水服内，还是机体内含气腔室的气体压强和体积，都随静水压的改变而变化。这样给潜水员带来的问题是：当潜水员下潜至较浅水层时，因

为气体体积被压缩的比例较大,若供气跟不上下潜速度,潜水服内压低于外界水压,潜水员将受挤压;相反,在潜水员上升临近水面的阶段,潜水服内呼吸气体膨胀比例也较大,除因浮力增加而加快上升外,如果潜水员此时屏住呼吸,特别是用闭合循环式轻潜水装具时,肺内气体过度膨胀,而又排气不畅,可导致肺内压猛增而引起"肺气压伤"。

第三节 高气压对机体的影响

当人们直接暴露于高气压环境(如进行不抗压潜水、在加压舱内进行加压锻炼、接受加压治疗或高压氧治疗等)时,必须呼吸与外界压强相等的压缩空气或氧气(如高压氧治疗疾病或潜水吸氧减压时)或人工配制的混合气体。吸入气体的气压升高和所吸气体的分压升高对机体都会产生一定的影响。高气压对机体的作用分为两方面,即压力本身对机体的机械作用及高气压对机体各系统的影响。

一、压力本身对机体的机械作用

压力本身作用于机体有两种情况:①压力在体内外或身体不同部位之间不形成压差,即机体均匀受压;②压力在体内外或身体不同部位形成压差,即机体不均匀受压。机体均匀受压无显著变化,仅在不均匀受压时才受到显著的影响。当人潜至90m水深时,机体表面每平方厘米($1cm^2$)面积上将承受10kgf($1kgf \approx 9.8N$)压力。对于如此巨大的压力,曾引起一些人的惊骇。有人臆测:在这种压力下,人立刻会被压扁,即使不死,也必发生严重的功能障碍,如皮肤贫血、出血、呼吸困难等。可是潜水实践证明,人们用氦氧潜水装备可潜到水面下500多米或在加压舱内受相当于600多米的静水压,并未因受压而发生损伤。这一事实否定了上述臆测。根据迄今为止的资料,人们用适当的潜水装备进行水下活动时,若操作正常,气量调节适当,则主观上对这种巨大的压力并无感觉。机体对如此巨大的压力并不发生损伤也无受压感觉的原因如下:水的不可压缩性和压力的均匀作用。人体组成成分,水占总量的70%,其余物质多溶于水,而实际上在一定的压强范围内水是不可压缩的。潜水时,只要增高的压力从各个方向均匀作用于机体，机体组织是能够抵抗住的，同时因来自各个方向的压力都相等，故不会发生组织移位、变形。对于一般无含气腔室的器官是如此，如对于像肺、中耳鼓室、鼻窦等有含气腔室的器官，由于潜水员呼吸的是与水压相等的高压气体，这些气体进入呼吸道和肺内，也经相应的通道进入耳鼓室和鼻窦。这样，这些含气腔室内外的压力相等，同机体各部位之间也无压差存在，形成了来自各个方向的相等压力作用于腔室壁的情况，因而腔室壁也就不会被压缩或移位、变形。当压力均匀地作用于机体时，就目前潜水的最大深度来说，高气压的压力本身对于机体并无显著的机械作用。

不均匀受压，即机体本身的含气腔室内压与外界不平衡，或潜水装备与人体之间的含气空间内压力与外界不平衡。外界压力变化时，机体不含气的部分，由于水不可压缩，无体积变化，压力总是与外界平衡；而含气部分则由于气体可压缩，如果不能或不及时随外界压力的升降而相应地增减气体，则压力将与外界不平衡，表现为含气部分与其他部分之间有压差存在，故称不均匀受压。机体本身的含气腔室（以下简称"腔室"），包括肺、中耳鼓室、鼻窦及特殊情况所造成的一些非固有的含气腔室，如有气体存在的胃肠腔、与外界不畅通的龋齿腔、被堵塞的外耳道等；穿戴潜水装具形成的含气空间（以下简称"空间"），如重潜水装具的头盔-领盘内空间、轻潜水装具的各种面罩或潜水帽所覆盖的空间、呼吸袋内空间等。有些装备所形成的空间与机体的腔室相通而连成一体，当腔室或空间内压与邻近的组织不平衡时，可能引起组织位移、变形、损伤，这些都属于"气压伤"。习惯上，又把腔室或空间内压过低引起的变化叫作"挤压伤"。

机体不均匀受压有两种情况：当外界压力升高（下潜）时，若不能通过相应的管、孔，有相应体积的气体进入腔室，腔室内压就低于外界，腔室壁的柔软部分将向腔室内移位，分布于该处的血管则被动扩张，以致充血，组织水肿，变形；压差大时，腔室壁柔软部、血管壁均可能向腔室内破裂，造成损伤。例如，不同原因引起的咽鼓管口不开、鼻窦通向鼻腔的管孔被堵塞、呼吸道通气不畅或供呼吸用的气体不足等，在加压时可分别使鼓室、鼻窦、肺脏内的气压因无气体补充入内（或补充不足）而低于外界，导致相应的损伤。在使用通风式装备潜水时（尤其下潜时）供气不足或排气过多等，都可使潜水服内压低于外界压。软质的潜水衣不能抵抗水压，其中气体都被压入头盔-领盘空间，坚硬的头盔-领盘能抗住水压。如果潜水衣内的气体被压入该空间后，压力不足以与外界平衡，头盔-领盘空间内压仍低于身体各个部位，于是血液和组织液等被挤向领盘线以上（头、颈、上胸部),并被"吸"向头盔-领盘空间,导致肿胀、溢血、破裂甚至胸廓被压而引起肋骨、胸骨等骨折。在使用轻潜水装备时,若戴眼鼻面罩,下潜太快而未及时用鼻向面罩内适当呼气,则面罩内压低于外界,如同"拔火罐"一样,引起被罩住的颜面部分发生充血、肿胀、鼻出血以及其他较严重的损伤如眼球外凸等;若戴全面罩,下潜太快而供气不足或中断,可引起所罩范围内颜面部分充血、肿胀等,甚至引起胸廓-肺脏损伤;使用带有呼吸袋的自携式装具时,若供气中断且排气,使呼吸袋空瘪,又用力吸气,可引起肺内压过低而造成肺的损伤。

当腔室或空间内压过高而外界压力减低(离底、上升、出水)时,在高压下已与外界平衡的气体将扩张,若因不同原因使腔室或空间不能通外界,以致不能排出相应的气体量,腔室或空间内压就高于减压后的外界压,会造成含气腔室壁损伤;肺、鼓室、鼻窦等腔壁的柔软部分,被"推"向外而膨凸、缺血;如果腔室内气体扩张的力超过了腔室壁软组织弹性限度,组织即被撕裂,分布于该组织的血管被扯断。在使用带有呼吸袋的呼吸器时,在上升太快、供气过多或排气不及等条件下,会使呼吸器-肺脏系统中气压过高,导致肺脏被撕裂等损伤。综上所述,压力本身对机体是否显示有害的机械作用,决定于有无过大"压差"存在。因此,针对具体情况消除造成压差的各种因素,可防止压力对机体产生有害的机械作用。

二、高气压对机体各系统的影响

人在高气压环境下,高气压会引起机体一系列复杂的功能改变。一般来说,不论是在常规潜水中,还是在目前可达到的最大深度的饱和潜水中,这些变化均表现为一时性、可逆的;但若在高气压下暴露更久、气压更高,是否会导致长期的、不可逆的变化,到目前为止,研究得还不多。熟悉已知的高气压对机体各系统的影响,并在以后实践中丰富这方面的知识,对指导潜水实践和提高理论水平都有重要意义。

1. 对血液系统的影响

1)红细胞和血红蛋白减少

有人观察到在气压超过2个绝对压条件下工作的沉箱工人有贫血现象。在空气潜水和动物实验中证实,机体红细胞数及血红蛋白含量均减少。气压愈高,暴露时间愈长或在短期内重复暴露次数愈多,外周血液这种变化愈明显。一般离开高压环境2～3d后,减少了的红细胞即恢复正常,而血红蛋白则恢复较慢。

对于高气压下红细胞和血红蛋白减少的原因,有人认为,机体处于高气压-高分压氧下,血液中含氧量增加,作为体内"运载"氧的主要"工具"的红细胞需要量减少,部分被储于脾脏内。这种储存会使红细胞的脆性增强而易于破坏。另外血氧张力增高,也使红细胞因为它的基质类脂质被氧化而易于破坏。血液中胆红素、尿胆素原的明显增加,表明了红细胞破坏增多。红细胞破坏后,又会引起机体其他一些反应,如骨髓造血功能有所亢进。鉴于高气压下破血和造血都增加,对潜水员的食谱,宜适当增加有关营养物质,以利于血象恢复。

2)白细胞增加

在高气压下白细胞总数是增加的。至于白细胞分类方面的改变,中性粒细胞的百分比增加,而淋巴细胞则减少。也有报告指出,仅有白细胞总数增加,而分类变化不大。通常上述变化在离开高气压环境 24~48h 之后恢复正常。关于高气压下白细胞增加的机制,说法不一。有人认为是高气压下骨髓造血功能亢进的结果,也有人认为是应激反应的一种表现。

3)血小板减少

在实际常规潜水或模拟实验后,循环血小板量均有减损。这种现象,通常在潜水后 24~48h 出现,一般在潜水后第 3d 降至最低,然后又逐渐回升。损失的血小板量平均为 $20\%\sim30\%$,个别甚至超过 50%,重复暴露可使血小板进一步减少,恢复时间也推迟。关于潜水后血小板减少的原因,大致有两个:一是加压的影响。加压(又在密闭环境中)造成心理和生理应激,可使儿茶酚胺的分泌增加,促进血小板聚集,导致循环血小板量减少。二是减压过程中,血小板被吸附、聚集在隐性气泡周围,同时血小板的黏着性增加,因而引起末梢血液中血小板减少。使用某些抗凝药物如肝素、右旋糖酐等,可预防血小板减少。

4)其他影响

高气压对血液中的血清酶、糖、电解质、皮质醇、凝血酶原时间、凝血因子等的影响不明显。

由于暴露的时间和压力不同,采用的呼吸气体种类不同,结果不尽相同。大多数未见重要的变化。少数有变化者,属一过性的,无临床意义。

2. 对心血管系统的影响

(1)心率减慢、脉压缩小。大多数潜水员的心率和血压方面的这些变化,在出水后 1~2h 恢复至原有水平。多数人认为这是高分压氧引起的心血管系统的适应性反应。

(2)心输出量的改变。人在7个绝对压以内,不但心率减慢,而且每搏输出量减少,心输出量也随之减少。心率减慢和每搏输出量减少,导致血液循环时间延长和血压降低。

(3)加压时,有时可见心电图上有P-Q间隔延长、S-T段升高或窦性心律不齐等现象。一般回到常压之后可恢复正常。

3. 对呼吸系统的影响

1)呼吸频率减低

潜水员暴露于高气压下,通常呼吸频率减低,且与周围气压几乎呈线性关系。增加吸入气中的氧分压,频率减少明显。呼吸频率减低的原因,一般认为是血液中氧含量增高直接或通过外周化学感受器反射性地抑制呼吸中枢的结果。但也有人认为主要是由于高压气体密度增大,是呼吸阻力增强的结果。

2)呼吸运动的幅度和阻力加大

在高气压下,呼吸加深,呼吸阻力加大,且呼气阻力比吸气阻力显著。呼吸阻力增加的原因,主要是高气压下气体密度相应增加,而密度增加的程度又决定于气体相对分子质量,相对分子质量小的气体,呼吸阻力也较小。例如,纯氦的密度仅是空气密度的1/7,虽然氦氧或氦氮氧混合气中由于加入了氧或氮可以使其相对密度增加,但仍比空气要小得多,因此呼吸氦氧混合气比呼吸空气阻力小。潜水员因吸气容易而主观地感觉到外环境的气压比实际所加的气压值为低。至于高气压下呼气阻力大于吸气阻力的原因,很可能是吸气后胸腹膈等肌肉及肺脏的弹性回位力不能克服高密度气体的阻力,以致呼气不得不由常压下的被动式转为主动式。

3)肺容量的变化

高气压下,潮气量增加,这是高气压下气体密度增加、潜水员呼吸运动幅度加大的结果。高气压下,肺活量增加。肺活量增加主要靠吸气量增加,补呼气量无显著的变化。这是因为在高气压下,胃肠道内气体被压缩,膈肌下降,胸廓上下径扩大,肺容积增大。

4)肺通气功能的变化

高气压下呼吸阻力增大,最大通气量将降低。呼吸压缩空气,当加压至4个绝对压时,最大通气量下降接近常压下正常值的一半。然而,超过4个绝对压,下降幅度就变小了,减压时可恢复到原先的水平。高气压下,当工作负荷一定时,最大通气量的变化和呼吸的混合气体的成分有关。气体密度小者,最大通气量减小不显著;气体密度大者,减少显著。高气压下,气体密度增加,呼吸阻力增加,引起肺泡通气量不足,进而导致肺泡 CO_2 分压升高,动脉血 CO_2 张力升高。特别在大深度进行重体力活动时,变化明显。这是限制潜水员水下工作能力的一个重要的因素。

5)呼吸功增加

潜水时,由于气体密度增加,气道阻力加大,这样会增加克服气道阻力的做功;如果气流加快,阻力加大,做功亦增加。潜水时,胸廓-肺脏涉及静水压差问题,当潜水员增加肺容量时,为了克服弹性阻力,需额外做功。因此,大深度进行重体力活动时,呼吸功增加,而这可成为肺通气不足的原因之一。

6)屏气时间延长

高气压下,人的屏气能力增强。屏气时间计算公式:

$$BHT = TLC/V_{O_2} \times FA_{O_2} \times (PB-47)/863 \tag{5-1}$$

式中:BHT 为屏气时间;TLC 为肺总容量;V_{O_2} 为每分钟耗氧量;FA_{O_2} 为肺泡氧浓度;PB 为大气压(mmHg)。

从公式可以看出,屏气时间与肺总容量、肺泡氧浓度和大气压成正比,与每分钟耗氧量成反比。高气压下屏气时间延长可能与上述因素有关。

4.对消化系统的影响

1)消化腺分泌功能的变化

潜水员暴露于高气压下,常有口渴的感觉,这是由唾液腺分泌受到抑制所造成的。胃对各种食物刺激的分泌表现出抑制现象,在离开高气压最初 1h 内,巴甫洛夫小胃实验中的胃液分泌抑制尤为明显,但海登海因小胃并无明显的变化。这说明,这些变化非高气压直接作用于消化腺的结果,而与高气压作用于分泌的神经反射机制有关。研究证明,高气压作用时胆汁分泌减少;从高压下回到常压,胆汁分泌增加,而胆汁浓度却变稀。高气压对消化腺分泌的影响,与暴露的气体压力成正比。

2)胃肠道运动变化

人在高气压下易出现便意,这可能是肠道中气体受到压缩引起的肠蠕动增强的结果,因此潜水前应先解大便。如果胃肠内有大量气体,则在减压时因气体膨胀而可产生胃肠不适。

5.对泌尿系统的影响

人暴露于高气压环境中,有多尿现象,即"高压性多尿"。关于高压性多尿机制尚未完全清楚,几种可能的机制:寒冷应激,气体渗透压梯度,负压呼吸增强,不显性失水受抑。以上几种因素有可能导致胸腔血容量增加,ADH 分泌减少,继而出现多尿。然而,高压性多尿常伴有上述机理无法解释的现象。例如,在高气压暴露的初期,尽管多尿现象明显,但 ADH 分泌排泄量却是增加的;在高气压暴露结束时,多尿现象消失,但 ADH 分泌排泄减少持续好几天。高压性多尿的机制除了 ADH 分泌排泄减少以外还有其他因素。心房钠尿肽(ANP)分泌增加在高压性多尿尤其是在高气压"早期多尿"中起着重要的作用。高气压对尿中电解质排泄量的影响,即 Na^+ 和 Cl^- 的排泄量增加,且有研究观察到 Ca^{2+}、Mg^{2+} 和 K^+ 的排泄量增加。无论是多尿还是电解质排泄量的变化,在潜水员回到常压时即可恢复正常。在潜水中,尚未发现肾功能的改变。

6. 对代谢的影响

潜水时,无论是在休息状态或在运动时,氧耗量增加。尤其是呼吸氦氧混合气时氧耗量比呼吸空气时大,这种代谢加速是在氦引起机体热量损失的反应。对长期在高气压下工作的潜水员有体重减轻的现象,其原因是多方面的。动物实验提示,高气压下动物体重的减轻可能和器官含水量的减少和生长激素分泌减少有关。

7. 对语音的影响

高气压下,语音有变化,说话带鼻音。呼吸氦氧混合气时,鼻音加重,变成童音,且发唇音困难。从 7~8 个绝对压开始,说话不易被听清楚。语音的变化是由于气体密度的改变,以及机体对这种气体环境不适应引起的,发音和共鸣器官(声带、喉、口、鼻等)对正常大气压密度已有适应,当气压增大时,气体密度增加,发音时气流阻力增加,鼻腔共鸣的作用增强,因此发音变化,带有鼻音。深潜时语音改变明显,与水面进行电话联系时,水面人员常听不清。有研究研制了适用于氦氧深潜水的"氦氧潜水通话器",以改善潜水员发音的音质,使之较易被听清楚。

8. 对神经系统的影响

氮、氧气和二氧化碳在高气压下,当其分压到达一定的程度时,对人体具有特殊的毒性作用。中枢神经系统,特别是大脑皮质,其影响尤为严重。例如,二氧化碳分压达到和超过 20mmHg 时,可引起呼吸、循环系统的一系列症状。这些气体的任何一种,分压高到足以使中枢神经系统中毒,即人体处于病理状态时,必须作为潜水疾病进行救治。高气压对中枢神经系统的影响,与其说是压力的作用,不如说是高分压引起的变化。高气压,特别是迅速增加的高气压,对神经系统有独立于气体分压之外的作用,它可引起神经系统一系列的变化,被命名为"高压神经综合征"。

第四节 惰性气体及其在体内的运动规律

医学生理学中所说的惰性气体,是指单纯地以物理溶解状态存在于机体内部,保持原有性质、与机体内的物质不发生化学键关系,不参与机体的新陈代谢,只按体内外本气体的分压差梯度扩散进出的一些气体,也称为"中性气体"。这些惰性气体,既包括了化学上的一些惰性气体,也包括了化学上一些非惰性气体,为"生理学的惰性气体"。惰性气体对机体的生存并非无用或可有可无的,相反,甚至是不可缺少的重要气体介质成分。为维持生命必需的氧化磷酸化过程,吸入气中会含有一定比例的氧气,但不能氧分压过高或吸纯氧。通常,作为吸入气的空气中,都含有 78.085% 的氮气(一般以 80% 计),以冲淡氧气,保持正常状态吸入气中的氧气(常氧)占 21.916%(一般以 20% 计)。这种"冲淡",避免了氧气过多所致的毒性作用而起保护性效应。

潜水-高气压活动时,除了浅深度、短时程的某些特定形式可以吸用纯氧外,都须根据具体情况利用惰性气体,即用惰性气体与氧气的混合气作为高气压下机体的呼吸介质。一般的混合气,是指按设定的比例将惰性气体与氧混合而配制的混合气体。较常用的混合气有氮氧、氦氧、氦氮氧三元混合气等,其中惰性气体的比例总大于氧气的比例。如果混合气中氧分压保持与常压空气中氧分压值相等,则这类混合气体就称为常氧混合气。习惯上,把含常氧气的氮氧、氦氧混合气分别简称为常氧氮、常氧氦。将机体周围的气压升高,使机体暴露于高气压环境,暴露的气压愈高,暴露的时程愈久,溶解入机体内的气体量愈多,显示的张力值就愈大。

惰性气体溶解入体内,达到溶解气体的张力与环境中该气体的分压相平衡的状态(即"饱和")。若环境气压回降或环境总气压虽不降低,但该种惰性气体的比例减小,则先前已溶解于体内的惰性气体的张力高于环境中该气体的分压(即"过饱和"),此时溶解了的气体从溶解状态向环境扩散,直至内外平衡(即"脱饱和")。当总气压减压的速度和幅度都控制在适当的范围内时,保持体内惰性气体张力高于环境气压不超过一定的比值,过饱和溶解的气体向体外扩散,在体液和组织内保持着过饱和状态("安全过饱和")。若减压速度过快、幅度过大("减压不当"),则溶解在体内的气体来不及扩散排出,而在体液、组织内逸出,即生成气泡,就可能致病("减压病")。

一、惰性气体的饱和

人体暴露于高气压环境后,外界环境的高分压气体主要是通过呼吸-循环系统的功能活动扩散入体内,溶入体内组织的气体与外界环境逐渐趋于平衡。半饱和时间为"填满"某类组织存在惰性气体饱和度缺额一半需要的时间,通常用符号 $t_{1/2}$ 表示。用半饱和时间作为惰性气体饱和的计时单位,称为"假定时间单位,假定时间单位(n)就等于实际时间(T)除以半饱和时间:$n=T/t_{1/2}$。例如,人体在压缩空气中实际暴露40min,就血液和淋巴($t_{1/2}=5$)而言,$n=40/5=8$个假定时间单位。前后不同的假定时间单位内,完成的饱和度不同,后一个假定时间单位内完成的饱和度总是前一个假定时间单位内完成饱和度的一半(按指数关系递减)。

Haldane根据不同组织中氮的半饱和时间对组织进行分类,称这样分类的组织为理论组织。不同组织的氮溶解系数相差甚远,不同组织的血液灌流状况不尽相同。在一定的高气压环境中,同一种惰性气体,在相同的时间内,不同组织达到的饱和度不等。若组织中含脂肪多,则因为惰性气体在脂肪中的溶解度较高于在水中,张力上升慢,故半饱和时间长(慢);若组织的血液灌流量大,单位时间内溶入惰性气体多,溶解气体张力上升快,半饱和时间短(快)。有些含脂肪多的组织,血液灌流丰富,半饱和时间未必很长;另有一些组织,含脂肪不多,但血液灌流较少,半饱和时间未必很短。当然,含脂肪多又血液灌流少的组织,半饱和时间会很长"慢组织";含脂肪少又血液灌流很多的组织,半饱和时间会很短("快组织")。

Haldane根据氮气在体内不同组织中的半饱和时间长短,将全身组织分为以下五类理论组织。Ⅰ类组织:$t_{1/2}=5$min,5min组织,包括血液、淋巴等。Ⅱ类组织:$t_{1/2}=10$min,10min组织,包括腺体、神经灰质等。Ⅲ类组织:$t_{1/2}=20$min,20min组织,包括肌肉等。Ⅳ类组织:$t_{1/2}=40$min,40min组织,包括脂肪、神经白质等。Ⅴ类组织：$t_{1/2}=75min$，75min组织，包括肌腱、韧带等。根据各类理论组织半饱和时间推算其"完全饱和"需要的时间（t_S）。其计算公式为：$t_S=t_{1/2}\times 6$。五类理论组织达到"完全饱和"所需的时间依次为：$5\times 6=30$（min）；$10\times 6=60$（min）；$20\times 6=120$（min）；$40\times 6=240$（min）；$75\times 6=450$（min）。因此，当机体暴露于压缩空气下450min，氮气在各类理论组织中达到"完全饱和"。

二、惰性气体的过饱和

减压前已溶入体内的惰性气体，在减压时超过该压力下完全饱和能溶解的量，但仍能保持溶解状态，这种状态称为惰性气体的过饱和。气体在液体中过饱和状态的维持，是由于液体（在人体内主要是胶体）分子与已溶解在体内的气体分子形成"分子间力"，将气体分子"束缚"在液体内，而不形成气相。若减压的速度过快、幅度过大，则会造成组织内溶解惰性气体张力超过外界总气压过多，溶解惰性气体不能保持过饱和溶解状态通过循环呼吸扩散到肺泡转为自由气体，而就在组织内原地逸出，形成气泡，即"原地生成气泡"。这是一种"脱饱和"，属于"致病事故"或意外致病伤害。惰性气体的过饱和亚稳状态形成，是由于溶解状态的气体张力超过外界该气体的分压，而过饱和的极限，按Haldane的研究，是决定于溶解气体张力与外界总气压之间的比值极限。这种比值，即亚稳极限值，称为过饱和安全系数。

Haldane发现，如果潜水深度不超过12.5m，即使停留较长时程，快速上升到水面，潜水员也不会发生减压病；但在12.5m以深停留一定时间迅速上升到水面，潜水员体内就会形成致病气泡而发生减压病。如果减压前总气压与减压时总气压比值不大于2，那就是安全的，如果比值大于2则不安全。从理论上看，安全减压就是不超过过饱和安全系数的减压；减压不当就是超过了过饱和安全系数的减压。不同的惰性气体有不同的过饱和安全系数。扩散速度快、溶解度低的惰性气体，过饱和安全系数小，反之则大。在实践中，有时还看到过饱和安全系数存在个体差异。例如，有极少数人在10m以内浅潜水后得了减压病；但也有少数人以高于常用的过饱和安全系数进行减压时，并不出现减压病体征。

三、惰性气体的脱饱和

机体从高气压减压至低气压的一段时间内，在高气压下已溶入体内的惰性气体张力高于外界该气体的分压，从而按照压力梯度向体外扩散直至平衡，称为惰性气体的脱饱和。脱饱和时血液输送溶解气体，不是从肺脏到组织，而是从组织到肺脏。完成50%脱饱和，需要1个假定时间单位；完成98.437%脱饱和（"完全脱饱和"），需6个假定时间单位。在较低气压下停留时间愈久，脱饱和愈彻底。惰性气体脱饱和影响因素包括：①呼吸气体的质量。②运动。肌肉活动加速血液循环，促进惰性气体的饱和及脱饱和过程，但运动可造成CO_2张力升高及机械性变化，有碍安全脱饱和，并促进微小气泡的形成和扩大，故减压过程中不宜作运动。③环境温度和体位。低温刺激引起血管收缩，减少组织的血液灌流，不利于脱饱和。温度降低还可增加惰性气体溶解度和减小气体分子运动速度。在温热环境（25～37℃）卧位时，排氮量较坐位时高，这是卧位时回心血量增加，心输出量增加，以及皮肤血流量增加的结果。④轮换使用不同的混合气体。在潜水中，常利用高分压氧以加速惰性气体的脱饱和并限制其饱和量，但由于氧的毒性作用，其应用的压力-时程受到严格限制。因此，有学者提出在潜水中使用不同惰性气体的混合气体，以限制一种惰性气体的饱和量，利用更换惰性气体的办法，以加速另一种惰性气体的排出，达到缩短减压时间的目的。但不同混合气体轮换使用，有时会使机体发生"等压气体逆向扩散综合征"，而且操作技术复杂，一般不提倡采用。在保证不发生氧中毒的前提下使用高分压氧，甚至在减压到相当的较浅深度下使用纯氧以促进惰性气体脱饱和的方法仍普遍使用。⑤机体的功能状态。潜水员的体力和精神状态与惰性气体的脱饱和有密切关系。人在水下发生疲劳时，呼吸-循环机能的调节迟钝，对上升时的脱饱和不利。精神过度紧张、恐惧或有其他消极情绪时，易引起代谢和调节失常及疲劳，不利于脱饱和。⑥其他因素。例如，在加压治疗的减压过程中，扩血管药物和神经营养剂及一些物理疗法可以改善呼吸-循环状况，从而利于惰性气体的脱饱和。

第五节 减压理论及减压方法

就潜水（高气压）医学而言，减压是指从高气压向低气压以至回到常压的过程中，按适合于机体安全需要的速度、幅度、步骤和呼吸气体成分等条件，向较低气压移行以保证惰性气体安全脱饱和的特殊措施。在一定的压强-时程高气压暴露，主动地以较快的速度，不停留地直接安全回到常压的过程，习惯上称为不减压潜水或停留减压潜水。凡速度过快、幅度过大而导致机体内气泡形成引起相应病症的减压,称为不适当减压或简称为"减压不当";机体周围气压被动地急速地大幅度降低,在航空航天和加压舱等情况下称为"爆炸性减压",在潜水过程中称为"放漂"的事故。

一、Haldane 减压理论

Haldane 认为,减压前后绝对压力的比值为 2.25:1=2.25 时是安全的。为安全起见,估计从 10m 深度上升,可以保证安全。然而,实验显示,安全减压的深度不是 10m 深度这一绝对值,而是按 2:1 气压比值减压。这样,既然 2:1(即从 10m 上升到水面)是安全的,则 4:2(即从 30m 上升到 10m)与 6:3(即从 50m 上升到 20m)也应当是安全的。他们得出结论:水下某深度逗留后,如果周围的总气压减低一半,该深度处溶解的气体不至于逸出成为气泡,就是安全的。后来确定气泡的形成主要是由于氮气,而氮气在空气中约占 80%,减压前气压值应以氮在高压下逗留期间溶入机体的张力值为准则,这种比值应当是 $(2 \times 80\%):1=1.6:1$。如果周围环境总气压降低还按 2.25:1 这样的比值计,则按氮张力计算应为 $(2.25 \times 80\%):1=1.8:1$。在较高气压的空气中暴露使惰性气体(氮)相应地溶入机体后,环境气压降低,惰性气体呈饱和状态,但只要按不超过上述特定的比值进行减压,都是安全的。就称这些比值为过饱和安全系数。从安全减压和减压不当的事实可以得出结论:①过饱和惰性气体是安全脱饱和还是形成致病气泡,取决于体内溶解的惰性气体总张力与外界总气压之间的一定比值,等于或小于此比值时为安全脱饱和,大于此值时则形成气泡;②惰性气体脱饱和速度的快慢,取决于惰性气体的张力与外界(肺泡气)气体中该惰性气体分压的差值大小,差值大,则脱饱和快,反之则慢。即使同一个体,在不同时期,过饱和安全系数也可能不相同。对气压环境习服的潜水员过饱和安全系数可有所提高。之所以有这些差异,可能除过饱和安全系数外还有其他复杂的机制尚待进一步研究。

二、阶段减压法及阶段减压表

Haldane 提出:减压时,潜水员应以相当迅速的速度从水底上升一段距离到达较浅深度,使组织内惰性气体(N_2)的张力与该深度处的总气压的比值等于过饱和安全系数值;然后停留一段时间,待组织内安全过饱和的惰性气体逐渐脱饱和,到"快组织"的惰性气体张力降至与所定其次更浅深度处的总气压的比值等于过饱和安全系数时,又相当迅速地上升到更浅的深度;再停留等待惰性气体脱饱和。依次继续进行:上升一段距离、停留一段时间,再上升、再停留、再上升……直至出水。像这样分段进行停留的减压方法称为"阶段减压法"。由于减压时深度对时程的关系在坐标图上呈阶梯状,故又称"阶梯式减压"。在阶段减压时,停留以等待惰性气体脱饱和的深度称为停留站或简称"站"。距水底最近的一站称为第一停留站,该站的深度由计算得出。浅于第一停留站的各站间深度差均规定为3m,通常不按序次称,而以各站的具体深度称若干米站,如12m站、9m站等。在停留站停留时间不宜过久,以免"慢组织"在此期间继续饱和过多。

科学的正规潜水,对潜水的减压都必须按照相应的减压方案实行。将不同深度-时程的许多减压方案编排成便于检索选用的系列表,即通常称的减压表。理论计算得出减压表,一般并不直接用于指导潜水减压,而须经过实验室和现场的充分验证、修改,然后由相应的权力机构作为技术操作规程颁布实施。在颁布施行的减压表中,各减压方案都是基本方案,即只针对深度和时程两项基本参数所订的方案。如遇一些影响惰性气体脱饱和的情况,应根据实际情况进行必要的修改延长,这些情况包括寒冷、活动强度大、潜水员疲劳甚至有好发减压病史等。中国海军的空气潜水减压表颁布已多年,实施过程中积累了许多经验和教训。

实施阶段减压法时,原则上要求做到惰性气体饱和尽量地少;脱饱和则在保证安全的前提下尽量要快,而脱饱和快的目的,在于保证安全并提高效率。为了不使惰性气体的饱和度无谓地增多:①下潜的时间尽可能缩短,在潜水员中耳调压功能良好和水面供气能完全配合得当的条件下,下潜可按15m/min甚至30m/min的速度进行;②规定的水下停留站的深度不宜加大,对于水下停留减压的时间不宜超过,至少不能过多地超过,因为在"快组织"脱饱和的同时,慢组织还可能继续饱和,所以停留(尤其在较深的停留站)过久,慢组织增加了惰性气体的饱和度,对进一步减压不利。为了使已饱和的惰性气体加快安全脱饱和,上升速度不必放慢,按规定从水底到第一停留站可以每分钟上升7~8m,站间(3m)移行都用1min,这1min内惰性气体脱饱和量可略去不计。为了避免减压不当,减压方案所订的减压时间不应缩短。在减压过程中应尽量减少体力活动,以免促使气泡形成。为了避免血管因环境低温刺激而收缩致血液循环迟滞,减压过程中应有效保暖。如果有血流迟滞或其他不利于惰性气体脱饱和的情况(如因活动强度大而疲劳)时,应在基本方案的基础上适当地延长停留减压时程。为了减少潜水员在水下停留减压的体力消耗,可以用减压架承托和起吊潜水员。为了缩短潜水员在水下减压时间,可以用下潜式加压舱从潜水工作船上吊悬至第一停留站,使舱内压与该站的水压相等,潜水员离底上升至该深度,即通过舱底门而进至舱内,由接应人员协作卸装、关门,并吊舱至工作船甲板,在舱内完成减压步骤。所以,这种舱也被称为"下潜式减压舱"。现在,许多下潜式加压舱可与潜水工作船上的甲板加压舱对口连接,使潜水员能在由水转舱之后,又能由舱转舱地进入甲板加压舱内,在舒适、躺卧、生活便利甚至有照应和看护的情况下完成减压过程。所以,甲板加压舱也被称为"甲板减压舱"。

三、减压理论的发展及相应的减压方法和减压表

1. 减压理论发展的主要方面

Haldane 关于减压的理论在潜水医学上起了划时代的作用。随着潜水的发展,该理论也有相应的发展。

1)半饱和时间延长

在深度大、时间长的潜水中,按 Haldane 提出的理论组织半饱和时间制定的减压表用于减压,尚不能确保安全,研究者提出半饱和时间较长的建议,依次制定减压表加以验证。目前修订的空气潜水减压表,有采用氮气半饱和时间长达 120min 的,则 6 个假定时间单位为 12h;甚至有用 240min 的,则 6 个假定时间单位为 24h。由于最长半饱和时间延长,理论组织类别的数目也增多,超过了 Haldane 的五类理论组织。

2)饱和及脱饱和速度不同

按 Haldane 理论,脱饱和与饱和速度相等,即在可比条件下,同一类组织在压差梯度的绝对值相等时,饱和度升高与饱和度降低相等绝对量需要的时间相等。但事实上,饱和与脱饱和的速度不相等,脱饱和比饱和慢得多。在人体中,惰性气体的脱饱和时间约为饱和的 2.5 倍。脱饱和比饱和慢的主要原因包括:①脱饱和时,惰性气体从液相向气相扩散,这一过程受到液体(在人体内主要是胶体)分子与气体分子的分子间力束缚,抵消了部分压差梯度的脱饱和动力;

②脱饱和的压差梯度受过饱和安全系数的限制,即脱饱和的压差梯度只能在过饱和安全系数允许的范围内尽可能增大;③即使严格按照安全过饱和系数的要求控制整个减压过程,体内难免出现"隐性气泡",隐性气泡的形成和存在必然会引起血液流变学方面的改变,从而影响气体的扩散过程,使脱饱和时间延长。

3) 过饱和安全系数不是恒定值

按照 Haldane 的阶段减压法,静水压降低限度不应使组织内氮气张力超过外界总气压的 1.6~1.8 倍,但不同组织会有不同的过饱和安全系数。半饱和时间短的组织,其过饱和安全系数大;半饱和时间长者,其安全系数小。潜水时程长,过饱和安全系数减小。

4) 通过过饱和允许压差控制减压

时程特别长的潜水,控制减压时可采用过饱和允许差值(ΔP),即组织内惰性气体张力(π)与外界总气压(H)之间的关系,不以比值限定临界,而以差值(用"英尺海水"即"fsw"为单位)视为气泡形成的驱动力:$\Delta P = \pi - H$。惰性气体(氮、氦)不同理论组织的 ΔP,随半饱和时间($t_{1/2}$)的增加而减小,但 ΔP 小至一定程度就基本上趋于恒定。如氮气在 5min 组织的 ΔP 为 71fsw;在 80min 组织的 ΔP 为 21fsw;在 120min 组织的 ΔP 为 19fsw;在 160min 组织的 ΔP 为 18fsw;更慢的组织,则 ΔP 为 18fsw,不再减小。

5) 用最大允许张力值控制减压

Workman(1965)提出,减压站间距为 3.05m,从较深的停留站向邻近的较浅停留站上升时各类理论组织惰性气体的最大张力不能超过相应的允许值,叫作允许上升到某限定深度的组织惰性气体最大张力,简称为最大允许张力值或 M 值。较深站的 M 值与较浅站的 M 值之差为 ΔM,同一种惰性气体在同一类组织的 ΔM 为恒定值。与 ΔP 相一致,ΔM 随组织的半饱和时间增加而缩小,缩小到一定程度后趋于恒定。M 值常用于计算饱和潜水减压方案。空气常规潜水的减压方案,也可用 M 值计算。

6) "氧窗"

因减压不当而在体内生成的氮气泡,其气压与动脉血内溶解气体的总张力相等。动脉血中的氧张力(92mmHg)高于气泡中的氧分压,气泡中的氮分压高于血中的氮张力。通常情况下或呼吸气中增加高分压惰性气体,经过一段时间(如 12h),组织内与动脉血中的惰性气体处于平衡状态。当吸入气中氧分压增高(即使总压不变)从而使动脉血中的氧张力升高时,组织内的惰性气体张力即高于血液内的张力,因而容易扩散入血液。由于血液中氧张力升高而便于惰性气体向血中扩散的这种现象,好比氧为惰性气体开了透入血液的"窗口",称为"氧窗",氧窗值与吸入气氧分压(P_{IO_2})成线性函数关系:氧窗 = P_{IO_2} - 92(mmHg),即吸入气中氧分压愈高,氧窗值愈大。当然,P_{IO_2}升高,必须在安全用氧的范围以内。

2. 随减压理论发展而建立起来的减压法和减压表

1) 反复潜水的减压及减压表

对于空气潜水,一次潜水按规定出水,潜水时溶解在体内的氮处于一定过饱和状态,这种过饱和的氮称为"余氮"。排完余氮,按半饱和时间为 120min 计算,需 720min。在余氮排完前进行的潜水为反复潜水,因此,反复潜水是在上次潜水排氮"欠债"的情况下进行的潜水。反复潜水的水下工作时间必须根据前次潜水的余氮计算出相当于反复潜水深度处达到这样氮张力需要的暴露时间,这个时间被称为"余氮时间"。就反复潜水而言,水下工作尚未开始,就有相应的水底暴露时间记入其"贷方"账上了。前次潜水的深度愈大、水下工作时间越长和(或)出水后到反复潜水之间的时间(水面间歇时间)越短,转入反复潜水的余氮时间值越大。选择反复潜水基本减压方案时,深度依据是反复潜水的具体深度;水下工作时间则为前次余氮时间与反复潜水的实际水下工作时间之和。显然,就是把前次潜水、水面间歇时间和反复潜水本身综合为"当量单次潜水",再按相应的减压表减压。现在,反复潜水的减压一般都参照 Des Granges(1957)报告的《反复潜水减压表》。

2) 水面减压法

潜水员水下活动结束上升过程中的停留减压完全不在水下或仅小部分在水下进行,全部或大部分于迅速出水进入加压舱内完成的减压方法叫作"水面减压法"。部分在水下进行,部分在水面进行的减压方法,又被称为"(水下、水面)混合减压法"。水下阶段减压有其优点,但也有缺点,尤其要求潜水员长时间浸泡在温度低、动荡不定的水中逐站停留减压,客观上有困难,而且在特殊情况下,无法保证潜水员安全地迅速出水。这就需要有既能快速出水又能确保安全的潜水减压方法,当然,可以用下潜式加压舱将潜水员从第一停留站迎接入舱在甲板上减压或转入甲板加压舱内完成减压,但一般不具备这样的装备和操作人员。简便安全的减压方法是水面减压法。水面减压法的实施过程:潜水员自水下停留站迅速出水,在潜水平台上卸装进入加压舱,关紧舱门加压,直至舱压升至相等于上升出水前的静水压,按相应的规定减压。从潜水员离开水下停留站进舱加压到规定的压力值之间的这段时间称为间隔时间,间隔时间应尽量短,一般不超过 6min。实施水面减压法时,间隔时间内组织的氮张力超过了过饱和安全系数,是不安全的。但在这阶段内不一定发生减压病,因为:①组织和体液由于其蛋白质的黏滞性,从高气压转至低气压时,生成气泡的速度比在同样情况的水下慢得多。即使超过了过饱和安全系数(如Ⅰ类组织氮张力与外界总气压比达到4.4),还不至于出现减压病症状。②潜水员减少了肌肉活动。③即使在进舱加压前体内已有少量气泡形成,通常不立即引起减压病症状,而在舱压升高时,这些气泡的体积迅速缩小,氮气溶解入组织,气泡消失。

水面减压法在"间隔时间"上没有遵守过饱和安全系数规律,但在其他环节上又严格遵守 Haldane 减压原则。为了确保安全,采用水面减压法时,必须做到:①潜水员只能从Ⅳ类组织氮张力与水面总气压之比不大于 2.6 的深度出水。在水下时,组织内氮张力超过规定的要求,应在水下设若干停留站,让体内溶解的氮排出一部分,等到组织内氮张力降至规定值时,才上升出水作水面减压。②潜水员进入加压舱,首先在相当于出水的深度下停留。

水面减压法的优势有:①在情况迫使潜水员无法在水下逐站停留减压时,如水温过低、风浪过大、水流过急、敌情骚扰、潜水员放漂、潜水装具破损等,可以进行水面减压;②在加压舱内潜水员在相对舒适、有照料的情况下进行减压;③提前卸下潜水装备,腾出设备,加速周转,可充分利用气象、水文等条件,从而缩短完成潜水任务的周期;④调节方便,减压病的发病率低,即使发病,可及时予以加压治疗。

水面减压法的劣势有:①上升出水较快,间歇时间短,操作稍操作不慎,易引起减压病;②使用的条件要求严格,限制了应用范围。采用水面减压法时,对于设备、操作、潜水员体格和技术训练素质及医学保障工作等方面有特殊的要求。

3)吸氧减压法

在安全用氧的范围内吸用纯氧以完成减压过程的减压方法称为吸氧减压法,吸氧减压法实质上属于阶段减压法。与一般的阶段减压法相比,吸氧减压法可缩短减压时间和保证安全。为了加速减压过程中体内惰性气体排出,降低肺泡气惰性气体分压从而增大组织与血液和肺泡气之间惰性气体的压差梯度。减压时,在适当的压力范围内,吸纯氧以代替含有惰性气体的吸入气,可以使肺泡气内惰性气体分压几乎下降到零,组织与血液和肺泡气之间惰性气体的压差梯度达到当时情况下的最大值,有利于惰性气体的脱饱和。同时,由于吸纯氧的气压,在减压过程中和潜水员所处的高气压环境的压力相一致,即惰性气体的分压降低而总压不变,故防止体内发生气泡。吸氧减压法目前在潜水-高气压活动中已被广泛应用。潜水员在减压到一定深度时(如 18m 或更浅)开始吸纯氧,按规定进入停留站,逐站吸相应时间的氧,直至出水(即"阶段式")。或采取另一种方式:在规定的较浅停留站(如 12m 或更浅),较长时间地停留吸氧后迅速减压不再停留直至常压(被称为"等压式")。吸氧减压法与水下阶段减压法结合进行"水下吸氧减压法",也可以和水面减压法结合进行"水面吸氧减压法"。采用水下吸氧减压法时,通常需要特殊的头盔,其内装有 CO_2 吸收剂,采用水面吸氧减压法时,一般靠加压舱内装配的专门的供氧装置进行;还需有排氧的措施或装置,以处理呼出气中过多的氧气。吸氧减压法有特殊的吸氧减压方案。吸氧减压方案理论计算的基本原则,与阶段减压法潜水减压表相同。方案实施时须严格遵守用氧安全操作规则。

4) 饱和潜水减压法及减压表

饱和潜水减压法的理论和实践的成熟度不及常规潜水,各减压理论及拟订的减压表,差异大,无成熟的减压方案。

5) 高海拔水域空气潜水的减压

与在平地水域潜水时比,高海拔水域潜水主要不同为:①水面上的大气压较低。②水面环境中吸入气的氮分压比海平面低。例如,在海平面,空气中氮分压为 81.1kPa(0.8atm abs),人体在此环境与之平衡的氮张力也为此值;在海拔 3000m 处,空气中的氮分压只有 56.7kPa(0.56atm abs)。③高海拔水域潜水的水下减压时,在减压站上惰性气体的总张力与周围环境的绝对压之间的比值将较大。例如,在平地水域潜水减压至水面,体内(领先组织)氮张力为 182.4kPa(1.8atm abs)时,与外界总气压之间的比值为 1.8∶1=1.8;而在海拔 3000m 水域潜水,减至体内氮张力为 182.4kPa(1.8atm abs)时,与水面总气压(71kPa之间的比值则为 2.6,即不可直接上升至水面而必须在较深的水下继续停留。这些决定了高海拔水域潜水的减压与平地水域的减压有区别。

6) 不减压潜水

潜水活动时,一定水深处停留不超过一定时间,水下工作结束可由工作水深处按规定的速度直接上升出水,无需在上升过程中停留减压,这样的潜水叫作不减压潜水。由于潜水员在高气压下停留的时间被限制得相当短,对氮的半饱和时间长的一些组织(如Ⅳ、Ⅴ两类组织,即"慢组织")氮饱和度低,因此,在上升出水阶段,不仅没有发生脱饱和,而且继续被氮饱和,这些组织可接受"快组织"(如Ⅰ、Ⅱ类组织)脱饱和弥散出来的氮。可见,在不减压潜水的上升出水阶段,"慢组织"充当了氮气的有效的"储备缓冲物",它们容纳饱和度较高的理论组织弥散出来的氮,使其不致在体内形成气泡,避免了减压病的发生。机体在一定的高气压环境中作短暂停留,迅速减压至常压的瞬间,Ⅰ、Ⅱ、Ⅲ类组织的氮张力基本上仍是安全的。但因它们都超过了Haldane规定,进行不减压潜水时,必须加强对潜水员观察,监督其休息,以防减压病发生。由于呼吸压缩空气和混合气体的轻潜水装备在潜水中的广泛应用,以及潜水运动的蓬勃发展,为了保证安全,不减压潜水得到重视。因此,系统地研究在不同水深处究竟应停留多少长时间直接上升至水面才是安全的,已成为迫切需要解决的问题。目前有关这方面的规定,各国略有不同。值得注意的是,超过一定深度和时间的潜水,经若干站停留减压后,Ⅰ、Ⅱ、Ⅲ类组织的氮张力已分别降至 325.3kPa、305.0kPa 和 240.1kPa 时,也不允许直接上升至水面,否则将是不安全的。

第六节 空气潜水引起的常见疾病

一、潜水减压病

机体因环境气压的降低(即减压)速度过快和幅度过大(减压不当)以致减压前已溶于体内的气体超过了过饱和极限,从溶解状态"原地"逸出,转为自由气体,形成气泡而引起的疾病症状和体征,称为减压病(decompression sickness, DCS)。减压不当可发生在一些特殊的条件下:①座舱不密闭的飞机上升过快、过高;②座舱密闭的飞行器在高空时突然猛烈地泄漏,即"爆炸性减压";③潜水者借潜水装备呼吸压缩气体在相当深度逗留一定时间,上升过快且距离过大;④隧道、沉箱或加压舱人员呼吸相当高气压的气体经相当长的时程后,排气过快、过多。总之,减压不当既可发生在从常压到低压时,也可发生在常压进入高压返回常压时。当然,从高压返回常压又进入低压环境,较易引起减压病。

二、潜水气压伤

在潜水或加减压过程中,如果某种原因使体内含气腔室内外或潜水装备与人体之间的含气空间内外存在明显的压差造成机体某些部位或组织的损伤,被称为气压伤。习惯上,将那些装备内压力低于外界压力所致的气压伤称为"挤压伤"。

1. 肺气压伤

肺气压伤是指肺内压过高或过低于外界气压时造成肺组织和血管损伤,以致气体进入血管和相邻组织而引起的一种疾病。

2. 潜水员挤压伤

由于用装备潜水,在机体和水下环境之间人为制造了相应的含气空间,在一定条件下,这些含气空间内压明显低于外界水压时,就会发生机体损伤,这种损伤称为潜水员挤压伤。潜水员挤压伤可根据发生部位不同分为全身挤压伤和面部挤压伤。

3. 耳气压伤

1)中耳气压伤

中耳气压伤是由于中耳鼓室内外压力不能平衡而产生的一种病理改变,又有"气压损伤性中耳炎"之称。它是潜水或高气压暴露过程中最常见的气压伤。

2)内耳气压伤

内耳气压伤是指在潜水的下潜或舱内加压阶段,外界气压升高时,鼓室内外压力不能平衡导致的前庭或耳蜗的损伤。

3)外耳气压伤

外耳气压伤是因外耳道口被堵塞不通,在下潜时被阻塞的外耳道内处于相对负压所致的损伤。

4)鼻窦气压伤

若某种原因使鼻窦开口处黏膜急性炎症、肿胀、鼻息肉或鼻甲肥大等,造成其通道阻塞,在潜水时外界压力发生变化,就有可能造成鼻窦气压伤。如下潜时,外界气压大于鼻窦内气压,窦腔内呈相对负压状态,使鼻窦内黏膜血管扩张、渗出,甚至出血,黏膜肿胀。这种情况引起的出血,一般当时并不会从鼻窦内流出,只是到减压时,窦腔内气体膨胀,才把血液挤压进入鼻腔。上升时,外界气压低于鼻窦内气压,腔内气体膨胀,压迫鼻窦黏膜及腔壁亦会造成气压伤,但下潜过程中的发病率高于上升减压过程。

5) 胃肠气压伤

胃肠气压伤是指减压过程中胃肠道内气体膨胀所引起的不适或疼痛。

三、氧中毒

氧中毒是机体吸入高于 50kPa(0.5atm abs)的氧一定时间后,机体某些器官的结构与功能发生病理性变化而表现的病症。氧是人维持生命不可缺少的物质,然而长期吸入高于 50kPa 的氧对人体是有害的。起初,人们只是注意到高压氧对动物和植物的毒性作用,并积累了很多这方面的资料。随着沉箱活动、潜水活动、潜艇及航空事业的日益发展,尤其后来大深度氦氧饱和潜水的实施及高压氧在临床上的广泛应用,关于人的氧中毒问题逐渐受到人们的重视。较长时间吸入 60~200kPa 的氧引起的氧中毒,主要表现为肺部病变,称为肺型氧中毒或称慢性氧中毒。吸入相当于 200~300kPa 以上的氧,经过较短时间后发生的氧中毒称为脑型氧中毒,又称惊厥型氧中毒或急性氧中毒。另外,长期吸入 70~80kPa 的氧,还可引起眼型氧中毒。眼型氧中毒由于多发生于早产儿,因此又称早产儿晶体后纤维增生,多因在恒温箱内吸高分压氧时间过久,常见的病变是视网膜脱离。

四、氮麻醉

氮麻醉是指机体因受高分压氮作用而呈现的一种主要表现在神经系统的功能性病理状态。该病理状态在机体脱离高分压氮环境以后,一般是可逆的。在潜水中发生氮麻醉后不及时处理,易导致危险的其他潜水疾病或事故。在相当长的时间里,人们一直认为氮以及氦族(包括氦、氖、氩、氪、氙、氡)等气体,对机体的生理过程没有影响,称为惰性气体。自 19 世纪前半叶至 20 世纪初,有人注意到潜水和沉箱活动中,呼吸的压缩空气达 400kPa(4atm abs)以上时,有些人会出现欣快、动作不协调、判断迟钝等类似酒醉的表现,但当时人们不了解它发生的真实原因。直到 20 世纪 20—30 年代,才明确空气中的氮在高分压下对人和动物具有麻醉作用,而且氮分压愈高,其麻醉作用愈明显。后来的实践又证明,其他一些惰性气体在分别到达相应的高分压值时,也具有麻醉作用。这类高分压气体作用于机体所产生的影响,具有一定的特点,即对机体产生的生物效应在一定的压力-时程范围内完全可逆,也不改变细胞的结构,惰性气体自身在这一过程中基本不起变化。细胞与分子生物学的研究已经证实惰性气体在一定的高分压下,不仅会引起机体一系列复杂的生物学效应,包括生物物理、生物化学方面的变化,甚至可以影响机体的代谢过程。现在可以对惰性气体作这样的定义:惰性气体是指在一般情况下对机体生理过程无明显影响,但在一定的高分压下能发挥生物学效应而自身不起变化,也不改变其他物质化学结构的一些气体。

五、二氧化碳中毒

在潜水过程中,潜水员吸入高分压二氧化碳或机体产生二氧化碳不能及时排出,造成体内二氧化碳滞留引起的病理变化,称为二氧化碳中毒。一般认为,当吸入气中二氧化碳分压超过 3.07kPa(23mmHg,相当于常压下吸入气中二氧化碳浓度为 3%左右)时,机体调节功能将难以维持肺泡气二氧化碳分压的恒定,体内二氧化碳开始蓄积,这就可能导致二氧化碳中毒。因此,在短暂潜水时,规定吸入气中二氧化碳最高允许浓度,不得超过相当于常压下的 1.5%。

六、缺氧症

缺氧症(又称低氧症)是指机体得不到足够的氧,或组织不能有效地摄取或利用氧而引起的病症。通常,根据缺氧的原因不同,缺氧症分为少氧性缺氧(如高空缺氧、高山缺氧)、贫血性缺氧、循环性缺氧和组织性缺氧(如中毒性缺氧)等。另外,根据缺氧发生、发展过程的快慢,它又可分为急性缺氧和慢性缺氧。在潜水过程中,缺氧是吸入气中氧分压过低(低于 16kPa)造成的,同时,由于潜水装备能容纳呼吸气体的量有限,一旦供氧不足,很快会发生缺氧。因此,在潜水过程中发生的潜水员缺氧症属于急性少氧性缺氧。缺氧症的发生,患者在水下常无明显先兆症状而突然昏迷,故必须及时发现,快速抢救。缺氧症的发病率占潜水事故总数的首位(约 34%)。

七、淹溺

淹溺是指人在水中因较多的水进入呼吸道而引起窒息、血流动力学和血液生化改变以及水电解质紊乱的"吸入性综合征"。严重者若不及时抢救,将危及生命。据估计,各国的淹亡人数的比例有较大差异,其中日本淹亡人数的比例较高(可能与渔业生产比较发达有关)。美国和澳大利亚淹溺死亡的人数在本国各种事故死亡人数中均占第二位,仅次于因交通事故而死亡的人数。淹溺死亡者绝大多数为青少年,10~19岁年龄段所占比例最高。成年男性酒后淹亡事故也占有相当高的比例。发生淹溺事故的地点按发生率高低排列,依次为游泳池、江河湖泊、浴缸等。美国海军报道淹溺是潜水员的首要死因。

第六章　高原环境

奥地利的跳伞选手菲利克斯·鲍加特纳在2012年10月14日创造了好几项跳伞的世界纪录。鲍加特纳搭乘热气球到达高度39km的平流层(气球上升纪录),离开气球,从该高度(跳伞高度最高的纪录)往地面跳下,此举让他成为首位在飞行器外突破音障的人,速度达到1343km/h。在这样的高度,若没有压力衣和呼吸装备,鲍加特纳的身体将无法提供组织氧气,而且会很快地失去意识。特制的服装是设计用来保护他免于低环境压力、极低温(−52℃),以及摩擦力与其他危险的冲击。假如装备失效,他将在19.2km之上经历致命情况,即体液沸腾,在体液中形成气体泡泡。因此,他打开降落伞并安全地降落在新墨西哥沙漠,展现的不仅有人类表现的极致壮举,还有科技的力量。

我们之前所谈到的运动生理反应,几乎都是以海平面或接近海平面的条件为基准,该处的平均大气(空气)压力是760mmHg。大气压力是总体压力的一个量度,是所有施加于身体上的气体组成(与其他所有物质)。无论大气压力是多少,空气中的氧分子比例恒为20.93%,氧分压则是指大气压力中仅来自氧分子产生的压力,因此海平面的分压是0.209 3与760mmHg的乘积,即约159mmHg。氧分压是一个重要的概念,因为在高地的低氧分压是限制运动表现的主要因素。虽然人体能承受氧分压的微小波动,但大幅变动会产生问题。这个现象在登山者的登高过程显而易见,氧分压的显著降低会破坏生理表现。

高原是地球陆地的重要组成部分,人类在高原地区居住已有悠久的历史,全世界居住在高原和高山地区的不同民族约有4亿人。在漫长的高原极度环境中,人类在进化及遗传适应发展过程中创造了极其灿烂的文化和文明。但低氧是高原对人类的挑战,显著的高原低氧环境以及人体对高原环境的习服-适应失败,引起人体生理功能障碍或病理生理变化,造成低氧损伤和高原衰退,导致人体精神体力衰退和急、慢性高原病的发生,生命质量降低,不仅影响健康,而且危及生命。

为此，人类应该主动地适应高原，最积极有效的方法就是运动锻炼。研究显示适度高原（海拔1500～3000m）的轻度低氧对人体可以起到一种激活生理功能的作用，通过这种激活作用对高原低氧环境的习服-适应，调动体内的生理功能活动，从而提高心、肺、血液系统功能，增强氧的利用，改善新陈代谢，给机体和健康带来有益影响。高原气候叠加身体锻炼来提高人体的心肺功能和健康水平，以及竞技体育的高原训练，已成为当今人们提高体育竞技水平的重要手段，也是世界上研究的热点。

"运动是良医"。适宜的体育运动促进机体产生一系列适应性的良性变化而起到健身防病、增强体质、增进健康的作用；而运动过量或运动不足不仅达不到促进健康的目的，反而会给健康带来不良影响，甚至损害健康。由于高原运动属于环境和运动对人体作用的科学，高原运动或锻炼时人体要承受环境低氧和负荷低氧的双重刺激，机体变化更加复杂。因此加强低氧环境下运动锻炼对人体低氧适应和低氧对人体生理功能影响的研究，采用科学的运动测试和运动处方指导高原体育运动锻炼，有效利用低氧因素提高运动者运动能力和促进人体健康，预防和治疗慢性疾病，并减少高原特殊环境对人体在体育运动过程中的损伤，都有重要的意义。

有关高原的定义，不同学科界定的高度并不一致。在地理学和地球科学的定义：高度一般在1000m以上，面积广大、地形开阔、周边以明显的陡坡为界，比较完整的大面积隆起地区称为高原。而在医学上是将海拔在2500m以上，能引起较明显的生物及有机体反应的地区界定为高原。地球总面积约5.1亿km^2，其中陆地面积约1.495亿km^2，而海拔在1000m以上的面积占陆地面积的28%以上，海拔在2000m以上的高原和高山的面积占陆地总面积的11%。

第一节 高原类型及高度划分

有学者根据人体暴露于高原环境时出现的生理学反应，将高原分为4个高度。

一、中度海拔

中度海拔（中等海拔）高度为1500～2500m，当人体进入此高度时，一般无任何症状或者仅呈现轻度症状,如呼吸和心率轻度增加、运动能力略有降低、肺气体交换基本正常。同时中度海拔气候环境下引起的人体心率加快、血液循环加速、红细胞和血红蛋白增多等变化均对人体的心肺功能和健康有利。一般情况下除少数对低氧易感者外很少发生高山病,其中全球的长寿区海拔均在中度海拔地区。

二、高海拔

高海拔(高海拔)高度为2500～4500m,多数人进入这个高度时会出现明显的低氧症状,如呼吸和脉搏增加、头痛、食欲缺乏、睡眠差、动脉血氧饱和度低于90%,甚至导致高山病的发生。

三、特高海拔

特高海拔(非常高的海拔)高度为4500～5500m,低氧症状进一步加重,动脉血氧饱和度一般低于80%,运动和夜间睡眠期间出现严重的低氧血症。当进入此高度时应采用阶梯式或阶段性适应,否则易发生高原肺水肿、高原脑水肿等严重的急性高山病。

四、极高海拔

极高海拔(极海拔)高度为5500～8844m,人类长期居住或执行任务的高原一般不超过5500m。到达海拔6000m地区的只有那些探险登山运动员,而且逗留时间较短。进入此高度时机体的生理机能呈进行性紊乱,常失去机体内环境自身调节功能,出现极严重的高山反应,显著的低氧血症和低碳酸血症,动脉血氧饱和度在70%～60%,通常需要额外供氧。

在运动训练领域国内外学者对高原也有不同的界定:苏斯洛夫提出海拔1200m为低海拔,海拔1200～2500m为中等海拔,海拔3000m以上为高海拔;胡亦海提出海拔1800～2000m为亚高原,海拔2000～2300m为准高原,海拔2400～3000m为超高原;赵晋提出海拔1200～1800m为亚高原。综合国内外有关高原医学、高原运动生理学、高原训练的理论研究和实际运用等情况,海拔1200～

2000m 为高原训练的较低高度,海拔 2000～2500m 为高原训练的中等高度,海拔 2500～3000m 及以上为高原训练的较高高度,其中国际上公认海拔 2000～2500m 为高原训练最适宜的高度。

第二节 高原运动

在青藏高原历史的发展过程中,青藏高原各民族由于栖息地区的特殊地貌形态和气候条件,受生活习俗、生产方式、道德观念、行为规范、文化模式和民族心理结构等种种因素的影响和制约,各民族在衣、食、住、行等方面都保持了自己的喜好、习惯和禁忌,同时保持着本民族所特有的民族风格和文化形态特征,建筑风格、饮食习惯、民族服饰、婚丧嫁娶、礼仪宗教等特色。这些独特性不仅显示了其本身不可磨灭的生命力,还展示了青藏高原传统体育古老的民族性和民族特色。青藏高原体育文化包含鲜明的地域性和文化特性,具有娱乐性、技巧性和艺术性等特点,具有很高的观赏价值和广泛的参与性。青藏高原体育活动大多起源于生产生活之中,它既是人们生产生活的技能,又是体育活动的手段。它将健身和娱乐融为一体,使人们在活动中得到身心和谐发展,也是青藏高原民族在长期的历史发展进程中积累保存下来的反映本民族意识的体育文化财富。

一、高原体育资源特点

青藏高原辽阔的地域环境、独特的人文地理环境和民俗文化特色,使各民族在多元化交融中形成了各自的文化特色,并逐步演绎形成河湟文化、三江源文化、柴达木文化、吐谷浑文化、格萨尔文化、热贡文化等文化形态,不同的文化形态形成了多民族文化交汇并存的异质民俗特点。

1. 生态环境

青藏高原各民族在严酷的自然环境下,为了生存、生产与生活的需要,不断向大自然进军,体育活动自然也是在此过程中逐渐演化而成的。凭借人自身身体活动能力获取食物,在长期从事这些身体技术动作过程中,逐渐演变发展了跑、跳、爬、攀、滚、掷、射、游等运动能力。自然地理环境制约了人们的生产手段,生产手段越单一,伴随着生产手段而发展起来的单一的运动技术越娴熟。青海海西大漠赛骆驼、草原骑射、循化黄河皮筏竞渡,均体现出特定地域条件下一定生产生活工具与生活方式的烙印。

2. 生产劳动习俗

一般来说,不同的民族出于自然条件的制约,在生产方式方面往往有很大的差别,不同生产技能的锻炼与发展催生了民族体育活动,也决定了民族传统体育的不同特色,最终形成了本民族的体育活动。青藏高原体育项目是直接从生产劳动中诞生的,并保持着本民族生产方式的鲜明特色。从事畜牧业生产的藏族和蒙古族传统体育活动多离不开马匹,在生产劳动中练就了娴熟的骑术,孕育出赛马等许多骑术项目;土族轮子秋离不开农业生产中大板车、碌碡、梯子等劳动工具;还有撒拉族舞蹈襟袖舞、打猎舞、打墙舞直接来源于劳动方式。

3. 狩猎生产习俗

狩猎活动是远古时期人们获取食物来源和野兽裘皮等生产生活用品的重要生产方式和谋生手段。青藏高原各民族在征服自然和生产实践中不断创造出许多生产工具,如棍棒、弹弓、弓箭、抛绳、套子、扣子、夹脑、火炮、步枪等。而且对工具的熟练掌握,使狩猎效率不断提高,也产生了诸多的高原传统体育项目。

4. 农牧业生产习俗

高原有牧业区农业、半农半牧区农业等形式的农业。大多农具由铁质工具头和木质把柄构成,一些传统体育活动也就会出现木制把柄的身影,如路棍、打梢棒、轮子秋。

5. 渔猎习俗

青藏高原河流密布,是长江、黄河、澜沧江、怒江、印度河、恒河、雅鲁藏布江(普拉马普特拉河)的发源地,还有为数众多的河流和数千个湖泊。捕鱼是居住在湖泊地区及江河两岸地区人民重要的生产生活方式,游泳、泅渡及"油皮袋"随之产生,并慢慢成为体育活动项目,如青海循化皮筏竞渡、羊皮囊泅渡、赛瓦等项目。

二、高原体育文化特点

1. 特色鲜明

远古时代的传统体育,作为一种社会文化活动,随着社会生产的发展而发展。青藏高原体育文化资源是伴随着人们在生产生活中的自主活动而出现的，在其发展中具有时空跨越周期性，在发展的历史时期中系统地记录或诠释了民族体育文化的形成、发展过程。青藏高原各个民族在各自一定的区域之内，表现出不同的民族体育特性，从而使每个民族的体育文化得以形成各自鲜明的特点。

2. 内涵丰富

一般奔跑、射箭、投掷、骑射属于原始生产方式。原始社会中原始宗教产生，催生了各种自然崇拜、图腾崇拜、灵魂崇拜、祖先崇拜的观念与仪式。同时，舞蹈和原始宗教仪式相结合，形成了早期的宗教舞蹈，进而发展成习俗舞蹈、礼仪和祭祀舞蹈。在祭祀活动中原始先民们逐渐用舞蹈、竞技、角力来进行祈祷，祈求庇护，因此在历史变迁中产生了兼有艺术和体育两种性质的舞蹈。青藏高原地区的宗教祭祀和节庆庙会礼仪中常有舞蹈、角力、竞技等内容，这些活动都包含了许多民族传统体育的因素，并对后来的民族传统体育发展产生了深远的影响。随着社会发展和军事活动出现，生产工具与兵器分离，为掌握这些武器，提高运动技能，促进了军事和身体训练，这都是推动传统体育产生和发展的重要因素。青藏高原由于特殊的地理位置和战略地位，自古战事频繁，疾驰、骑射、射箭、马术、武舞、投掷、蹴鞠、马球、舞马等在军事活动中占有特殊地位。

3. 特色浓郁

青藏高原地域辽阔、山川壮美、宗教多样、民族众多，拥有众多的江河湖泊、高山草原、冰川森林、大漠戈壁，自然风光雄奇壮美，属于原生态的范畴。每年的赛马、赛牦牛、民族射箭体育项目和各种民俗节庆活动，是高原游牧民族历史悠久的体育活动。同时各地信教群众参加的宗教祭祀法会，隐含着浓厚的民族体育成分。"祭俄博"意为祭山神、财神，寓意祈求来年的人畜平安、生活富裕，由于庙宇设在山顶或两山连接处的山脉，必须登山祭祀。"观经会"是土族地区各藏传佛教寺院举行的祈愿法会，有信教群众的"滚芒茶"活动，寺院喇嘛的"跳坎"活动。节日期间有表演者戴着神鬼和动物等面具，穿着式样奇特的古代服装起舞的法王舞、马首金刚舞等。还有土族轮子秋和安昭舞、河湟地区打梢棒，具有农耕文化艺术色彩。环境习俗各异，宗教信仰不同，政治、经济、文化教育发展也不同，从而形成了各民族风格迥异、特色浓郁的少数民族传统体育文化资源。

第六章　高原环境

三、高原体育运动

1. 高原登山运动

登山运动是从低海拔地形向高海拔山峰进行攀登的一项体育活动,可分为登山探险(也称高山探险)、竞技攀登(包括攀岩、攀冰等)和健身性登山。登山运动需面对高山低氧、强风低温、陡峭地形以及各种困难和山间危险,表现为人与恶劣的大自然环境的抗争,是人的生命力和严酷的生存条件之间的较量,对人体的耐力、心肺功能、四肢力量和协调性有较高的要求。此外,登山运动是一项极具冒险精神和高风险的体育运动项目,因能挑战自我和饱览罕见的瑰丽景色而深受众多登山爱好者的喜爱。

早期的登山运动与宗教文化密不可分。古代宗教中认为高山和雪山是神仙和魔鬼居住的地方,只有神父、牧师和高僧们才能登山。时至今日,还有众多雪山在宗教中有重要的宗教意义,如云南的梅里雪山、西藏的冈仁波齐、青海的阿尼玛卿山、青海的尕朵觉悟并称为藏传佛教四大神山,每年都有众多藏传佛教信众开展各种形式的宗教转山活动。我国汉代就有文字记载的登山活动:《史记》中记载张骞出使西域、翻越雪山、穿越帕米尔高原;北魏时期的《宋云家书》中有关于西行取经者宋云途经帕米尔高原、翻越雪山导致雪盲的记载;在唐朝时期唐玄奘西去取经,也翻越了海拔 6200m 的雪山。以上说明登山活动历史悠久。现代登山运动一般被公认为起源于 18 世纪后半叶阿尔卑斯山区。1786 年 8 月 8 日帕卡尔学者和水晶石匠人巴尔玛首次登上了阿尔卑斯山脉最高峰海拔 4807m 的勃朗峰,此后登山运动也被称为阿尔卑斯运动。19 世纪以英国为代表的欧洲登山运动发展迅速。20 世纪初,登山家们开始关注位于世界屋脊的喜马拉雅山。1950—1964 年的十几年间是人类高山登山运动的一个重要发展阶段,国际登山史上称此时期为"喜马拉雅的黄金时代"。1953 年 5 月 29 日,尼泊尔向导丹增·诺盖和新西兰登山家艾德蒙·希拉里从南坡登顶珠峰,成为历史上第一支成功登顶珠峰的队伍,随后世界各地运动员先后登上了 13 座海拔 8000m 以上的高峰。

中国的高山资源丰富,世界 14 座 8000m 以上的顶级高峰都位于延伸至中国西南和西部的喜马拉雅和喀喇昆仑山脉,其中中国有 9 座享有主权和与邻国共享主权的高峰。中国登山运动始于 20 世纪 50 年代,自 1951 年 6 月起中国在青藏高原开展科研登山活动,1960年5月25日,中国登山队的王富洲、贡布、屈银华从北坡首次登上珠穆朗玛峰顶峰,被称为世界登山史上的重大事件。随后我国登山协会会员先后多次登上贡嘎山、公格尔九别峰、希夏邦玛峰、纳木那尼峰、南迦巴瓦峰等高峰。另外西藏登山运动创造了团队登顶世界14座海拔8000m以上高峰纪录,中国登山队在世界最高峰珠穆朗玛峰上传递北京奥运火炬,创造了世界登山运动史和奥运圣火传递史上的奇迹。高原独特的自然条件及丰富的冰山、冰雪环境,为登山及冰雪项目在高原上的发展提供了便利条件。因此,高原登山运动、冰雪运动及衍生体育项目发展较快。

青藏高原是众多名山大川的发源地,为登山、探险运动提供了丰富的资源基础。青藏高原每年举办登山活动较多,其中2001年创办并在此后连续举办了20届的"西藏登山大会",为世界登山爱好者提供了登山培训和体验,已成为推广和普及大众登山的重要平台和国内著名的登山户外运动大会。青海岗什卡国际滑雪登山挑战赛是世界上海拔最高的滑雪登山比赛,且此处具有国家级滑雪登山、高山探险、雪地救援、户外拓展和攀冰等多项目为一体的综合性滑雪登山基地。2001年起在此连续举办了多届青海海拔6178m玉珠峰登山节。由于玉珠峰南、北两侧自然条件不尽相同,攀登者可以在南坡获得高山经验,在北坡学到冰雪技术和登山战术,这里是理想的高山冰雪训练场地,也是初学登山者理想的体验地。

随着登山运动的发展而兴起了登山旅游。青藏高原丰富的历史文化背景和优美的山峰资源,再加上我国少数民族众多且居住在山峰周围,为登山旅游带来了学习和了解民族风土人情的元素,吸引了来自世界各地的登山旅游爱好者。因此,登山旅游资源开发比较快,成熟度高,但缺乏健身内涵。我国登山景点开发较晚,原始景色保存较好,人为改造因素较少,登山旅游产业发展前景广阔。青藏高原有诸多各类特色体育旅游项目,近百条旅游线路,涵盖登山旅游、探险旅游、公路旅游、山间旅游、漂流旅游、特种旅游和节庆旅游等,其中青海省内的登山旅游有攀登新青峰、格拉丹冬峰、阿尼玛卿峰、唐古拉山、玉珠峰和龙亚拉峰,西藏自治区内有雅鲁藏布大峡谷、珠峰大本营、南迦巴瓦峰、纳木错湖、萨普神山、冈仁波齐山等诸多徒步和登山路线。

2. 攀岩运动

攀岩运动是从登山活动中派生出来的一项运动,有自然岩壁攀登、人工岩壁攀登。攀登技术分为岩石活动和冰雪活动两大类。攀岩仅靠手脚和身体的平衡,采用抓、握、挂、抠、撑、推、压等多种用力方法攀登岩石峭壁或人造岩墙,对人的力量及身体的柔韧性都有较高要求。

关于人类最早的攀岩运动记载于公元15世纪,法国国王查理三世下令去攀登一座高为304m的石灰岩塔,最终登山者们利用简单的钩子和梯子登顶成功,这是历史上第一例使用装备的攀岩事例。17世纪中期登山者们主要攀登阿尔卑斯山等。现代攀岩运动最初作为一项军事训练项目起源于20世纪50代的苏联。

3. 冰雪运动

冰雪运动项目又称冬季运动项目,因其特殊的运动场地和环境得名。冰雪项目多起源于北欧国家,因北欧各国冬季漫长、气温低,加之有众多高山险峰,为冰雪项目的发展提供了先决条件。我国于1980年首次参加美国举办的第13届冬季奥运会。我国黑龙江、吉林、辽宁三省是冰雪运动起步早,条件和发展较好的省份。这三省由于纬度高、冬季降雪多、蒸发小,雪期自南向北延长,每年10月至次年5月初都是冰雪旅游、运动训练的极佳时节,是我国最适宜开展冬季运动的地区,建有诸多的集滑冰、滑雪训练和体育旅游于一体的综合性基地和滑雪场。例如,位于吉林海拔高度为1640～1820m长白山高原冰雪运动训练基地,是中国冰雪运动员进行冰雪训练的主要基地。另外,新疆海拔高度为1650m的天山地区也是我国冬季运动开展较好的地区,建有速滑馆、冰球馆、冰壶馆、媒体中心,并于2018年1月举办了第13届全国冬季运动会。

青藏高原纬度高,海拔高,冬季漫长,气温偏低,有一定的发展冬季冰雪运动的条件,建有高海拔滑雪场、滑冰场等。如青海多巴国家体育训练基地滑冰馆是国际标准冰馆,冰面达$1800m^2$,也是我国首个高海拔地区的国家高原冰上训练基地,已举办了多次国际国内冰壶比赛。据不完全统计,青海省目前已开发的滑雪场所达10余处,大多数位于人口密集的河湟谷地,主要有冰壶、滑雪、滑冰等项目,每年参与活动的人数达20万人次,并且呈逐年增长趋势,已经成为冬季体育消费的一大主力,但青藏高原的高海拔也限制了冰雪运动的开展与普及。

冰川探险及冰川旅游也是高原体育运动之一。早期的冰川探险主要应用于地质考察及科研勘测。世界上著名的冰川旅游胜地有瑞士阿尔卑斯山区、美国冰川国家公园、阿根廷冰川国家公园、冰岛冰川旅游资源等。我国也拥有丰富的冰川旅游资源,著名的景点除新疆天山托木尔冰川外,其余均在青藏高原,有达古冰川、米堆冰川、海螺沟冰川、透明梦柯冰川等。但我国冰川探险活动开展较晚,对冰川探险了解少,而且相关专业知识要求高,也缺乏相关机构及专业人才等,从而影响冰川探险运动的发展。

4. 青藏高原民族民间体育运动

青藏高原因其特殊的地理位置、浓郁的少数民族风情及源远流长的宗教文化所赋予的独特文化内涵,孕育出了许多独具特色的民族民间传统体育项目。不同民族在不同的民族地区及不同的海拔区域生活,各自拥有不同的体育运动项目。各民族传统体育文化与本民族的生存环境、生产和生活方式、文化习俗以及宗教信仰等因素密切相关,又与其他民族体育文化有一定联系,各民族体育项目资源形态呈现出不同的文化景象。根据不同民族和不同体育项目分类,青藏高原主要传统体育项目:藏族为赛马、赛牦牛、射箭、摔跤、抱石头;回族为武术;撒拉族为拔腰、蹬棍、打蚂蚱、打缸;蒙古族为赛马、摔跤、射箭;土族为骑马、射箭、轮子秋;门巴族为射箭、拔河、跳神舞、摔跤、抱石头、跳高(曾林巴)、跳远(林邦)、攀藤索(若安布)、打火枪(棉达加);珞巴族为射箭、刀术、举重石、掷石头、跳竿、摔跤、攀高、触高、溜索等;羌族有骑射、摔跤、推杆、扭棍子、秋千、蛾捉(抱蛋)、跳盔甲和萨朗(圆圈舞)等。

第三节 高原运动的生理适应

高原自然环境对人体的影响是多方面的,包括低气压、低氧分压、高寒、日夜温差大、太阳辐射量及宇宙射线辐射量高、空气湿度小等,但是对人体影响最大、最明显的是大气压降低所致的低氧环境。从医学角度讲,大多数人在到达海拔3000m高度地区以后会出现较为明显的低氧症状和体征,超过这个海拔高度,人体对低氧的生理、生化和形态等方面的适应性改变即会变得越来越明显,逐渐从可逆性损伤过渡到不可逆性损伤,并具有明显的生物学特征。

不管是高原世居人群还是高原移居人群,在高原特殊环境下,机体各系统都会发生一系列生理性适应以应对环境的变化。一般由平原或由较低海拔地区进入高原或更高海拔地区后,机体为适应高原环境在神经-体液调节下会发生一系列代偿适应性变化,这个过程称为高原习服(高海拔适应)。而高原世居民族经过在高原特殊环境世世代代的自然选择而获得的具有遗传特性的生理学适应,被称为高原适应(高海拔适应)。高原世居者具有通气反应钝化现象,与受低氧刺激的程度即海拔高度有关。

在高原低压、低氧条件下进行运动对人体而言,它必须承受与平原不同的两种负荷:一种是运动本身所引起的低氧负荷,即运动性低氧负荷;另一种是高原性低氧负荷。这两种负荷相加,造成比平原更为深度的低氧刺激,以调动身体的机能潜力。在这种双重负荷下进行运动,机体的生理性习服和适应也会突出表现在呼吸、循环、消化、内分泌、运动和免疫等人体的各大系统。

一、高原运动对呼吸系统的影响

由于高原低氧习服-适应过程存在时间依赖性,其中呼吸系统是发生最早、反应最明显的系统之一,因此肺功能对于机体高原低氧习服-适应能力具有重要作用。高原大气压降低,机体代谢加强,呼吸系统将发生一系列变化以适应机体代谢的需求和保证动作的顺利完成。但高原运动时机体需要承受高原环境的低氧负荷和运动所带来的低氧负荷双重低氧刺激,而这种低氧刺激是一把"双刃剑":有利的一面体现在机体对低氧刺激产生习服,即提高运动能力的抗低氧性生理适应,就会提高运动员调动和发展自身通气功能的能力;不利的一面体现在高原低氧刺激外周化学感受器使呼吸加快、加深,肺通气量增加,引起过度换气,使二氧化碳排出增多和体内二氧化碳分压(P_{CO_2})下降,酸碱度上升,导致代偿性呼吸性碱中毒,抑制呼吸中枢,最终使肺通气量下降。

运动时进行合理的呼吸,有利于保持内环境稳态,有利于延长运动时间、缓解疲劳程度、提高训练效果和充分发挥人体的机能能力,以创造优异的运动成绩。适当时间、适宜的高原低氧刺激的运动训练使呼吸系统调节机能增强,调动机体呼吸系统的代偿功能以提高氧气进入肺泡的速度,进一步提高机体在低氧环境下的肺通气功能储备并提高呼吸肌功率,表现为运动时每分通气量、肺泡通气量、肺活量和肺总容量均增加。呼吸系统对低氧分压的适应可使运动员增加氧的摄入,提高肺通气功能并提高运动成绩。

二、高原运动对循环系统的影响

循环系统易受高原低氧等外界环境影响而发生生理性改变。由于不同人群对低氧的耐受性以及暴露低氧时间、海拔高度的不同,其循环系统对低氧的反应特点也不相同。一般而言,人体处于安静状态时代谢速度较慢,运动时代谢速度加快,循环系统的机能也就随着机体活动强度的增加而提高。

1. 高原运动对血液成分的影响

高原低氧环境或高原训练可对机体心脏、血液和激素与代谢等产生一系列影响,尤其是表现在红细胞数、血红蛋白量、红细胞比容等方面的变化更为显著,这些是低氧适应或高原训练中评价身体机能状态和训练效果的有效指标。

2. 高原运动对心脏的影响

在高原由于低氧和运动双重刺激,心脏会产生一系列变化,如心脏最大储备、最大摄氧及最大运动能力等的变化。常在平原生活的人进入高原后,心脏交感神经和肾上腺素刺激心脏的β-肾上腺素受体,导致心率增快。有研究指出短期暴露于高原自然低氧环境中,可有效提高心脏对急性缺血性损伤的耐受性,如果一个人能定期去海拔两三千米的高原生活,心脏功能可以得到锻炼。在高原进行训练后,心电图、心肌图、心动图表明运动员普遍出现窦性心律徐缓,说明运动员心力储备增加。高原运动初期左心室功能会明显下降,主要是在高原运动中机体内水分减少,血浆和血容量降低,血黏度升高,外周阻力增加,有效循环血量大量减少,导致左心室舒张末期容积显著下降,左心室收缩功能下降。而通过一段时间的高原运动以后,运动员的心脏功能会有所改善,左心室收缩功能增加,主要是高原运动可以通过增加心脏后负荷增强心肌收缩能力,同时增强副交感活动,减弱交感活动,进而增加心肌的舒张,尤以左心室舒张增加为主。在高原运动中心输出量是心功能中关键性的一个生理因素,平原人到高原后每搏输出量、心输出量均呈现暂时性下降,在高原运动后心输出量稍有增加,但运动能力却有明显改善。自1998年以来,高原低氧环境中的运动对心脏功能的影响结果不是很一致。一般情况下认为,心率、每搏输出量、周围阻力、血液黏稠度和血容量都会影响心输出量。首先可能是交感神经兴奋引起的血浆量和总血量下降,周围阻力增加;其次是严重低氧情况下,肺动脉压升高,肺血管收缩,阻力增加使左室前负荷降低,导致心脏泵功能下降。

总之,高原训练可促进心脏功能改善,有助于对高原适应,但由于研究目的、研究方法、研究对象等条件的不同,高原训练对心脏功能影响的研究结果还存在很多差异,其影响机制还不明确,需要针对不同的运动项目,结合不同运动强度和运动量,进一步观察研究高原训练对心脏功能的影响及其变化特征和规律。

三、高原运动对消化系统的影响

高原低氧环境会持续地影响着消化系统。一般情况下进入高原后消化腺的分泌和胃肠道蠕动受到抑制,除胰腺分泌稍增加外,其余消化食物的唾液、肠液、胆汁等分泌物较平原时减少,胃肠功能明显减弱,因此会出现食欲缺乏、腹胀、腹泻、便秘或上腹疼痛等一系列消化系统紊乱症状。这种症状大部分人会随着在高原上生活一段时间后逐渐恢复,但也有少部分人这些症状持续较久或反复出现。

四、高原运动对内分泌系统的影响

激素与运动关系比较密切的主要是生长激素、促红细胞生成素、儿茶酚胺、胰岛素及胰高血糖素、甲状腺激素、睾酮、肾上腺素、去甲肾上腺素、糖皮质激素、促肾上腺皮质激素、抗利尿激素、盐皮质激素、促甲状腺素、催乳素、性激素等。这些激素调控了机体在运动过程中和运动后的能量物质分解和合成,调控了机体运动过程中的体液平衡。

1. 高原运动对生长激素的影响

高原运动对生长激素的影响并不很明显,大多数报道显示没有显著变化,但因为研究目的、研究对象等的不同,存在升高或下降的变化趋势。其原因可能是高原低氧暴露造成下丘脑-垂体-生长激素轴的多环节受到影响,并影响血清胰岛素样生长因子的利用,而且与暴露的高度和时间有一定关系。但根本的机制还要从下丘脑-垂体-生长激素轴的多环节因素与氧气摄入、物质能量代谢的关系进一步分析。

2. 高原运动对促红细胞生成素的影响

大多数的研究表明,高原训练对促红细胞生成素(EPO)的影响为使其升高,学者普遍认为高原训练后 EPO 的升高可能是因为机体受到低氧加运动的强烈刺激后为增强机体运输氧的能力和提高有氧运动能力从而使促 EPO 水平提高,而 EPO 不仅能刺激骨髓干细胞向红细胞系列转化、促进红系原始细胞的增殖、缩短红细胞成熟时间、使骨髓中网织红细胞释放入血增加,而且可刺激血红蛋白的合成,最终导致外周血红细胞数量的增加,但因低氧刺激而增高的浓度持续的时间并不长。

3. 高原运动对儿茶酚胺的影响

高原训练期间运动员儿茶酚胺浓度的变化与运动员身体机能状态、运动负荷的大小以及海拔的高度等多种因素有关,但究竟变化如何目前尚无定论,需进一步深入研究。

4. 高原运动对胰岛素及胰高血糖素的影响

余小燕等(2014)研究发现,人类处于高原时空腹血糖水平比平原地区低,对其他哺乳动物也有类似的报道。高海拔地区高甘油三酯血症患病率升高,而高血压和空腹高血糖的患病率较低。对中国高原地区和日本平原地区老年人研究发现,中日老年人血糖均在正常范围内,但日本老年男女均显著高于中国老年男性($p<0.01$)和女性($p<0.05$)。李正等(2010)研究证实,高海拔地区居民空腹状态比平原人具有较高的心肌葡萄糖摄取率,同位素跟踪显示慢性低氧适应提高了机体对葡萄糖的利用,但高原低氧环境提高葡萄糖利用的机理尚不明确。

低氧运动和无氧运动都能有效改善糖代谢,降低胰岛素抵抗,增加胰岛素敏感性。一般情况下常氧、低氧运动和单纯低氧均引起胆固醇、甘油三酯、低密度脂蛋白、血糖和胰岛素降低或呈降低趋势,而高密度脂蛋白和瘦素升高或呈升高趋势。低氧环境引起机体儿茶酚胺分泌增多,交感系统持续兴奋,能量消耗增多,血糖和脂肪动员增加,血脂合成减慢,分解及转运加强,胰岛素代谢增强。而且低氧复合运动具有协同作用,可更好地起到改善血脂和血糖代谢的作用,降低体重。低氧条件下中等强度的运动可以刺激和改善急性和中期胰岛素敏感性,改善葡萄糖利用率,还可改善运动后的胰岛素抵抗,尤其是运动和低氧相结合时对提高胰岛素敏感性、改善葡萄糖利用率的效果更显著。

Engfred等(1994)提出无论高原还是模拟高原训练条件下,进行力竭运动与海平面相比胰岛素与胰高血糖素变化无显著差异。还有研究发现低氧对胰岛素抵抗也有负面影响,长期暴露于低氧状态下,机体可能产生胰岛素抵抗,这与氧化应激程度和炎症有很大关系。

5. 高原运动对甲状腺激素的影响

高原运动可能引起甲状腺激素的升高,并反馈抑制促甲状腺激素的分泌。原因可能是低氧暴露会对下丘脑-腺垂体-甲状腺轴产生影响,而且高原运动导致的甲状腺激素反应较为复杂,影响因素较多,如年龄、基础代谢水平、营养状态、温度、运动训练强度、时间等。

6. 高原运动对睾酮的影响

高原环境中在低氧和训练双重因素的影响下,血清睾酮水平多有降低,甚至回到平原后继续下降。有研究报道高原训练后血清睾酮水平无明显的变化,另外有研究报道高原训练引起血清睾酮水平有上升的趋势。目前高原运动对激素的影响一直受到人们的关注,但有关这方面的研究报道却不多,且结论也尚不统一、明确,值得进一步深入观察和研究。

五、高原运动对运动系统的影响

1. 高原运动对骨骼的影响

在高原环境下进行合理的运动,对于不同年龄和性别的人群来说,均能起到改善骨密度水平、促进体质健康的积极作用。

2. 高原运动对关节的影响

在高原由于低氧、低气温,中枢神经系统的兴奋性明显低于平原,肌肉的黏滞性大和弹性较差,影响关节的活动范围,易造成关节的损伤,应做好准备活动,以使机体生理功能达到最佳适宜运动的程度和状态。

3. 高原运动对肌肉的影响

高原低氧训练产生的骨骼肌效应及其机制是非常复杂的。文献所报道的有关低氧训练骨骼肌效应的研究结果仍有较大的差异,低氧训练诱发的骨骼肌效应的机制仍有许多分歧和争议,这可能与低氧刺激的程度、持续时间和方式、低氧训练的模式和强度、实验对象(包括种属、性别、年龄、适应水平、所取组织)和测试方法等因素的不同有关。

六、高原运动对免疫系统的影响

国内外学者有关高原运动对免疫功能的影响已做了大量的探索,探讨了高原运动对机体免疫功能的影响。众多研究者已证明,过量的运动会抑制免疫系统,免疫功能下降,使机体患病风险增加。高原低氧是一种附加的环境应激因子,当人们迅速进入高海拔环境中时,机体为维持内环境稳态,在应激条件下形成了一系列可调性的基因表达,诱发自主神经系统和内分泌功能的变异,对免疫功能产生即刻而持久的影响。高原暴露本身是一种引起免疫功能、神经、内分泌反应的环境应激因子,如果加上高原运动,这种应激将更加激烈。因此,在高原环境下,当运动这个附加应激与低氧应激相结合时,对免疫系统的影响比单纯低氧和单纯运动应激所造成的影响要强烈得多。高原环境引起免疫细胞功能变化的结果是免疫抑制,高原低氧可作为环境应激源,通过自主神经系统和内分泌系统的活动改变而影响机体免疫系统功能。当海拔超过一定高度时,居住居民免疫功能可能随着居住海拔高度的增加而降低,由平原进驻高海拔地区,机体可能出现免疫抑制现象,且免疫抑制随着进驻高原高度的增加而增加,随着进驻时间的延长而降低。由此,免疫系统的功能受低氧的影响,环境应激刺激免疫反应引起免疫抑制,增加感染的易感性。

免疫系统的功能受运动和低氧的双重影响。轻度运动或环境应激刺激免疫反应,力竭运动或更为明显的环境应激抑制免疫反应,两种情况同时存在将加重免疫抑制,增加感染的易感性。故低氧训练前要充分考虑海拔高度、训练强度、训练方式等因素,才能有效降低免疫抑制,减少疾病发生率,提高运动成绩。已有的研究结果已经为低氧训练提供了一定的理论基础和实践依据,但由于传统高原训练方法的不断改进,有关 HiLo、LoHi 等低氧训练方法究竟会对免疫系统产生何种影响,涉及该领域的研究甚少,尚需更多的研究予以阐明。

七、高原运动对泌尿系统的影响

高原空气干燥、日照较强,人体运动时呼吸次数增加、通气量明显加大、水分蒸发快、呼吸失水量比平原增加3～4倍(每日可达1.2～1.7L),另外高海拔地区低氧利尿、冷利尿以及体力消耗过大等,均可导致机体水分、血浆、血容量减少,造成水的负平衡。因此,在高原比赛或高原训练应给予合理的水分补充,以便维持体重的稳定,保持血浆容量,保证一定的体温和心率正常,预防高原疾病和促进早日习服。

人体暴露高原环境下可使机体有体液潴留或出现脱水,可发生利尿或抗利尿现象,主要取决于暴露时间长短和低氧程度。在暴露于高原低氧环境前8～10h 有利尿现象,也是急性高原反应高峰期,而且急性高原反应越重,尿量越少,体重较平原时明显增加,但未患急性高原反应者体重较平原时轻;12h 后特别是急性高原反应较重者,可产生明显的抗利尿现象,但随着高原适应时间延长均存在着不同程度的脱水现象。因此一般高原适应良好者有脱水现象而尿量增多,不易患急性高原病;高原适应不良者则发生体液潴留而尿量减少,较易发生急性高原病。但机体也能通过某些调节机制,使体液分布发生相应改变。

蛋白尿的阳性率、蛋白排出量与个体差异、运动强度、运动时间、运动项目及高原环境等因素有密切相关。其中运动强度远较运动时间对蛋白尿的影响更大。寒冷环境下运动蛋白尿发生率和蛋白排泄量较常温下运动更高、影响更大。

长期居住高原,低氧会刺激肾的球旁细胞分泌红细胞,生成的红细胞生成因子增多。肾低氧、缺血、酸中毒,引起肾小球毛细血管内皮细胞间隙增宽、内皮细胞损伤,可使肾小球滤过膜受损、通透性增高,使红细胞漏出而导致血尿。因此,提倡高原环境下的科学训练,避免超负荷训练,以免加重肾低氧、缺血。

在高原低氧环境中对肾的损害是随着居住时间的延长而减弱。早期的高原训练血尿的发生率较高。运动性血尿常见于平原到高原的运动员,尤其是冬训或比赛中出现的血尿例数较多,而平原中长跑运动员在高原训练时尿潜血阳性发生率较低,但高原世居的运动员在大强度训练时亦有发生。因此,在高原运动时只要注意循序渐进,调整好训练强度,选择合适的训练海拔高度等一般可改善血尿现象。

八、高原运动对神经系统的影响

1. 高原运动对中枢神经系统的影响

高原条件对脑血流量的调节主要受动脉血中气体的含量和代偿性的过度通气这两种相互拮抗的因素的影响。初进高原,吸入氧分压的下降导致肺泡气体的氧分压下降,进而使动脉血氧分压下降、脑血管扩张、脑血流量急剧增加,在一定程度内缓解脑细胞的低氧,但脑血流量的过度增加可以导致过度灌注综合征,使颅内压增高,出现脑水肿。另外低氧刺激颈动脉体化学感受器,引起呼吸反射性的加深加快,代偿性的过度通气使血 P_{CO_2} 下降,pH 值上升,脑血管收缩,进而减少脑血流量。West 等(2012)研究发现在进入高原 3 周后,动脉血中气体的含量和代偿性的过度通气两种因素的影响达到平衡,使脑血流量回到平原水平。同时低氧使扩血管物质如 NO、PGI_2、兴奋性氨基酸等的释放增加,引起脑血管的扩张和脑血流量的增加。另外,高原低氧使红细胞增多,导致血液黏滞度增加,在动物模型中发现血液黏滞度的增加可以减少脑血流量。然而,急性高原运动也使脑血流量减少。

高原运动可增加血管内皮生长因子的表达。高原运动可引起大鼠前脑皮质、海马和纹状体血管内皮生长因子表达增高。高原运动增加促红细胞生成素及促红细胞生成素受体的表达。脑促红细胞生成素与血清促红细胞生成素糖基化水平不同,前者分子更小,作用更强。脑在低氧、缺血时,局部会生成一种低氧诱导因子-1(HIF-1),HIF-1进入细胞在核内与染色体上的低氧反应成分相结合,启动一系列基因的转录,其中包括葡萄糖转运蛋白,糖酵解酶系,血管内皮生长因子以及促红细胞生成素等相关基因的转录。随着促红细胞生成素生成量的增加,低氧缺血区域神经细胞促红细胞生成素受体的表达也显著上调,进一步加强了促红细胞生成素的作用效果。

促红细胞生成素具有神经营养活性,对缺血造成的神经元凋亡和组织局部的炎症有双重阻断作用,还可以保护脑血管内皮,调节脑血流,促进脑血管增生,从而改善缺血部位的脑血流,起到神经保护作用。一般低氧训练可激活脑组织中的HIF-1α,使其调控的促红细胞生成素、葡萄糖转运蛋白1(GLUT1)和VEGF相关基因的表达增加。葡萄糖转运蛋白可以加快葡萄糖由血液转运入脑,改善脑内能量物质的供应,从而增强脑细胞的抗低氧能力,促使运动能力的提高。有研究表明,在较高海拔如3500m及以上进行持续训练可使散在的细胞肿胀或皱缩,或无改变但部分尼氏体不清晰或溶解,导致海马神经元受到轻度损伤(变性),且在复氧1周后仍未完全恢复。

2. 高原运动对自主神经系统的影响

高原低氧对自主神经的影响机制十分复杂,主要包括直接作用和间接作用。高原低氧直接作用影响自主神经细胞本身的代谢和功能。细胞能量物质ATP的生成主要依靠线粒体的氧化磷酸化过程,高原低氧可以使ATP的生成减少。在模拟海拔4000m高原环境下连续暴露3d和40d的大鼠,脑线粒体氧化磷酸化功能显著下降,ATP合成酶活性、ATP生成率及ATP含量均低于对照组,从而影响自主神经冲动的产生、传导、神经递质的合成以及释放等,严重时可以导致细胞的损伤甚至坏死或凋亡。另外氧是神经递质生成关键环节酪氨酸羟化反应的关键底物,高原低氧可以使神经递质去甲肾上腺素的合成减少。高原低氧间接作用是通过影响其他组织细胞的代谢及功能进而影响自主神经系统的功能。细胞低氧时产生的酸性代谢产物以及腺苷等能使体循环的血管平滑肌舒张,引起血管扩张,血压下降,颈动脉窦和主动脉弓压力感受器将刺激传入延髓,从而导致交感神经兴奋性增强。高原低氧引起的动脉氧分压下降刺激颈动脉体和主动脉体化学感受器,从而引起交感神经兴奋性增强以及副交感神经兴奋性减弱。低氧引起的呼吸加深加快,可以刺激肺牵张感受器,引起交感神经兴奋性增强。高级神经中枢在高原环境下产生的恐惧、紧张等心理活动通过边缘系统等刺激脑干交感神经调节中枢,进而提高交感神经系统的兴奋性。另外研究发现慢性高原低氧可以导致心脏β-肾上腺受体的表达减少,从而降低心肌对肾上腺素的反应。

高原对自主神经系统的影响不只是由于低氧,还与寒冷、脱水甚至运动等都有关。目前的研究主要集中于高原低氧对高原移居者自主神经的影响,这种影响的广泛程度及复杂性与移居者到达的海拔高度,进入高原的速度和移居者本身的性别、年龄、遗传、身体健康状况及心理素质等都有关系。急性低氧能使人类的心率加快,但对血压的影响研究结果不一。尽管静息心率加快,但在急性低氧时最大运动心率却下降。大多数研究发现,急进高原可以引起交感神经兴奋性的增强,副交感神经兴奋性的抑制。

研究发现,由于交感神经兴奋性的增强,进入海拔2700m的高原2h,心变异性的低顺功率与高顺功率均下降。对高原世居者的研究发现,安第斯高地人群休息时血压有增高的倾向,这种倾向在患有慢性高原病的人群中更加明显,他们的心率在高原也比在海平面时明显增高。高原运动对于自主神经系统影响的研究主要集中于对心脏自主神经的影响。

3. 高原运动对认知能力的影响

高原低氧环境对于认知过程的影响取决于暴露于高原的时间及到达的海拔高度。短期暴露于高原环境是指在高原地区居住不超过几周,而长期的高原暴露是指在高原居住更长的时间,如常驻高原。一般短期暴露于高原环境可以引起许多认知功能的损害,其中包括简单和复杂反应时间、短时记忆、工作记忆、学习能力、注意力、语言流畅性、决策力、认知弹性、抑制控制等的损害,且有关反应时间延长的报道最为常见。

在高原,人类通过延长做认知测试的反应时间来提高反应的准确性,而对认知能力损害的严重程度随着海拔的上升而加重。研究发现人类有认知损害的最低海拔为2000m,而在海拔3000~4000m可以观察到精神运动能力受损,在海拔6000m以上的极高海拔地区可出现幻觉。有关长期暴露于高原环境对认知能力影响的相关报道少。

高原低氧运动加速中枢神经系统的疲劳,这可能与在高原脑需氧量与氧供不匹配导致的细胞间质及细胞内的低氧有关。在急性低氧状态进行运动时,与非低氧组相比较,低氧组前额叶、前运动及运动皮层区域的含氧量下降明显。中枢神经系统细胞间隙的氧分压下降到何种程度能使中枢神经系统的疲劳加速,目前尚无定论,但研究认为这种氧分压的下降是有一定的临界值的。

第四节 高原训练

高原训练是指竞技体育运动员在适宜的自然高原地区或人工模拟高原条件下所进行的提高专项运动能力的一种训练方法。这样训练的主要理论依据是运动员在高原低氧环境下进行训练,承受环境低氧和负荷低氧的双重刺激,机体产生较强的低氧应激反应以调动机体潜力,导致一系列有利于提高运动能力的抗低氧性生理效应,从而提高运动员竞技能力和水平。一般情况下,狭义的高原训练是指运动员在自然高原环境下进行的运动训练,即传统高原训练;广义的高原训练包括传统高原训练、低氧训练和亚高原训练等。

一、高原训练的起因及发展过程

20世纪50年代中期,苏联的研究人员提出,人在高原环境对缺氧可以产生适应;而在高原上同时进行运动训练获得的适应,更有利于使人体呼吸和心血管系统功能得到增强,对提高有氧代谢运动能力,促进运动成绩特别是提高耐力项目成绩有良好效果。因此,他们于1956年对列宁格勒体育学院9名中长跑运动员进行了海拔2592m高原训练一个月的观察。运动员高原训练后,1500m的跑步时间减少了约8秒。在取得上述经验的基础上,研究人员在高加索建立了一个高原训练基地(1800m),对参加1956年墨尔本奥运会的中长跑运动员进行了20d的探索性训练,并取得满意的效果。在1960年罗马奥运会上,地处海拔2500~3000m的埃塞俄比亚的优秀运动员阿·贝基拉获得马拉松冠军,之后他又多次获得该项目的金牌。非洲处于同样地理条件的肯尼亚、坦桑尼亚和摩洛哥的长跑运动员也相继夺得了长跑冠军。这些引起了人们对海拔高度对运动成绩影响的关注。1963年美国业余体育联合会长杰曼瑞特博士提出对高原人具有的耐力素质和运动员在高原从事训练对身体机能和运动成绩所产生的效应进行研究,并制订了几项研究计划。在1968年墨西哥奥运会前,由于主办城市地处高原(2240m),许多国家考虑到从平原到高原比赛,身体必然会受低氧条件的制约而影响运动水平的发挥。于是在20世纪60年代早、中期,不少平原地区国家都纷纷选择高原地带进行训练,赛前一些国家又提前到墨西哥城进行高原适应性训练。因此,在当时出现了一个高原训练的高潮。在此期间,高原训练得到了国际上的普遍关注,高原训练的实践和理论研究也得到了发展。1966年3月美国奥林匹克委员会组织召开了首次国际性高原训练研讨会——海拔高度对运动机能的影响研讨会,从而奠定了高原训练实践与理论进一步发展的基础。我国在20世纪60年代初期,也有人对高原训练进行尝试和研究。1973年12月,国家体育运动委员会首次正式组织国家中长跑、马拉松项目运动员在云南海硬(1890m)高原训练基地进行了为期100d的集训。这次集训虽然有些人的生理指标得到改善,下到平原后运动成绩也普遍得到提高,但由于对高原训练的控制缺少经验,科学监测的手段相对较少,在此期间有较多的运动员出现"过度疲劳",如"血尿"等症状。20世纪80年代中期,我国国家游泳队开始进行系统的平原-高原交叉训练,同时专家研究组成立,进行了比较系统的监测,取得了高原训练的大量经验和科学数据,为90年代我国田径、游泳、自行车等项目系统地进行平原-高原交叉训练积累了经验和教训,为形成具我国民族特点的平原-高原-平原交叉训练体系奠定了基础。纵观国内外高原训练近几十年的发展历史,大体可将高原训练的发展过程划分为三个阶段。

第一阶段为20世纪50年代中期至60年代末,为高原训练发展的基础阶段。它的特点主要是初步提出高原训练的理论依据,尝试高原训练的方法,探索高原训练的效果及高原环境与人体生理机能和运动成绩之间的关系,并由被动适应在高原地区进行比赛,转化到主动将高原训练作为提高运动能力的一种特殊训练方法,形成了高原训练的第一个"高潮期",为高原训练的实践和理论的发展打下了基础。

第二阶段为20世纪70年代至80年代中期,是高原训练理论和方法的完善及发展阶段。它的特点是高原训练方法得到国际上的普遍重视和应用,在不断积累高原训练成功与失败的经验、教训的前提下,提出新的高原训练方法(如平原-高原交叉训练方法等),并对高原训练的海拔高度、持续时间、训练负荷的安排以及高原训练的生理学适应、高原训练中的营养和恢复等问题,进行了探索和研究,积累了一些实践经验和科学数据,初步发现了高原训练中存在的一些问题及某些规律。同时,由于此阶段高原训练的实践失败多于成功,所以此阶段也是对高原训练产生争议最大的阶段。

第三阶段为20世纪80年代末至90年代,是高原训练的迅速发展阶段。它的特点是高原训练的实践经验和基础理论的研究进一步得到重视和完善;训练方法也不断改进,科学化训练程度不断提高,并建立了一些新的训练手段及模拟训练方法;高原训练的成效明显增加。在此阶段,高原训练在国际上得到了充分的重视,其具体表现如下。

(1)高原训练基地的数量不断增加、质量不断提高。目前世界各地建成并投入使用的高原训练基地有六十多个,分布在五大洲的25个国家,多数位于海拔2000m或以上高度,其中以西班牙的Sierra Nevada基地规模最大,有可提供26个项目的训练设施,并且配备了医务监督、生理生化机能评定、营养恢复及运动技术分析的专家和实验室,从而完善了训练基地的配套设施,提高了基地的服务质量。

(2)参与高原训练的项目逐步增多。早期采用高原训练手段的项目主要是耐力性运动项目,如中长跑、马拉松、竞走、游泳等。最新报道,采用高原训练的项目已发展到自行车、赛艇、皮艇、划艇、水球、排球、篮球、足球、乒乓球、曲棍球、垒球、冰球、速度滑冰、冬季两项(滑雪、射击)、摔跤、柔道、武术、拳击及短跑、跳远、跳高、跨栏、射箭、体操、击剑等,几乎包括了所有的奥运会项目。

(3)建立了新的训练方法及模拟训练手段。传统的高原训练一般采用两种方法:一是固定在同一高度上训练几周,即所谓持续的训练;二是多数时间在同一高度上训练,其间穿插短期去更高的高度/或较低的高度,称为断续的训练。1991年美国学者Levine最先提出一种高住低练法,就是让运动员在较高的高度上居住,以充分调动机体适应高原缺氧环境,挖掘本身的机能潜力,而在较低的高度上训练又可达到相当大的训练量和强度。这种异地住练的结合,既可扬高原训练挖掘潜力之长,又可避免在高原上难增加训练负荷之短。根据1997年西班牙国际高原训练研讨会的情况来看,高住低练法已得到国际上的认可,并已应用于高原训练实践之中。间歇性低氧训练是十几年来在俄罗斯、英国、美国等国家逐渐发展起来的一种新的仿高原训练方法,它主要是借助低氧呼吸气体发生器(氧分压有氧训练器或仿高原训练器)使运动员吸入低于正常氧分压的气体,造成体内适度缺氧,从而导致一系列有利于提高有氧代谢能力的抗缺氧生理适应,以达到高原训练的目的。这种训练方法的特点是在平原训练条件下,人为地造就高原训练中缺氧刺激的相应环境(可模拟1000～6000m高度的缺氧环境),既不需要特定的高原训练基地,又可免去平原-高原-平原的往返迁移,同时可使运动员机能潜力得到最大限度的发展。另外,间歇性低氧训练作为一种辅助训练手段和常规训练穿插进行,可全面提高机体的代谢能力。训练后运动员在正常气压环境中休息,有利于训练后的恢复。在国际上应用的仿高原训练方法还有低压舱(减压舱)训练及让运动员呼吸特制的低氧混合气体等。高原训练模型也在不断地建设和改进之中。

(4)有关高原训练的研究和交流得到加强。自20世纪90年代以来,国际上几乎每年都召开高原训练专题研讨会。1991—1997年,分别在芬兰、瑞士、英国、美国、中国和西班牙共举行了6次国际高原训练研讨会。

(5)高原训练的成效明显加大。由于高原训练实践经验与理论的不断完善,教练员经历多次成功与失败,已积累不少经验,对高原训练的规律性也初步有所认识,因此高原训练成功的比率明显增加。在1992年巴塞罗那奥运会游泳比赛奖牌(计3块)获得者中,一半以上的人都在美国弗拉格斯塔夫(2134m)训练过;1996年亚特兰大奥运会,金牌总数排在前8名的国家,在奥运会前均进行过高原训练。

二、高原训练存在的问题

1. 高原训练研究难度较大

运动员是一个特殊的群体,开展有一定规模且相互匹配的研究组难度较大,加上个体对环境适应能力存在差异,高原与平原实际运动负荷不一致。不同运动项目高原训练的差异较大,以及高原训练效果的非专项性测试等,使高原训练研究难度较大。

2. 高原训练的多学科交叉研究不足

高原环境对人类的影响涉及大气物理、地球化学和生态等多种因素。高原训练是一个全方位的、多因素影响的系统化工程,涉及环境地理学、医学生物学、运动训练学、运动生理学、运动心理学、运动营养学等多学科的复杂问题,具有交叉性、综合性、系统性等特点。但就目前来看,高原训练的研究尤其是高原训练多学科的交叉研究还有所不足。随着分子生物学发展,采用不同技术从基因、蛋白、细胞、组织、个体乃至种族等不同层面,探索高原环境因素与机体交互作用的特性与共性,阐明应激与适应、损伤与修复、易感性与抗性等现象的内在规律与机制,是高原训练研究的主要方向,也是高原训练取得重大突破的关键。例如,采用多组学技术(蛋白质组学、代谢组学、基因组学、表型组学、转录组学等),通过靶向和非靶向分析,探讨高原训练对不同人群低氧适应及生理功能影响的机制,探索发现可能的分子标记物及低氧适应性影响的可能分子通路和机制等。

3. 高原训练的实践应用不足

高原训练的海拔高度、高原训练的时间、高原训练后下平原比赛时间、高原训练负荷量和负荷强度的控制、运动员训练水平和个体差异、高原训练的营养和恢复,以及教练员高原训练的经验和对高原训练规律的认识等方面都是影响高原训练成败的主要因素,也是今后研究的重点和难点。

总之,随着竞技体育的不断发展和运动技术水平的提高,高原训练作为一种专项体能训练手段会更加引起国内外体育界的重视。但由于高原训练中受运动低氧和环境低氧两方面的影响,运动员的身体反应更加复杂而深刻。同时高原训练的效果也受海拔高度,运动员的训练水平和个体差异、运动量和运动强度、训练时间长短等因素的综合影响,所以有关高原训练的理论、方法和研究结果仍存在分歧和争议。

三、高原训练的基本理论

1. 高原环境对运动成绩的影响

高原环境下由于气压、空气密度、重力、空气阻力等方面的因素,不同的运动项目会受到不同的影响。

1)速度爆发力项目

随着海拔升高、大气压和空气密度降低、地心引力减小,运动时阻力将较小,这对依赖于无氧供能能力的短距离田赛、场地自行车、速度滑雪和滑冰以及爆发用力的项目有利。1968年在墨西哥城举办的夏季奥运会上,短距离跑、跳跃、投掷项目的运动成绩超出了前几届奥运会,而耐力性项目成绩明显下降。根据有关学者的研究计算,在墨西哥城(海拔2240m)进行比赛时,跑步100m可快0.1s,200m可快0.3s,400m快0.8s;跳远成绩可提高2%,铅球成绩可提高

6cm,链球成绩可提高53cm,标枪成绩可提高69cm,铁饼成绩可提高162cm。

2)有氧耐力项目

氧分压下降对以有氧供能为主的滑雪、中长跑、马拉松、划船、游泳(200m以上长距离)等项目影响较大。虽然在同样速度条件下消耗的能量比平原地带要少,但气体动力阻力的减少不能抵消血氧过少的不良影响,因而这些项目的成绩常要比平原地带下降3%~10%,而且距离越长(如马拉松、竞走)影响越大。例如,1968年在墨西哥城举办的夏季奥运会上,受高原影响,1500m跑成绩下降约3%,5000m和10000m跑的成绩下降约8%,马拉松成绩下降17%~22%。游泳项目中100m成绩下降2%~3%,400m以上成绩下降6%~8%。

3)有氧速度项目

竞速滑雪、滑冰和自行车项目(自行车下坡时平均速度达到30m/s)等有氧速度项目,虽然运动距离及时间较长,有氧耐力的要求较高,但同时对运动的速度要求也很高,因此高原气体动力阻力降低的影响非常显著,竞速滑雪、滑冰和自行车项目在高原运动时成绩常常会提高。

4)小球类项目

对乒乓球、羽毛球、网球等小球类项目来说,由于随高度上升重力减少,而加速度提高,且空气密度小,球体受到的阻力小,球速和球的旋转速度加快,球着地(台)后显得快、低、飘,均能妨碍运动技术的发挥。高原空气密度小导致球的飞行速度明显加快,从而给运动员的技术动力定型带来变化:击球前准备时间缩短,使正常的摆臂幅度受到限制,必须减小手臂和身体部分的摆幅,才能提前完成准备动作,保证良好的击球位置。在用相同力量击球、球的初速不变的情况下,高原球速在空中飞行时大于平原球速,如在海拔1060m密闭气压舱里用某一特定力量攻球,打出乒乓球的距离比北京长20cm,即某一力量在平原能够击到对方台底边上的球,而在高原必定飞出界外。所以要保证命中率就要相应地减轻击球力量,以缩短打出距离,就会造成摆臂幅度受到限制,肌纤维初长度不够,力量减小,即形成"高原小动作定型"。此外,击球时要减慢挥臂速度,必须控制肌纤维的收缩速度,从而影响爆发力,即形成"高原轻力量定型"。高原地区的运动员挥臂幅度普遍偏小,显得拘挛,力量较小,球质也差,击球动作也不如平原地区运动员干净利落、舒展,这正是高原运动员的致命弱点。

当"高原小动作、轻力量定型"牢固地形成后,再到平原比赛时,即使具备较好的手臂和身体各部位爆发力,扣球也难发挥出较好的力量水平。在高原击球力量越大,初速度就越大,打出距离超出长度比平原也越长,故对力量要求越高的项目影响越大,如对少年和女子影响相对小,对成年男子影响最大。

5) 技术力量项目

对体操、举重等技术力量项目来说,短期内在高原成绩中不会发生明显变化。

2. 高原训练的生理功能效应

1) 提高氧运输能力和心肺系统功能

低氧环境引起血氧分压和动脉血氧饱和度下降,使得低氧诱导因子-1 (HIF-1)变得稳定,从而刺激促红细胞生成素(EPO)生成增加。EPO能够促进骨髓血红细胞生成,增加血红蛋白,从而提高血氧饱和度和氧运输能力。低氧环境下低氧通气反应使得呼吸系统产生适应性变化,改善呼吸系统功能,提高运动员呼吸肌力量和呼吸深度,增大肺通气量、肺容量,使机体利用氧气的能力增加。

2) 提高耐酸能力和氧利用效率

组织细胞在低氧条件下分解供能能力增强,肌肉具有高的耐酸能力和氧利用效率。低氧环境下耐力训练可提高肌膜下线粒体生物发生水平,其中细胞色素 c 氧化酶亚基 4 表达及三羧酸循环在电子传递链中的解耦联作用显著增高。同时,低氧环境下训练能够改善肌纤维毛细血管数量和结构,增加毛细血管到线粒体的氧气供应,从而有利于提高氧的利用率。

3) 增加肌肉能力和物质储备

高原训练可增强组织细胞低氧条件下糖酵解能力,并刺激机体的缓冲系统,提高了对 H^+ 的缓冲能力。运动后在低氧环境下恢复能够增加肌肉中血流量,从而提高肌肉中胰岛素和葡萄糖水平,进而增加肌肉糖原储备。

4) 提高运动员心理素质

提高大脑对低氧的适应性和稳定性,提高机体对低氧的耐受力,培养运动员的心理韧性和比赛时顽强拼搏的意志力等。

3. 高原训练的影响因素

1) 环境

高原训练要经历从平原—高原—平原外环境的转换,内环境在血液酸碱平衡方面受环境转换的影响,也需要重新适应外环境而作出调整,理论上会影响神经系统的正常运作。高原训练使红细胞、血红蛋白生化指标增高,以及由通气量大、空气干燥等因素造成身体相对脱水及血浆容量下降,引起血液的黏滞度增高,导致血流变慢,循环阻力增加,从而对组织的氧供应不利。高原训练使能量代谢中琥珀酸脱氢酶受低氧的影响而下降,从而影响肌肉的质量,如肌纤维横切面减小,表现是肌肉力量的丢失。高原空气稀薄,氧分压较低,可致碱储备下降,缓冲能力降低,影响运动后恢复,易造成过度疲劳或运动损伤。同时高原环境训练身体反应大易出现伤病,训练强度难以恰当控制。高原低氧下过度通气会发生感冒,肠胃功能紊乱,甚至出现受伤、血尿、心电图异常等现象。

2)高度

高原训练海拔高度太低则达不到足够的刺激,海拔太高易引起细胞变性、高原反应期加长、反应激烈、免疫能力下降等,而且训练量也会受到限制。一般情况下高原训练海拔高度既要能够对运动员机体产生足够的低氧刺激,且能承受足够的训练量和强度,同时又使机体得到适应,提高机体的耐低氧能力。澳大利亚科尔文提出1760m是高原训练海拔最低高度,在这种海拔高度上红细胞、血红蛋白等生化指标开始明显升高,为了取得充分适应和训练效果,应在高于海拔1760m的高原上进行训练。在高原训练的早期(20世纪50—60年代)选择在海拔1000~4000m的较大范围,到20世纪60年代末期则多选择在海拔1500~2000m,从20世纪80年代起训练高度基本上在海拔2000~2700m。有研究认为海拔400~800m训练同平原无实际区别,无实际作用;海拔1000~1500m有一定效果但不明显;高原训练的最佳高度为海拔2000~2500m,高于或低于这一高度均达不到高原训练效果。也有研究认为在海拔4000m高度上进行高原训练,由于负荷强度降低,最大吸氧量与上高原前没有差异,而且户外运动成绩下降。海拔2000~2500m高度虽空气中氧分压出现下降,氧含量有一定程度减少,但人体一般能在较短时间内较快地适应高原环境,训练负荷与平原相比不受明显影响,训练难度也可明显增加,可有效提高运动员运动水平及有氧耐力、速度耐力。久居或世居高原的运动员长期居住在低氧环境下,其生理机能、某些组织结构及生化代谢已产生了适应性变化,血细胞等生理参数处于一种稳态。一般来说在原居住地进行高原训练,难以达到有效的低氧应激和达到高原训练的目的。据报道,埃塞俄比亚的世居高原运动员赛前在海拔2700~3000m地区训练,墨西哥竞走运动员赛前在海拔3500~4000m地区训练,而肯尼亚运动员很多生长在海拔2700m左右的地区但经常在海拔2000m左右的地区训练。因此世居高原运动员可选择在更高海拔高度或海拔较低平原地区训练,但在适应机理及生理参数上,其结果尚有许多不同之处。

3）持续时间

一般高原训练最适宜的持续时间为4~6周,每年2~3次。高原训练安排应强调"低氧链"效应,即增加高原训练次数比延长每次高原训练天数效果更好,如每年高原训练4次,每次4周训练效果好于每年高原训练1次,而每次6周的模式。

4）训练强度

从训练学观点看,训练强度是影响运动员运动成绩的关键因素。适宜的运动强度能有效地促进身体机能和运动能力的提高,但强度过大超过身体承受能力,反而会使身体机能和运动能力减退,甚至损害身体健康。同样高原训练中的强度控制也是决定高原训练成败的关键,强度过低刺激小难以收到成效,强度过大刺激过深对适应和恢复不利。一般情况下训练强度是根据运动员训练水平和比赛的强度来安排,训练的强度和复杂性要逐步增加,每堂课的训练时间要适当缩短,间歇时间要适当延长。

5）体能恢复

高原训练是人体要承受运动低氧和高原低氧两种负荷的一种特殊条件下的强化训练,对身体造成的低氧刺激比平原更为深刻,同时也对人体产生一些不利的影响和医学生物学问题。如高原训练中身体反应大,机体新陈代谢加强,能量消耗增加,循环系统负担加重,消化吸收能力、免疫能力及抗氧化能力下降等。同时高原气温低于平原,加上低氧中枢神经系统的兴奋性以及肌肉的黏滞性和弹性明显低于平原,训练负荷不易控制,训练后产生的血乳酸等代谢产物值高且消除速度慢,易出现疲劳、伤病,且不易恢复,而且运动强度越大,疲劳持续时间越长,恢复需要的时间就越长,从而影响高原训练的效果。没有恢复就无法训练,因此高原训练体能恢复显得更加重要,是高原训练能否成功的关键。

6）参赛时间

高原训练后返回平原何时参加比赛,是高原训练的重要组成部分,也是保证达到高原训练积极效果的关键。一般情况下高原训练的负荷量及负荷强度、运动员水平、海拔及个体差异等都会影响高原训练的效果,因此下高原参赛时机把握还有一定的难度。

4. 高原训练的主要形式

高原训练主要形式一般有平原运动员→高原训练→平原比赛,平原运动员→高原训练→高原比赛,高原运动员→高原训练→平原比赛,高原运动员→高原训练→高原比赛 4 种。但是由于高原训练在不同阶段有不同目的,训练的方式和方法以及安排也有所不同。高原训练可分为以下 4 类。

(1)提高身体素质高原训练:作为整体训练中的重要组成部分,在训练的不同阶段进行高原训练,以改善运动员机体的生理功能,发展某些身体素质,特别是运动员有氧代谢能力及抗低氧能力。

(2)赛前高原训练:在参加重大比赛前进行高原训练,利用高原低氧环境,增加训练负荷和难度,以提高运动员回到平原比赛时的机能状态和竞技状态,创造优异成绩。

(3)适应性高原训练:为适应高原环境下的比赛而进行的适应性高原训练。

(4)调整性高原训练:对运动员进行训练调整并借助低氧环境改善运动员的有氧代谢能力。

5. 高原训练的基本过程

高原训练一般划分为高原训练准备期、高原训练期和高原训练后到平原比赛期 3 个阶段。

1)高原训练准备期

该期主要训练特点是有氧专项耐力和力量耐力训练,改善呼吸功能和有氧能力,为运动员尽快适应并有效地开展高原训练做准备。一般安排 14~28d 的训练量较大、强度中等的训练,以便打好有氧和专项训练的基础。同时上高原前运动员应做一下生物和运动能力的测定,如有氧、混氧和无氧运动时的心率及不同跑速时的血乳酸浓度,取得基础数据,以便在高原训练时参照、控制训练。此外,运动员要加强营养的补充和伤病的检查,避免上高原后原有病灶进一步发展而使伤病率提高。一般来说成功的高原训练最重要的前提条件是完全健康的运动员。

2)高原训练期

高原训练期一般由高原适应期(3~5d)、训练期(14~21d)和恢复期(2~4d)组成。①高原适应期(3~5d):适应性训练,以适应高原环境。初到高原受低氧影响,运动员肺通气量、最大供氧量和无氧阈水平下降,运动心率上升,最大负荷强度降低,协调能力下降,反应时延长等,导致机能状况下降,而且疲劳快、恢复慢。适应期训练安排的总体特点是小运动量、多课次,并以一般能力训练和改进技术为主,为强化训练阶段积累一定的负荷量和强度。②高原训练期(14~21d):是高原训练的关键阶段,运动员承担的训练量和强度较大。训练主要为中等或中等以上强度有氧耐力(无氧阈强度),结合混氧和速度训练,以及发展肌肉耐力的各种身体练习。一般平原运动员在高原第 2 周末对训练负荷进入较好的适应状态,在第 3 周末对训练负荷进入最佳适应状态。③恢复期(2～4d):为适应性调整训练,训练强度保持一定的较高水平,总训练量则逐日下降,并为下高原比赛做准备。

3)高原训练后到平原比赛期

高原训练后参加比赛时间是影响比赛成绩和观察高原训练效果的主要环节之一。由于不同个体对高原到平原环境改变的适应能力不同及高原训练的负荷不同,运动员到平原后产生最佳高原训练效果的时间也不一致。高原训练下平原后运动员机体会发生一系列物理化学变化及心理变化,人体机能变化通常出现 3 个能力高峰,即氧差运动高峰(氧差峰)、机能状态高峰(机能峰)和竞技状态高峰(竞技峰)。

(1)氧差运动高峰(氧差峰)。运动员下高原 3～5d,因高原与平原的氧环境变化而产生较好的竞技状态称为氧差运动高峰,是高原训练引起的直接结果。运动员常会感到非常轻松,若运动员下高原参加某一无预赛、复赛的单项比赛,采用氧差运动高峰为好,如马拉松、竞走。但高原训练下平原 6～9d 会出现一个新的不适应即机能状态第一个"谷底",运动员常有嗜睡、身体沉重、有气无力、呼吸吃力等感觉。

(2)机能状态高峰(机能峰)。高原训练下平原 10～15d,因运动员身体机能自身的发展而出现较佳的生理机能状态称为机能运动高峰。此时随着平原时间延长和训练适应,血红蛋白值上升、血乳酸值下降,训练成绩自我感觉好转,尤其是有氧能力的增强更为明显,超量恢复逐渐形成,运动员参加比赛最易发挥竞技能力。

(3)竞技状态高峰(竞技峰)。高原训练下平原 19～32d,教练员和运动员为在特定的时间内发挥最佳竞技水平,专门培育和调整而产生的最佳竞技状态称为竞技状态高峰。经过进一步赛前调整,运动员身体机能、训练水平、精神状态等各方面都处于最佳状态,出现这种状态可以看作是高原效应同赛前调整训练共同作用的结果。

一般情况下高原训练后 3～45d 均是参加比赛较好的时间。其中中长跑、马拉松项目大多在下平原后 7～14d 内参加比赛,短距离及游泳项目大多在下平原后 21～28d 参加比赛。但高原训练通常会对运动员的动作神经系统带来不良影响,造成动作结构及其稳定性下降,而非周期性项目如摔跤、柔道、拳击等技术动作复杂,技术结构的微小变化都会影响运动水平的发挥,因此非周期运动项目下平原再适应及比赛时间应适当延长。

四、高原训练方法

1. 高住低练

1991年Levine提出了"高住低练"(HiLo)训练法,即让运动员每天4~18h居住在高原或人工低氧环境,训练在平原或较低高度的地方的一种高原训练方法。高住低练的理论依据是低氧环境能刺激机体EPO的分泌,导致红细胞数量的上升,增强血液携带氧的能力,增加最大摄氧量,从而提高有氧耐力水平。另外运动员在较高的高度上居住,可充分调动机体适应低氧环境而挖掘本身的机能潜力;在较低的高度上训练又可达到相当大的训练量和强度。这种异地住练的结合,可以扬高原训练挖掘潜力之长,又可避在高原难以完成较大训练量、训练强度以及疲劳不易恢复等之短。

高住低练训练法的显著特点是"间断性低氧",即使机体交替性接受低氧刺激和运动刺激。"高住"在静息状态下接受低氧刺激,使机体产生一系列抗低氧生理性适应,通过"低练"在较低海拔或常氧环境中进行常规的系统训练,以避免传统高原训练存在的诸多弊端,保持和提高运动员肌肉工作能力,从而最大限度地发挥低氧训练的积极效应。高住低练训练法被认为是理论上优于传统高原训练的一种训练方法。高住低练训练法常用的空气含氧量为16.40%~14.2%(海拔2800m~3800m),低氧暴露时间为8~16h。

一般平原运动员暴露于低氧环境(模拟3000m高度)4h,EPO的浓度就会升高。有研究报道平原运动员暴露于海拔2500m高度6h后,EPO升高125%,24h可升至150%;然而高原运动员暴露于海拔4000m高度8h未能影响促红细胞生成素的生成。据推测除了受海拔高度的影响外,可能与暴露低氧的时间短也有关,在这一方面需要进一步研究。

高原训练是一种特殊条件下的强化训练,如果在人体上施以训练负荷的刺激,机体变化将更为复杂而深刻。由于低氧和运动这两种刺激是分别起作用的,与单纯待在高原上相比,高原训练似乎更能促进红细胞的生成。因此,这种仅在模拟高海拔休息而无运动负荷刺激的高住低练不能有效地引起运动员机体的低氧反应。另外,睡眠是最好的消除疲劳的方法,而"高住低练"时运动员在白天完成大运动量训练后,晚上进入低氧状态中睡眠,容易引起头疼、呕吐感、心跳加速等"高原效应",这都会影响睡眠质量,导致疲劳消除的时间延长,从而严重影响运动员的机能状态。另外,高住低练相比于高原训练的优势就是减少了滞留在低氧环境中的时间,但是虽然处于低氧环境中的时间减少了1/3至2/3,可并不能认为"高住"是一个较短的时间段,不意味着就能降低低氧对机体的伤害程度。

2. 高平交替训练

高平交替训练是指在一个年训练周期内反复多次从平原到高原进行系统训练,即利用高原训练充分动员、挖掘运动员潜能,而平原训练则是最大限度利用在高原所获得的高有氧能力及耐乳酸能力进行专项强化训练。同时,高平交替训练不仅是专项强化训练,而且训练环境的改变对运动员心理也能起到很好的调节作用。

高原与平原交替训练的方法和模式较多,如平原→高原→平原→高原交替训练,平原→中高原→高原交替训练,高原→中高原→平原交替训练,平原→中高原→平原→高原交替训练,平原→高原→平原→中高原交替训练等。但在1个年训练周期内由于训练的目的和要求不同,所以安排也有所不同。高平原交替训练方法一般1年2次或多次,但高度的选择应逐次降低,以有利于提高运动速度和强度。安排上平原训练以提高有氧能力为主,重点提高平均强度,适当增加无氧训练的比重;高原训练可适当降低强度(与平原相比)。另外平原地区一般存在高温、高湿环境,可采取高原与高温、高湿地区交叉训练,以达到综合训练的目的。

(1)1年2次高原训练:第1次高原训练一般安排在冬训,主要目的是储能和提高有氧能力;第2次高原训练安排在大赛前1~2个月,主要目的是利用高原效应参加重大比赛。

(2)1年3次高原训练:第1次高原训练一般安排在冬训为提高有氧能力,第2次高原训练为专项训练,第3次为赛前高原训练。3次高原训练的海拔高度选择在同一高度或递减。例如,斯洛伐克运动员第1次海拔2350m(21d左右)、第2次安排赛前海拔2240m(28~34d)、第3次海拔1800m(21d左右)。

(3)1年多次高原训练:根据不同目的选择不同海拔高度进行交替训练,主要是针对有多次高原训练经历的运动员和世居高原运动员。

3. 高高交替训练

高高交替训练是指利用自然地形海拔梯度差的巨大差异而进行的高原训练，也类似于低氧环境下的"低住高练"。其主要是依据短时间暴露于低氧环境时，可刺激 EPO 分泌有助于红细胞的增加，进而提高最大摄氧量与耐力水平而发展的新方法。例如，运动员平时生活、训练在较低的海拔地区（海拔 2000m 左右），但有时（每周 2～4 次）到更高的海拔地区（比原训练地海拔高 200～1000m，当次或当日返回）进行高低海拔的交替训练。这一训练方法主要针对长跑、马拉松、竞走、公路自行车等项目以及久居或世居高原运动员。这种利用较高海拔低氧环境的训练，可以增加负荷难度和促进机体对高原低氧环境的适应能力。由于在高海拔地区训练后，不利于机体内蛋白质的合成以及代谢产物的消除，而下到较低海拔或其居住环境，利用较高氧分压的作用，帮助机体消除疲劳，以及进行较高强度训练，避免高原训练中强度不易上去的弊端。高高交替训练的安排如下。

（1）高高交替训练高度递增时，一方面能对运动员机体给予足够的刺激，另一方面能保证运动员承担较大的运动负荷。同时由于生理负荷和心理负荷随海拔升高而加重，训练安排应循序渐进，并保持负荷的相对稳定性，逐步提高负荷强度，并注重训练手段、方法的多样化。

（2）根据高高交替训练安排海拔高度的不同而选择交替训练的方法不同。

（3）下平原参赛时间世居高原的运动员高高交替训练下到平原，运动能力和某些运动生理指标与平原运动员和未进行交替高原训练相比，存在时态上的差异，因此应在下平原后 1 周内参赛或 3 周后参赛较为适宜。

4. 亚高原训练

亚高原训练是相比较高原训练而言的，一般是在海拔 1000～1800m 的亚高原地区进行。一般认为，亚高原由于海拔高度较低，低氧程度不深，不会对机体造成明显刺激。而从理论上来说，在亚高原地区进行训练，既能够使运动员保持平原的训练强度，又能使其在运动时有一定程度的低氧刺激，心肺功能得到有效改善，对于运动能力的提高应该是有利的。研究结果显示，亚高原训练具备高原训练和平原训练不能达到的独特训练效果，可弥补高原训练和平原训练的不足，是安全、可靠而又有较好效果的新的训练模式，具有一定优点。

亚高原训练可使高原训练的适应期缩短。亚高原训练一般低于 1800m，缺氧程度较轻，运动员训练不必经过适应期就可直接进入正常训练，且训练中的负荷可基本接近平原水平。亚高原训练可减少高原低温对机体的影响,高原对人体影响较显著的诸因素中低温是仅次于低氧而对人体影响较大的因素,而亚高原地区海拔相对较低,气温相对较高,因而可以避免出现感冒、腹泻等症状。另外亚高原地区海拔相对较低,空气密度相对较大,风力相对稳定,因而对技术的影响较小。高原训练中由于机体的消耗大,训练计划的安排较为特殊,而亚高原训练运动员所能承受的运动负荷与平原相差不大,加上机体的消耗较小,风险小,易操作,较易把握训练计划和运动负荷。但也有研究发现亚高原训练低氧程度不深,对机体呼吸肌运动能力刺激不够明显,为了达到亚高原训练对运动员的有氧能力改善的最佳效果,有必要增加呼吸肌能力的训练。

第五节　高原比赛

一、高原比赛对运动成绩的影响

高原运动成绩主要受海拔高度和训练时间两个因素影响,而且运动成绩受影响程度与运动强度和运动持续的时间成比例。以无氧运动、肌肉力量和爆发力为主的运动项目如短跑、速度滑冰、场地自行车、跳跃或投掷等,运动员短期内在高原参加比赛不会受海拔高度的负面影响,且高原大气压、空气阻力、地心引力的减少更有利于创造优异成绩;而以有氧供能为主的公路自行车、划船、游泳、竞走、中长跑或马拉松等项目,由于氧分压的降低,运动成绩将会有不同程度的下降。另外运动员在为期 2d 及以上的时间内持续参加比赛,或参加多个项目比赛,或参加某一单项的多轮次跑步比赛,由于高原地区的恢复期一般较长,会比在平原地区更早地出现疲劳现象。

二、高原比赛对生理功能的影响

1. 高原比赛对血液护照的影响

一般认为机体急进高原后由于体内脱水血液浓缩,储血器官脾收缩将红细胞放入血循环,以及 EPO 增加等均会引起红细胞、血红蛋白、红细胞比容增加,而高原训练的主要目的就是通过低氧和运动双重负荷刺激,引起机体生理机能适应性变化,使红细胞、血红蛋白、红细胞比容等适度增加,从而提高机体有氧能力和运动能力。因此,在竞技体育中利用药物或血液回输法等手段来提高红细胞、血红蛋白、红细胞比容水平,也是世界反兴奋剂检查的重要指标。由于高原训练也具有相同的效应,因此运动员红细胞、血红蛋白、红细胞比容增加是由高原训练还是外源性红细胞等药物,血液回输法或其他非正常手段引起的,是值得探讨的问题。

2. 高原比赛对心脏功能的影响

心脏功能的好坏是决定最大摄氧量和评价氧传递能力的关键因素之一,且海拔越高对心脏功能的影响越大。在高原环境下保持较强的心脏功能,常关系到运动员高原训练和比赛的成败。一般情况下,高原低氧环境下心脏功能的降低主要是血浆量和总血容量的下降,还有交感神经活动引起全身血管阻力的增加,使左室前负荷降低,导致心泵功能下降。

3. 高原比赛对肺通气功能的影响

一般情况下急进高原初期,高原低氧刺激外周化学感受器使呼吸加快、加深,肺通气量增加,引起过度换气,使二氧化碳排出量增多和体内二氧化碳分压下降,酸碱度上升,导致代偿性呼吸性碱中毒,抑制呼吸中枢,最终使肺通气量下降,肺功能和运动能力显著降低。

三、高原比赛的准备

1. 健康筛查

在高原环境下比赛,由于运动的因素,其"生理当量高度"比这一海拔高度还要高一些,因此必须对运动员进行筛选,不但医学检查合格,而且要具备一定的高原运动耐久力,排除潜在的心脏隐患和高原肺水肿等高原病患者。同时在比赛期间也要进行包括身体机能和健康状况的监测,如发现异常情况应及时处理,以保证运动员健康。

2. 反复性适应

随着多次上高原,运动员高原适应的速度和程度可获得增加和改善。有目的地让运动员反复上高原进行适应性训练,可以增强机体对高原比赛的适应性,或采用阶梯式适应,即由低海拔向高海拔地区逐步攀登适应。

3. 低氧预适应

低氧预适应是指短暂时间的低氧后,机体对后续的更长时间或更严重低氧性损伤具有保护作用。这被认为是适应环境并可以刺激或产生类似于环境适应性反应的较好方法。在抵达高原比赛前,长期或间断性地暴露在人工低氧应激环境下,如利用低压氧舱、低氧帐篷、低氧房或低氧呼吸仪进行训练或休息,对运动员尽快适应高原环境具有积极的作用。

4. 心理准备

做好应对心理、生理压力以及环境压力的准备,充分了解高原特殊的环境对运动员身体机能以及比赛成绩的影响,减少对高原的一些神秘色彩和恐惧,将有助于运动员在比赛中运动水平的正常发挥。

四、高原比赛的安排

在高原参加比赛时应该考虑两个方面:一是尽量减少运动员高原反应症状,二是身体需要多长时间才能适应低氧情况。从低海拔地区到高海拔地区参赛,通常同上高原训练一样,运动员的生理、心理都会发生一系列变化,都存在一个反应期和适应期,但只要停留2周以上,机体便可通过神经系统、体液机制的调节,产生一系列代偿适应性反应而逐步习服。有研究发现,在高原上发生的生理变化在10～14d对运动成绩的破坏程度最大,因此一般应提前2～4周到达赛区。即使是高原地区运动员,如果到比居住地海拔高的地区参赛,也必须至少提前10d到达。到高海拔地区比赛其训练手段原则上和高原训练方法相一致。但值得注意的是环境适应性并不能完全缓解高原的基础压力,心血管系统的变化不能完全恢复到平原时所具有的特性和水平。如果在赛前不能尽早抵达高原进行适应性的训练,那么可在比赛前1～2d抵达高原或参加比赛,这在主客场的足球比赛中经常采用的方法。有研究认为,虽然这种方法使机体没有足够的时间去适应环境,且还增加了患急性高原反应的机会,但是立刻参加比赛不会损害运动员的成绩,同比赛前1周抵达的效果差不多。一般情况下高原适应不良反应并非在到达时立即发生,而是在24h左右才处于反应峰期,而且在抵达高原后的前48h,运动能力仍然与平原时相似,运动员也不会出现急性高原反应的症状。

高原气候干燥、太阳辐射强、寒冷以及体力消耗大,易造成体内水代谢的负平衡,而脱水可使运动耐力减低,运动员易发生疲劳,也最有可能发生急性高原病。另外在高原比赛时机体对蛋白质、铁等营养物质消耗增加,以及在比赛中红细胞在剧烈运动中破坏增加,易造成红细胞、血红蛋白、红细胞比容出现下降情况,也易引起机体免疫能力的下降,并且随着海拔的增高可能性越大。因此,在高原比赛时应加强水的补充,要增加蛋白质、铁等矿物质以及维生素 A、C、E 的补充,以促进体能恢复和提高免疫能力,预防高原性疾病和提高运动成绩。

第六节 低氧训练方法

目前国外将在运动训练周期中持续或间断利用人工低氧环境,配合运动训练来增加运动机体的低氧程度,从而产生一系列有利于提高机体抗低氧的生理反应及适应,调动体内的机能潜力,进而达到提高运动能力目的的训练,称为低氧训练,而在我国低氧训练则被界定为利用人工低氧环境进行训练或刺激的辅助性训练方法。

一、低氧训练的模式和方法

模拟低氧环境主要通过人工在一定的空间营造出可以调控氧气浓度的低氧环境,这一空间通常称为低氧舱、低氧室或低氧屋等。低氧舱、低氧室或低氧屋实质上是让运动员置身于一个与外界隔绝的密封或半密封的小室或大的房间,利用制造低浓度氧气的仪器,人为地调控密封空间内的氧气分压,从而模拟不同海拔高度的高原环境。这种低氧空间的体积大小不同,有的较小仅仅供给运动员在白天训练结束之后晚上睡在其中;有的较大运动员可以直接在里面利用训练器械(如功率自行车、活动跑台、赛艇测功仪、游泳的等动拉力和一些训练常用的仪器设备等)进行训练。这种人造低氧空间的模式主要有 3 种:①低压低氧训练模式,即"低压-低氧空间"。这种人造低氧空间在模拟不同海拔高度的高原时,同时改变氧气浓度和大气压力,以制造出同高原气候条件尽量接近的低压低氧环境,但这种方法的技术要求及成本高,使用不方便,推广与应用难度大,因而很少有人在运动实践中运用。②常压低氧训练模式,即"常压-低氧空间"。这种人造低氧空间在模拟不同海拔高度时,仅仅需要改变空间内氧气浓度,而不需要改变压力,所以调节过程相对比较简单。③"面罩式"。这种方式不使用空间式结构,而是由1台可以调节低氧浓度(如9%～16%)的低氧制造仪带上1个或多个面罩式输出,供1个或多个运动员同时吸入低氧。

根据低氧训练的3种模式,目前在运动实践和医学领域得到不同程度研究和应用的低氧训练方法主要有4种:①高住低练法,即让运动员居住在高原或人工低氧环境、训练在平原或较低高度的地方的训练法(HiLo训练法)。②低住高练法,即在平原地区利用人工制造低氧环境、让运动员在低氧和平原环境中以一定的运动强度和时间进行交替性训练,晚上睡在平原的训练法(LoHi训练法)。③高住高练法,即让运动员居住在人工低氧环境,采用常氧训练为主,低氧训练为辅的一种结合式的训练法(HiHiLo训练法)。④间歇性低氧训练法,即在平原借助低氧仪让运动员间歇性地吸入低于正常氧分压的气体,造成体内适度低氧,从而导致一系列有利于提高有氧代谢能力的抗低氧生理、生化适应。由于该方法实施中将低氧负荷的总量划分为数个独立的组别,每组包括若干次,在每两次低氧刺激的间歇时间内恢复正常大气压下的自由呼吸,低氧负荷训练表现出脉冲式或间歇性的特点,因而被称为间歇性低氧训练法(IHT训练法)。

一般使用的低氧混合气氧含量为10%～12%,相当于海拔4500～5800m,给予5min低氧刺激,然后正常呼吸空气5min,再给予5min低氧刺激,共计6次,或根据训练目的和运动员个体情况而定次数。每次低氧训练持续1h,每天1～2次,15～20d为一个阶段。间歇性低氧训练基本原理在于低氧刺激是脉冲式即间歇性而不是持续性,这样当一定程度的短暂低氧作用还不至于对机体形成损伤时,因低氧导致的代偿作用已经形成。而在每两次低氧刺激的有限间歇时间内,已经形成的代偿作用继续保持甚至不断加强,使呼吸、循环等系统一直保持较高活动状态,并最终导致运动员抗低氧适应能力的形成。

IHT中低氧程度、低氧刺激时间、时间间隔等是影响其效果的因素,其中,IHT低氧程度远远大于一般高原训练。另外一次刺激时间不能太长,以免造成组织损伤;但亦不能太短,影响训练效果。

二、低氧训练主要特征

由于低氧训练是借助于低氧设施进行训练的,因此在低氧训练上有其共同的特点和优势,如根据训练目的可随时调整低氧训练时间和低氧浓度,不受外界条件(如气候、地域等)的限制等。但低氧训练方法的不同,使这些方法在训练实践中具有不同的特点与不足。

三、低氧训练与高原训练异同

低氧训练与传统高原训练相比,在机体的内在和外部反应,操作性以及与常规训练关系等方面都有一定的区别。低氧训练在理论上可以部分弥补传统高原训练的不足,在研究和应用中较容易设立相应对照组,从而更具有科学性,适合科学研究。但低氧持续刺激时间较短,对机体心肺功能刺激和机能状态的改善方面不如高原训练明显,尤其是在提高血液运氧及肌肉利用氧能力等方面。从实际效果上看,低氧训练能稳定提高各个训练机体的有氧代谢能力,高原训练在改善氧转运、氧利用、血管生成、葡萄糖转运、血管舒张等方面的效果要优于低氧训练,但高原训练在提高机体的有氧代谢能力方面稳定性较差,即适应高原训练的个体,有氧代谢能力提高非常明显,而不适应的个体,提高较少甚至会降低运动能力。另外运动训练必须从实战出发,而在低氧训练实施过程中,低氧训练与专项训练尚难以有机融合。因此,还无法广泛推行此训练方法,尤其是在高水平运动员中推广应用有一定的难度。低氧训练是利用单纯低氧环境来刺激机体的抗低氧能力,以期模拟高原低氧提高机体运动能力的效果。但是高原的阳光、压力、温度、湿度等环境因素,对运动能力的影响还研究较少,因此高原训练还有很多未知等待我们去探索。

第七节 高原训练负荷及疲劳监控与恢复

高原低氧环境下运动负荷强度相对较高,身体易发生疲劳,而且疲劳持续的时间长、程度深,容易造成过度疲劳、损伤和疾病等,从而影响高原训练效果。因此做好高原训练负荷与疲劳的监控与恢复,及时掌握训练负荷的适应情况,避免过度训练,增强训练效果是极其重要的环节。

一、高原训练强度和量的评价方法

1. 心率

人体的最大心率随海拔高度增加而递减,海拔超过 3000m 时即可明显下降,在珠穆朗玛峰时人体的最大心率约为在海平面时的 70%。高原训练时,极限负荷运动最大运动心率可比平原训练时下降 5~10 次/min,这与心肌供氧下降有关。高原训练中,运动心率在不同的运动负荷强度训练时有所不同,如高原短跑运动员定量负荷时,运动心率达到 165~180 次/min;极限负荷时,运动心率达到 185~203 次/min。一般情况下,高原训练初期在进行次极限负荷和一般负荷强度练习时,运动心率要高于平原,运动后心率的恢复速度要慢于平原,这是由于机体氧含量的减少而提高心率补偿的结果;高原训练中、后期,随着机体对高原环境和高原训练的适应,同等负荷训练时的运动心率稍高于平原,而最高心率与平原无明显差异,相同的次极限和一般负荷强度负荷后,运动心率出现降低,运动后心率的恢复加快,表明运动员运动能力和机能状况有所改善。

2. 血乳酸

在高原上进行运动,以同等负荷训练时,血乳酸明显高于平原,游泳项目可高出 2~6mmol/L,竞走项目可高出 1~4mmol/L。随着对高原环境和高原训练的适应,运动员骨骼肌供氧增多、乳酸代谢酶活性增高、血液中缓冲酸的能力增强、血乳酸消除速度加快。完成同等运动负荷后的血乳酸及最大血乳酸降低,表明运动能力的提高;反之,血乳酸值没有递减或有增高,提示训练安排不当或运动员机能水平下降。

3. 血尿素

血尿素可以评定整个高原训练周期运动员机能状况和对训练负荷安排的适应情况。由于低氧环境人体的基础代谢率增高,机体分解代谢旺盛,蛋白质分解增多,高原训练期间安静时和训练后血尿素值高于平原值。

4. 血清肌酸激酶

高原训练期间血清 CK 要高于平原,可能是高原的低氧及大强度训练的双重刺激使供能相对不足,同时高原低氧环境引起细胞膜的通透性增高,引起肌细胞膜损伤,致使血清 CK 含量增加,晨起空腹安静时的血清 CK 值一般在正常范围(100~300U/L)的上限水平。高原训练期间,如运动员训练课后的血清CK值出现大幅增加而次日晨肌酸激酶处于较高水平,则表明运动员对训练负荷不适应,机能状态较差,机体疲劳尚未恢复,应及时调整训练负荷安排;如运动训练课后的血清CK值增加较少,而次日晨肌酸激酶恢复到正常水平,表明运动员对训练负荷已适应,机能状态良好。

5. 尿液生化

在高原训练期间,重点训练课后和次日晨取尿液进行尿生化的测试,运动后尿在训练课后15~30min取样,晨尿要求早晨起床后留尿,尿量为20mL中段尿,取样后即刻应用尿液分析仪检测。高原训练期间尿液生化指标的异常常见于尿蛋白和尿胆原,其他指标变化并不明显。在高原初期运动后,尿蛋白和尿胆原含量较平原增加,经高原适应后在完成相同运动负荷后的尿蛋白和尿胆原含量降低或消失,则表明运动员机能状况良好;反之,则要注意运动员的身体状态或酌减运动负荷。在高原训练中若出现尿潜血异常,可能与运动负荷过大导致机体不适应有关,对于女运动员要排除生理周期。

二、高原训练身体功能状况评价方法

1. 心率

高原初期,受高原氧分压降低,动脉氧分压、血氧饱和度下降引起交感神经兴奋,以及每搏输出量减少等因素的影响,心率略有升高,以不超过平原的6~8次/min为正常,大约持续5d,随后下降逐步趋向稳态,稍高或接近于平原基础心率。升高的程度视不同项目、不同个体存在一定的差异。如果大运动负荷训练后,基础心率较平时增加10次/min以上,则认为有疲劳累积现象;如果连续几天持续增加,则应调整运动负荷。在选用基础心率作为评定疲劳指标时,应排除惊吓、噩梦、睡眠等其他因素的影响。

2. 最大摄氧量

一般情况下,人到达高原初期,表现为最大摄氧量较海平面有所降低;随着对高原环境的逐渐适应,心血管、呼吸系统等身体主要机能发生变化,最大摄氧量逐渐回升;高原训练适应后,高水平运动员的最大摄氧量可达到平原水平,而水平较低的运动员的最大摄氧量仍低于平原水平。高原训练期间,运动员的最大摄氧量出现持续下降,表明运动员的心肺功能对高原低氧环境没有很好的适应,应及时调整训练负荷,以防止过度疲劳的产生。

3. 血氧饱和度

高原训练期间,运动员的血氧饱和度值在93%~99%的范围内波动。初上高原,大气压和氧分压的下降,机体氧摄入量下降,动脉血氧含量降低,刺激交感神经兴奋,进而引起心率的代偿性增加,导致血氧饱和度及血氧饱和度/心率比值的下降,动脉血氧饱和度在安静状态时下降4%,运动时下降4%~7%,尤其是在上高原的前3d,男子运动员的表现较明显。随着对高原环境的适应,运动员机体的氧摄入量和利用率提高,虽受训练负荷的大小和训练调整以及疲劳状况的影响,但血氧饱和度及血氧饱和度/心率比值都会有所增加。

4. 心率变异性

安静状态下,应用Omega wave系统测试,在高原训练的初期、中期、末期进行。测试指标主要有时域指标:R-R间期标准差(SDNN)、相邻R-R间期差值均方根(RMSSD)、相邻间期的差值标准差(SDSD)。频域指标:总功率(TP)、高频功率(HF)、低频功率(LF)、高频功率与低频功率比值(LF/HF)。高原训练初期,由于低氧的应激反应,第1周运动员的心率变异性(heart rate variability, HRV)指标出现一定程度的下降,且以副交感神经调节能力下降为主。高原训练中期、后期,随着对高原环境和运动负荷的适应,运动员的HRV指标应出现一定程度的回升,如果出现HRV指标的下降,则与负荷强度的增加密切相关。

5. 血液指标

高原低氧环境下,血常规指标比较容易受到影响。运动员初上高原,机体对低氧影响的应激反应使储血器官释放红细胞进入血液,脱水使血液浓缩等原因引起红细胞数、血红蛋白、红细胞比容等一过性升高;随后低氧刺激,引起分泌更多的促红细胞生成素释放入血,引起骨髓造血功能增强,生成更多的红细胞,使得血红蛋白、红细胞比容升高。一般情况下,上高原1周后运动员血红蛋白有所升高;高原训练2周后血红蛋白水平接近平原时的水平;3~4周时血红蛋白水平略显下降,但仍高于平原值。血红蛋白的正常值:男子运动员为12~17g/dL(1dL=100mL),女子运动员为11~15g/dL。在高原训练期间,男子运动员血红蛋白为16g/dL、女子运动员血红蛋白为15g/dL较为理想;红细胞比容检测男子运动员为48%、女子运动员为46%左右较为理想。此时,运动员的身体机能水平较高,能较好地完成训练负荷,而不致产生疲劳。若血红蛋白在高原训练期间持续低于12g/dL,则表示运动员的机能状况不佳,应及时进行运动调整和营养补充。

一般高原训练出现血红蛋白低于正常值或呈下降趋势,则表明疲劳可能是由运动量过大造成的,同时还与机体的营养状况密切相关,应及时补充营养,调整运动量。但在高原运动训练时血细胞指标的评价必须考虑到运动员的个体差异,要进行系统长期的监测比较,从而进一步确定运动员个体最佳的血红蛋白水平范围。

在高原训练期间,训练及低氧、低温等环境因素的综合影响易导致运动员免疫功能下降,运动员的易感性增加,容易感染上呼吸道疾病和消化道等疾病。因此,高原训练时对血液中白细胞和免疫球蛋白等免疫指标的检查是非常必要的,一般在上高原前和高原训练期间每周进行1次测试。高原训练期间运动员的白细胞一般在正常范围内波动,如果训练期间白细胞和免疫球蛋白指标持续下降且低于正常范围下限,或在一段时间的稳定后突然明显降低,应及时调整训练,采取必要的措施,提高机体免疫力;如果白细胞高于正常范围上限,运动员可能出现炎症,有感染的可能,应注意观察和积极治疗。

6. 血清睾酮和皮质醇

在高原训练期间,监测血清睾酮,皮质醇和睾酮/皮质醇比值可以了解体内合成代谢和分解代谢的情况,这是目前公认的评定和监测过度训练、疲劳恢复状况的灵敏指标。测定恢复期血清睾酮/皮质醇比值,就可了解体内合成代谢和分解代谢平衡的状态。比值高时是合成代谢过程占优势,比值下降是分解代谢大于合成代谢,机体仍处于消耗占主导地位的状态,疲劳不能有效恢复,长期会导致过度训练。

高原训练期间睾酮水平多有降低,但应保持在正常范围的下限以上,否则运动员机体会产生疲劳。一般情况下睾酮值高原训练末期高于初期,表明高原训练期训练负荷安排适宜,运动机能水平上升;高原训练末期低于初期,说明负荷强度过大,机体不能适应,产生了疲劳。在运动后血液中睾酮/皮质醇比值如下降25%并持续不回升为疲劳,下降30%则认定为过度疲劳。

许多研究证明无论是急性还是慢性低氧暴露,无论是有氧运动还是无氧运动,皮质醇都可升高,而且存在随高度的增加和时间的延长而升高的趋势。100km跑后增加100%,短跑后增加34%,有训练者增加比无训练者少。有报道称皮质醇的正常水平男女均在276nmol/L左右,当皮质醇超过690nmol/L时,可抑制睾酮的生成,降低机体免疫能力,使运动员对运动负荷不能适应。高原训练期间,血清皮质醇一般应处于正常范围。可以用一次性大强度定量负荷后皮质醇的变化幅度来评价身体机能。如运动员完成相同的运动负荷时,血清皮质醇上升的幅度逐渐下降,则提示是运动员身体机能良好和对训练负荷适应性提高的结果。

7. 体重

高原低氧、寒冷、干燥等气候条件下,机体消耗加大,消化功能减退等,使机体蛋白质合成代谢下降,造成骨骼肌组织丢失和体重的下降。高原训练监测运动员的体重变化,评定肌肉蛋白质等合成与分解状态,从而判断营养状况和体能恢复情况。高原训练期间,若体重出现持续下降,表明机体分解大于合成,运动员的机能状况较差或对运动负荷不能适应,因此,高原训练时既要保证蛋白质的及时补充,又要注意力量素质课的合理安排或运动负荷强度的适当调整。一般情况下,体重下降2%以下为正常;体重下降3%~4%时,应加强蛋白质、谷氨酰胺等营养的补充和注意训练的合理安排;体重下降5%时,应进行适当调整。高原训练期间不同运动项目运动员的体重下降幅度有所不同,竞走运动员为3%~4%,游泳男子运动员为2.48%~6.88%,游泳女子运动员为2.22%~5.58%。

三、高原训练疲劳恢复方法

1. 营养方法

高原运动与平原运动在营养补充的要求上有一致的地方,但是在低氧环境下运动,机体需要的营养和热能补给又有其特殊的一面。高原运动时呈现出来的问题主要包括机体能量损耗增加、新陈代谢增强、呼吸频率加快、心率增加、血液黏度增高、机体运输氧气的能力下降、消化能力下降、易产生腹胀和腹泻、食欲减退、免疫能力降低等。根据高原环境的特点,在饮食中科学合理地补充热量和各种营养素以满足高原运动的特殊需要,还要兼顾各种营养素之间的恰当比例和数量,才能达到加快机体恢复的目的。

2. 中医中药

在高原运动过程中服用一些具有抗低氧效果的中草药,对于高原低氧环境的快速习服以及运动过后的疲劳恢复具有一定的积极意义。

3. 物理疗法

目前已经在实践中被运用并被证明有效的物理疗法包括水疗、按摩与针灸、蒸汽浴、桑拿浴、增氧恢复方法、光疗、蜡疗、泥疗及电疗等。

第八节 高原运动能力

平原人（本书特指长期生活在平原的人）进驻高原后，因高原低氧不仅发生急性高原病（AMS），而且运动能力也受到明显影响。

一、高原运动能力评价方法

人体活动能力评价是一个复杂的问题，应从多方面进行综合评价，如营养水平、健康情况、身体形态、素质机能等。人体进行活动时，持久性有氧代谢供能的活动占有相当大的比例，这里重点介绍有氧代谢能力的评价方法。

1. 最大摄氧量

Hill 首次提出了最大摄氧量的概念。最大摄氧量是指人体在体力活动中呼吸外界空气时所能达到的最大摄氧量。它是机体某些生理功能的综合反映，包括心脏最大泵血能力、血液携氧能力、肺内血氧合效率和肌肉对氧利用能力等。体力活动能力与上述因素密切相关。最大摄氧量不仅广泛用于平原运动医学中，而且常用于高原运动医学中。有关平原人进驻高原后最大摄氧量改变的报道较多。最大摄氧量测量方法有直接法和间接法。由于受试者所接受的体力负荷太重，因此在高原低氧条件下测量时应特别注意安全。

2. 无氧代谢阈

无氧代谢阈（Anaerobic threshold，AT）是在 20 世纪 70 年代初发展起来的一种评价有氧劳动能力方法。AT 是指在递增负荷运动中出现代谢性酸中毒或气体交换参数出现非线性增加（拐点）时所对应的做功或氧耗量水平。AT 受遗传因素影响较小，受训练因素影响较大；最大摄氧量受遗传因素影响较大，受训练因素影响较小。AT 测试方法有血乳酸阈和气体交换阈。与最大摄氧量相比，AT 测试方法简单易行安全，适用于高原运动能力的评价。

3. PWC170

PWC170 是指运动心率达 170 次/min 时，机体所做的功，采用两次负荷运动方法进行测量。

此外，高原运动能力还可以通过心功能适应指数、定量负荷运动心率、呼吸困难指数、心率恢复曲线、踏阶耐力试验以及经相关分析推导出的最大摄氧量和 AT 简易测试方法进行评价。

二、平原人进驻高原后运动能力的改变

1. 平原人进驻高原后最大摄氧量和 AT 的改变

一般认为，在海拔 1500m 以下，最大摄氧量下降约 10%。在海拔 3000m、4000m 和 5000m 高原，最大摄氧量分别下降 24.7%、26.7% 和 34.2%。平原人进驻高原后最大摄氧量下降虽然有一定规律，但个体差异较大。有人报道，8 个运动员在海拔 2250m 高原处，最大摄氧量下降范围为 19%～32%。在海拔 4300m 高原处，最大摄氧量下降值呈正态分布，平均下降 27%，下降范围为 9%～54%。最大摄氧量下降与性别也有关系，超过海拔 1600m，每升高 300m，男性最大摄氧量下降 2.1%，女性最大摄氧量下降 1.6%。在海拔 1525～6714m 高原处，最大摄氧量下降与海拔高度上升呈线性关系，也有报道称其呈指数关系。

有研究对不同海拔高度上的最大摄氧量进行了比较研究，海拔高度为 0m、2600m 和 4000m，在自行车功量计上进行递增负荷运动。结果表明，在海拔高度为 0m 的受试者，其最大摄氧量平均值为 2.65L/min，此时的负荷强度相当于 1262kg·m/min。他们在海拔 4000m 地区的最大摄氧量平均值为 2.09L/min，此时的负荷强度为 897kg·m/min。可见，在海拔 4000m 地区最大摄氧量下降 21.2%，最大负荷强度下降 22.4%。同一个体所在海拔高度愈高，则最大摄氧量愈低，能胜任的最大负荷强度愈小。

还有研究对海拔 1300m 和移居海拔 5200m 不同时间人群的 PWC170 进行了观察。结果表明，平原组的 PWC170 为 1019kg·m/min；移居海拔 5200m 共 40d 者的 PWC170 为 1112kg·m/min；移居同一海拔高度一年者的 PWC170 为 914kg·m/min。从这些结果看出，海拔 5200m 高原运动能力要比平原下降一个等级，换言之，海拔 5200m 高原地区的轻度体力劳动相当于平原地区的中度

体力劳动。

有研究在海拔4300m高原测试了急进高原者的PWC170和AT的改变。受试者为男性青年,在自行车功量计上进行递增负荷运动。结果表明,达海拔4300m高原后第3d、5d、7d和14d时,PWC170分别为1 047.2kg·m/min、1 161.6kg·m/min、1 204.5kg·m/min和1 241.1kg·m/min,明显低于进驻高原前的水平(1 296.6kg·m/min)。达海拔4300m高原后同时间的AT分别为555.8kg·m/min、583.3kg·m/min、514.0kg·m/min和526.9kg·m/min,与进驻高原前对照值比(963.5kg·m/min),分别下降35.6%、32.4%、40.0%和39.0%。这些测量值接近在这一海拔高度上最大摄氧量下降的经验值。

1978年,人类首次在不补充供氧情况下成功登上海拔8 848.86m的珠穆朗玛峰,这是高原劳动生理学史中最有意义的事件之一。因为以往许多预言认为这是不可能的。

2. 氧耗量与海拔高度

最大摄氧量和最大劳动能力随海拔高度递增而递减。但是,在高原和平原完成同一负荷运动时,其氧耗量无明显差别。有研究表明,在平原1025kg·m/min负荷下踏车运动时,氧耗量为34.6mL/(kg·min)。同一受试者达海拔4300m高原后第3d、5d、7d和14d时,在同一负荷下踏车运动,氧耗量分别为39.0mL/(kg·min)、37.5mL/(kg·min)、35.7mL/(kg·min)和36.0mL/(kg·min),与入高原前比,差别不显著。这一结果同于以往有关报道,即功率相同,氧耗最相似。但在一定氧耗量情况下,高原世居者通气量较移居者为低,说明在一定通气量情况下,世居者所摄取的氧量较移居者为多。

3. 平原有氧能力与进驻高原后有氧能力的关系

平原人进驻海拔4300m高原后,最大摄氧量下降绝对值与平原时的最大摄氧量呈正相关。尹昭云和昝俊军(1991)在海拔4300m高原上观察到,AT下降的百分比与平原时AT呈正相关,即在平原时,AT较大者,到高原后其下降程度也较大。这说明在平原时有氧能力较好的个体到达高原后有氧能力下降较多。

然而,个体差异也是较大的,对于这一问题尚没有令人满意的解释。Shephard(1988)指出,这是由于心输出量(Q)较大,血流通过肺毛细血管速度较快,使之最大肺弥散量(DL)与氧解离曲线斜率(β)和Q的乘积($Q\beta$)之比($DL/Q\beta$)减小,导致血氧饱和度下降的结果。还有人指出,这与个体代谢能力不同有关。

4. 有氧和无氧代谢供能比例发生变化

平原人进驻高原后从事体力活动时,有氧和无氧代谢供能的比例发生明显变化。在海拔3100m高原进行踏阶运动试验(阶高为38cm,每分钟踏阶30次,持续4min)总耗氧量为9.33L,接近在平原进行同负荷运动时的总耗氧量(9.50L)。但在所需的总能中无氧代谢提供的能量由平原时的20.4%增加到25.5%,有氧代谢提供的能量由79.6%减少到74.5%,有氧代谢供能的比例明显减少。

5. 高原移居者与世居者劳动能力的比较

在同一海拔高度上,高原移居者的劳动能力明显低于高原世居者。Dua和Sen(1980)在海拔4100m高原进行最大负荷运动试验发现,高原世居者的最大摄氧量比移居者高13%。高原世居者有相当于平原人在平原时的工作效率,他们的耐力较大,有氧能力较强。这可能与高原世居者的心肺功能、有氧代谢能力和组织代谢水平较高有关。

高原移居者能否完全适应高原以及高原移居者经多长时间适应其劳动能力才能达到世居者水平的问题,报道不一。有的报道指出这种完全适应是不可能的,有的报道指出经多年后才能达到相当水平。但是,长期移居高原后劳动能力比初到高原时较大的观点是一致的。Hostman等(1980)报道,平原人到达海拔4300m高原2周后,最大摄氧量比到达第1d时的最大摄氧量增加10%。Dua和Sen(1980)报道,平原人到达海拔4100m高原2年后,最大摄氧量由初到高原时的34.61mL/(kg·min)回升到36.62mL/(kg·min),但仍明显低于平原时最大摄氧量[46.84mL/(kg·min)]和同海拔高度上世居者的最大摄氧量[41.11mL/(kg·min)]。尹昭云和昝俊军(1991)在海拔4370m高原通过功率自行车递增负荷运动试验所获结果表明,平原人到达该海拔高度第3d和第14d,AT分别下降35.0%和39.0%,停留1年后,AT下降24.5%,比初入高原时回升11%~15%。

三、平原人进驻高原后劳动能力下降机制

机体能维持正常活动的基本条件是能源保障。由于高原低氧,动脉血氧分压下降,组织细胞缺氧,氧化磷酸化过程受阻,ATP等高能化合物生成减少,机

体活动能力下降。因此,低氧是高原劳动能力下降的始动因素。目前文献主要围绕着心肺功能及其运氧效率等方面进行了大量的研究工作,在分子水平上的研究报道甚少。

1. 低氧通气反应性减小

Schoene 等(1984)报道,在高原人体运动能力大小取决于低氧通气反应性(hypoxic ventila-tion response,HVR)大小。他们在海拔 5408m 和 6300m 高原观察了运动能力与 HVR 的关系,进行最大负荷运动时,HVR 较高一组,血氧饱和度下降 8.3%,HVR 较低一组,血氧饱和度下降 20.0%。从静态到最大负荷运动,所有受试者的 HVR 都与血氧饱和度下降呈负相关,HVR 特别高的运动员可攀登到更高海拔。Takahashi(1990)的试验结果表明,HVR 是登山运动员在极高高原上进行活动的重要因素之一。

2. 过度通气使呼吸肌耗氧增加和呼吸肌疲劳

最大呼吸能力随海拔高度增高而增大,在海拔 3010m、5185m 和 8235m 高度分别增加 12.2%、24.2% 和 36.0%。过度通气的结果:一方面有利于肺泡气体交换,提高肺泡氧分压;另一方面呼吸肌剧烈运动使耗氧增加,从而抵消了最大呼吸能力增加对提高劳动效率的有利作用。同时,呼吸肌剧烈运动也使呼吸肌本身发生疲劳,最后导致最大肺通气量减小。

3. 肺气体弥散受限

在平原安静状况下,血液通过肺毛细血管约需 0.75s,肺泡氧分压在 0.25s 内与毛细血管血液中的氧分压达到平衡;运动时,血液通过肺毛细血管速度加快(0.25s),但仍可与肺泡氧分压达到平衡。在高原运动时,血液通过肺毛细血管虽然仍为 0.25s,但氧弥散的驱动力,即肺泡与毛细血管之间氧分压差明显小于平原时水平(平原时 8.0kPa,60mmHg;海拔 4000m 时 4.0kPa,30mmHg),使氧在短时间里不能完全弥散到肺毛细血管中,动脉血氧饱和度下降。在高原,肺血管收缩、红细胞增多、肺血流重新分布、通气/灌流不适宜情况加重、静脉分流增加、肺弥散受限等,进一步使肺血氧合效率和动脉血氧饱和度下降。例如,在平原进行轻体力活动时,动脉血氧饱和度平均下降 0.9%,与静息时无明显差别;进行中等体力活动时,动脉血氧饱和度下降 1.7%;进行重体力活动时,动脉血氧饱和度下降 30%。随着海拔的升高,动脉血氧饱和度下降愈来愈明显。在海拔 4300m 高原进行轻体力活动时,动脉血氧饱和度由静息时 84.0% 下降至

78.1%；进行中等体力活动时,动脉血氧饱和度下降至76.7%；进行重体力活动时,动脉血氧饱和度下降72.0%。这些结果说明,在平原进行体力活动时,为了供给做功肌肉足够的氧量,通过增强呼吸和循环功能来提高肺通气量和心输出量,以取得更多的氧,使动脉血氧饱和度维持在较为稳定的水平；在高海拔地区进行体力活动时,动脉血氧饱和度下降非常明显,同时这些受试者在体力活动结束时肺泡氧分压明显升高,这提示在高海拔地区进行重体力活动时氧经肺的弥散受到限制,由此引起动脉血氧饱和度下降。

4. 药物的作用

亚甲兰是最早用于改善高原劳动能力的药物,但试验证明其无效且有毒。胆碱能药物可增强耐力,肾上腺素能药物则减弱耐力。还有人通过动物和人体试验观察异烟肼、加兰他敏、α-酮戊二酸和抗组织胺等药物对改善高原劳动能力的作用,但均未获得满意结果。肉毒碱可使常氧和低氧运动时的呼吸熵减小,但对劳动能力没有明显影响。在海拔4846m高原观察醋氮酰胺的作用,受试者在85%最大运动心率负荷下运动15min,醋氮酰胺组的最大摄氧量比对照组提高8%。在海拔4300m高原进行试验结果表明,亚极量运动时,使用心得安药物组与对照组的最大摄氧量相比无明显差别；极量运动时,心得安组的最大摄氧量与平原时相比下降26%,对照组的最大摄氧量下降32%。

5. 能量合剂

在高原劳动时,糖原耗竭是一个常见问题,以致劳动能力下降,因此及时补充能量是十分重要的。在海拔4100m高原,每天补充250～300g碳水化合物,不仅能改善能量代谢水平,而且能降低酮血症,减轻因厌食和糖原消耗引起的有氧能力下降,可使随意跑步距离延长12.5%。碳水化合物对提高在海拔4300m高原从事重体力活动效率是有益的。尹昭云和昝俊军(1991)报道,以多种糖、维生素、氨基酸和微量元素为主要成分的能量合剂,能明显延长小白鼠在密闭和减压低氧游泳实验中的存活时间,提高小白鼠减压低氧游泳时骨骼肌和心肌糖原,骨骼肌ATP和氧化磷酸化水平,减少血乳酸含量。在海拔4370m高原人体试验中看到,与对照组比,AT增加15.8%,300m坡地跑后心率恢复较快。

平原人进驻高原后最大摄氧量的改变规律已有较多报道,但有关高原劳动能力下降机制,特别是在分子水平上的研究颇少。为深入阐明高原劳动能力下降的内在原因,应充分利用现代科学技术进行多层次探讨。体力锻炼对促进机体对低氧适应和改善高原劳动能力是有利的,但诸如高度的选择,锻炼强度与时间等尚需进一步研究。与急性高原病防治药物研究相比,提高高原劳动能力药物研究难度较大,报道甚少,这方面乃是高原劳动生理学今后的重点解决课题。

第九节 高原病及预防措施

一、高原病

1. 高原性头痛

高原性头痛(HAH)是最常见的高原病(高海拔病)症状,高达80%的高海拔旅居者会出现该症状。对于易感者而言,除了缺氧之外,水分不足、过度劳累和能量摄入不足都会诱发HAH。HAH发生的可能机制如下:缺氧通过力学和化学刺激[如内皮一氧化氮合酶(eNOs)的上调和NO浓度增加]激活了三叉神经血管系统,随后血管舒张和颅内组织的压力增大,加之缺氧削弱了脑干和下丘脑中特殊区域中枢神经系统处理功能,致使痛觉阈值发生变化,诱发自发反应,最终导致了HAH发生。出现HAH时,应停止攀登、休息并在同一海拔适应。此外可使用镇痛剂、止吐剂或乙酰唑胺消除症状,加速适应过程。海拔下降500m或更多也可缓解病情。

2. 急性高山症

当攀登高度超过海拔2500m时,急性高山症(AMS)是最为常见的不适症状。AMS通常并无大碍,但却可能迅速发展为更加严重甚至致命的症状,如高原肺水肿(HAPE)和高原脑水肿(HACE)。到高海拔后的这些中枢效应似乎是由相对呼吸不足,间质水肿导致的气体交换受损,液体潴留和重新分配以及交感神经刺激增加引发的。与HAH相同,AMS的中枢症状及病理生理机制与力学、化学和P_{O_2}/P_{CO_2}这些因素相关,其主要症状的个体差异性非常大,包括头痛、疲劳或虚弱、呼吸困难、换气过度、睡眠困难、胃肠道症状(厌食、恶心或呕吐)及口渴感减少。AMS还常伴有高海拔睡眠障碍,包括呼吸暂停时间延长,多次惊醒、睡眠片段化和睡眠阶段的改变,从而导致动脉血氧含量降低及最终心脏节律紊乱。如果不再继续向上攀登,AMS的症状通常在到达该海拔后5~8d消失。直接从海平面攀登到2500m海拔的人中,10%会发生AMS;而对于登上阿尔卑斯山和西藏的 3500m 海拔处的人而言，这一数字将增至 30%～40%。鉴于 AMS 与其他高海拔疾病有着许多相同的特征症状，1991 年在加拿大艾伯塔路易斯湖举办的国际缺氧研高原缺氧讨会制定了急性高山症评分量表，并将其推广应用。该分量表是用于区分最严重的高海拔疾病-AMS、HAPE 和 HACE 的实用工具。对 AMS 的具体症状（头痛、胃肠道症状、疲劳、睡眠、总体活动）进行分组打分，每类别症状从 0（表示没有症状）至 3（具有严重的症状）进行主观打分。该系统中总分为 3 认为是中度 AMS，而 6 意味着严重的 AMS。中度至重度的 AMS 可以在现场进行供氧治疗，如通过面具或插管（如果有）低流量（0.5～1L/min）的氧；服用乙酰唑胺，每天 2 次，每次 125～250mg［或服用地塞米松（每 6h 口服 4mg、肌内注射或静脉注射）］；高压疗法（便携式加压袋，即伽莫夫袋）；立刻返回较低海拔地区。

3. 高原肺水肿

高原肺水肿（HAPE）是一种致命的非心源性肺水肿，曾被误诊为肺炎达几个世纪。HAPE 的典型症状是肺部积液，其他方面健康的人在海拔超过 2500m 时常会发生，甚至有时一些适应性良好的登山者也会发病，对于易感人群也有少数低海拔（1500～2500m）发病的报道。除了个体易感性之外，上升速率、达到的海拔高度、寒冷程度、大强度体力活动和其他一些医学状况也是诱发 HAPE 的重要因素。有关文献报道，低海拔居民到高海拔地区时的 HAPE 发病率从 0.01%～15% 不等，这主要取决于攀爬速度和绝对高度，妇女似乎易感性较低。根据路易斯湖标准，出现以下两种特征症状即可认定为 HAPE：休息时呼吸困难、咳嗽、虚弱，运动性能下降、胸闷或充血。出现以下两种指标也可认定为 HAPE：至少一个肺叶发出爆裂声，喘息、中枢发绀、呼吸急促或心跳过速。

一般而言，那些居住在海拔 0m，在缺氧条件下，有时甚至在正常氧浓度下休息和运动过程中肺动脉压力和肺血管阻力过度增加的人，往往是 HAPE 易感者。肺动脉压异常增加是由肺循环对缺氧和锻炼的过度反应引起的，HAPE 仍然是高海拔相关死亡的主要原因，在缺乏足够的应激治疗时具有极高的死亡率。假设心脏左侧功能正常，HAPE 发生的其他两个主要因素是过度肺动脉高压和肺部蛋白大量渗透性泄漏，且这两个因素之间还存在交互作用。氧分压的下降增加了交感神经兴奋，从而导致不均匀的缺氧性肺血管收缩及本身局部过度灌注，增加了毛细管压力，使毛细管应激衰竭，最终导致毛细血管渗漏。目前的研究认为应采取以下的治疗：尽量降低劳累程度，注意保暖，立即下降或开始高压治疗。如果这些治疗无法实施,则应使用以下一种药物:硝苯地平,每 12h 服用 30mg 缓释;西地那非,每 8h 服用 50mg;他达拉非,每 12h 服用 10mg。

4. 高原脑水肿

高原脑水肿(HACE)是严重的医疗疾病,0.5%~1% 的高海拔旅居者有此症状,通常这些人也会发生 AMS 和 HAPE。AMS 和 HACE 有着类似的病理生理学特征。但 HACE 是脑病,是一种影响脑功能或结构的疾病,而 AMS 不是。HACE 典型的临床症状是神志不清、行为改变、乏力、共济失调、头痛、说话困难、呕吐、幻觉、失明、肢体麻、癫痫、神志不清、完全瘫痪麻,最终昏迷。治疗办法包括立即从高原下降或撤离,供氧 2~4L/min,用地塞米松,每 6h 口服或肌内注射 8mg,也可静脉注射 4mg,或高压治疗。

二、高原病的预防措施

实践证明,高原病是可以预防的,认真做好高原卫生保障工作,积极采取预防措施,发病率和病情将会明显降低和减轻,从而保障高原劳动能力。

1. 排除高原病易感者

虽然目前预测高原病易感人群或易感者比较困难,但如能对进驻高原地区的人员进行全面体格检查,排除隐患,会减少发病率。患有心脏病、开放性肺结核、肺气肿、支气管哮喘、严重支气管扩张、严重贫血、严重肝肾疾病、高血压和高热等不宜进驻高原,以往曾患过急性高原肺水肿、高原昏迷及各类慢性高原病者均不宜再进驻海拔 3000m 以上高原地区。

2. 消除高原病的诱因

(1)进驻高原之前避免心理恐惧和紧张,应积极地进行宣传教育。要讲清高原环境的特点及其对人体的影响,着重说明人对高原环境是能够习服的,克服恐惧感和精神紧张,保持良好的精神状态,是进驻高原人员习服高原环境、出色完成各种任务的前提条件。

(2)保证足够的营养和能量供应,高糖和丰富的维生素饮食对减轻 AMS 发病和提高高原劳动能力十分有益。

(3)预防和治疗呼吸道感染,高原病常因呼吸道感染而加重,因此,有呼吸道感染或感冒时进驻高原是十分危险的,一般的高原反应也会发展为高原肺水肿或高原昏迷。

（4）避免抽烟和过度饮酒，抽烟和饮酒可加重缺氧。

（5）防止过重体力劳动和过度疲劳，重体力劳动会使氧耗量增加，因此劳累是诱发高原病的常见原因。

3. 提高机体对高原低氧的习服能力

高原低氧习服能力与个人体质，特别是与循环和呼吸等生理功能关系密切。研究和实践证明，身体锻炼能有效地提高心肺功能，经一段时间身体锻炼，如长跑、爬山及打篮球等，可使运动后脉搏次数恢复正常水平的时间缩短，肺活量增加，对于人体高原低氧习服十分有利。在没有紧急进驻高原任务的情况下，平时应加强身体锻炼，以适应高原应激的需要。常用方法如下。

（1）单纯身体锻炼：这是在平原进行一般性身体锻炼而获得对高原低氧习服能力的一种方法。此法必须给机体以较大的运动负荷，并持续较长的时间，以增加体内的氧耗量，造成组织低氧。经过多次的刺激，机体各器官会发生类似高原低氧时的适应性变化，获得习服能力。锻炼方法一般可采取强度较大的长跑、负重行军、爬山等运动方式，经过1～2个月锻炼，即可达到效果。

（2）单纯阶梯习服：这是在进驻高原地区时采取中途分段停留，逐步登高而获得对高原低氧习服能力的方法，如进入海拔5000m以上高原时，可在海拔2000m、3000m、4000m高度上各停留1～2周。除进行一般日常活动外，还可进行轻度的体力劳动。

（3）单纯阶梯习服与身体锻炼相结合：在不同海拔高度上进行阶梯习服的同时，进行适当强度的身体锻炼而获得对高原低氧的习服能力，其效果较好。一般可在海拔2000m高度上停留2～3周，锻炼项目可采取长跑、行军、球类比赛等。在进行身体锻炼时，要结合实际情况采取相应锻炼方式。全面锻炼，循序渐进，持之以恒，定期观察呼吸、脉搏、血压、红细胞数的变化。体力消耗较大时，应注意改善伙食，切记防止过度疲劳和外伤。

（4）低压舱低氧习服：在低压舱进行静态和动态习服锻炼是一种非常好的方法，不仅有助于积累克服高原低氧危害的经验，而且能使机体的调节功能发生变化，直接获得对高原低氧的习服能力。但应循序渐进，所停留的海拔高度不宜过高，一般低于海拔4500m。

（5）呼吸器低氧习服：利用呼吸低氧混合气或低氧呼吸器进行低氧习服，也可使机体获得对高原低氧的习服能力。

4. 做好进驻高原途中和到达高原初期的卫生保障

1）乘飞机

乘机时面朝前，身体微向后倾，力求姿势自然舒适。当有头昏和恶心时，立即靠在座背上，眼微闭，深呼吸，一般不需治疗，待达终点出舱后症状可缓解，途中可吃些水果糖和什锦咸菜等。飞机颠簸较大，特别是在高原上空，使人产生晕吐现象，尤其是对第一次乘飞机的人员，由于不适应空中生活，有时一人呕吐会诱发多人呕吐，应及时对症治疗。到达终点机场后应及时出舱，防止剧烈运动，稍休息一会再乘汽车到达指定地点。由于现代客机是密闭式的，因此尽管飞行海拔高度达 10 000m，但舱内的大气压力实际上相当于海拔 2000m，当飞机到达高原机场打开舱门时（如拉萨机场海拔 3700m），部分人出现高原反应症状。为此，在机场应做好医护救治的组织工作，积极治疗，待症状缓解后再转乘汽车。

2）乘汽车

乘车时车上必须设有车篷，以减少高原自然因素对人体的影响。如冷风、紫外线、尘土等。车上人员不宜过多，留有活动余地，如因坐久感到腿麻和脚冷，可用手按摩，把大衣下角盖在膝和小腿部。身上的背包移到大腿上，以减轻对胸部的压迫感。如感到腰酸和背痛可变换体位，原地活动。乘车时，每隔 1~2h 休息 10~15min，休息地点应选择避风暖和地方。停车休息时，下车必须缓慢，切忌猛跳下车。下车后可做些轻微活动，如散步、扩胸、踏足等。晕车者坐在车前位，两眼向前看。当翻雪山和通过雪地时，应戴好防护眼镜。见有精神萎靡、昏睡、呼吸困难者应及时处理和报告。

3）宿营

宿营时房间要保暖通风。在海拔 4000~5000m 高原，即使轻微活动也会感到心慌和气短，所以解开背包和整理床铺时动作要轻慢。入睡前用热水泡脚，睡时解开衣领，放松裤带，两手不要放在胸前，被盖不宜压得太重和盖在头上。起床后刷牙漱口，保持口腔清洁。洗脸后涂些防晒油或皮肤保护剂。夜间注意巡诊，以便发现早期急性高原肺水肿和高原昏迷者。有咳嗽、痰多且带血腥味、气喘或早晨不按时起床仍然昏睡者，应及时诊治。

4）饮食

热能供给一般按平原地区轻度或中度体力劳动的标准供给即可。可按蛋白质占 6%~10%，脂肪占 10%~15%，糖占 70%~75% 的比例供给。补充多种维生素，如维生素 B_1、B_2、C 和 E 等。要早吃好，午吃饱，晚吃少。起床后应稍休息一会再进食，饭后不宜做过多和过重的活动。晚饭后应休息 1~2h 入睡。吃热饮、热菜和热汤,且味道好易消化。

5) 保暖

高原气候多变,温度日差可达30℃,早晚冷,中午热,有时风雪交加,如不注意防寒保暖,极易发生感冒。

6) 体力负荷

一般在海拔4000m以上地区劳动能力下降30%～50%。过劳极易诱发急性高原肺水肿和高原昏迷,必须注意劳逸结合。快速由平原进驻高原后休息5～7d为宜。在海拔4000m以上地区,每天工作7h,睡眠时间不少于9h;平原人进驻高原后何时可以开展全面性工作,要取决于对高原环境的适应程度。

5. 高原病常用防治药物

药物是提高机体低氧耐力,预防高原病的有效措施之一。有关AMS防治药物的研究和报道不少,包括纠正低氧时代谢异常药物、神经系统与激素药物、利尿剂、致适应剂等,还有黄芪、茯苓、异叶青兰和参芪花粉等中药复方在提高机体低氧耐力和预防AMS方面有明显作用。

第七章　航空生理

航空活动主要在30km以下的空中进行,低气压、缺氧、寒冷和宇宙辐射等高空环境因素将对人体产生影响。现代飞机,除部分轻型飞机或直升机外,都配有增压密封座舱,即飞行人员(乘员)经常处在人工制造的微小环境中,其压力、温度等条件都得到了明显的改善。然而在增压密封座舱失效时,飞行人员(乘员)仍将面临高空缺氧和低气压的威胁。由于人们认识问题的局限性,以及防护各种不利因素的实际需要,必须抓住主要矛盾进行研究。为突出重点和避免重复,本章主要介绍低气压、缺氧和正加速度的生理学问题。

第一节　低气压生理

高空大气压力降低对人体主要有两方面的影响:①大气中氧分压降低所引起的高空缺氧;②低气压的物理性影响。大气压力降低时,两类影响同时发生,但主要威胁仍是高空缺氧。现代军用飞机上的供氧装备可以防护缺氧的影响,通风式密封增压座舱对缺氧与低气压物理性影响均有防护作用。如果座舱发生破损,舱内乘员会直接暴露于低气压之下,其发生概率虽然并不大,但若发生,轻者影响正常工作能力,构成事故征候,重者可能造成飞行事故。再者,军用飞机增压座舱多采用"低压差制",即使座舱完好,高空飞行时座舱压力较低时,也可能引起一系列低气压问题。

低气压及气压剧变之所以能对机体发生物理性影响,是因为生物机体形态结构方面具有一定特点,如胃肠道、肺、中耳腔及鼻窦内含有气体,体液主要是由水分组成的,组织和体液中溶解有一定量的气体,中耳腔的骨质壁不能胀缩,与外界相通的管道具有单向活门样的特殊结构。

一、高空胃肠胀气

高空胃肠胀气是由高空低气压环境引起的一系列症状的总称,其主要表现为腹胀和腹痛,无明确的发生阈限高度,在较低高度亦可能发生。多发生在飞行上升过程中,或在到达一定高度以后的最初停留阶段内。若能经口或肛门顺利地排出部分膨胀气体,则短时间内腹胀、腹痛症状即可消失;否则,高度愈高,症状也将愈重。

1. 病因

胃肠道内通常含有 1000mL 气体,主要存在于胃及下部肠管中,大多是随饮食及唾液咽下的空气,少量是食物分解产生的。根据波义耳定律,当温度保持一定时,一定质量气体的体积与其压强成反比,就干燥气体而言,气体体积变化的倍数与其压力变化的倍数恰好相等。但胃肠道内气体体积随压力降低而膨胀的倍数,并不完全遵循波义耳定律所表述的理想气体压力容积关系。

大气压力降低时,胃肠道内气体膨胀是否足以引起胃肠道管壁扩张达到发生腹胀、腹痛的程度,主要是由下述两方面因素决定的:①上升高度及上升速率。高度越高,大气压力降低越多,膨胀程度就越大。上升高度一定时,上升速率越大,膨胀的气体来不及迅速排出,膨胀程度也就越大。②胃肠道的功能状态。在含气空腔器官中,以胃肠道与体外的交通管道为最长,特别是肠内气体的排出,阻碍较多。胃肠道通畅性降低(如便秘等),含气量增加,都能减慢膨胀气体的排出速度。此外,胃肠道管壁的敏感性也有一定意义。刺激性食物作用于胃肠道黏膜能提高其敏感性,在敏感性较高的部位(如胃),较少量的气体就可能引起疼痛。

2. 主要影响

1)物理机械性影响

胃肠道内气体膨胀压迫肠肌使之升高,使正常呼吸运动受到限制,严重时可发生呼吸困难,同时肺活量减少。腹内压升高还能影响下肢静脉血液向心脏回流。

2)反射性影响

胃肠道管壁有接受扩张刺激的拉长感受器,当胃肠道内气体膨胀程度较轻时,拉长感受器接受的刺激较弱,一般不引起主观感觉,或者只有轻度腹胀感,大体上从 10 000m 附近的高度开始,由于气体膨胀程度较大,特别是在排气不顺利时,胃肠道就显著扩张。在扩张的部位,管壁的拉长感受器接受较强的刺激;在邻近扩张的部位,又可能产生反射性的痉挛收缩,这些都能引起不同程度的腹痛。人在低压舱内做 10 000～12 000m 上升试验时,从 5000～6000m 开始就有人发生轻度腹胀,此时气体膨胀已达到海平面时的 2 倍左右;较明显的腹胀一般发生在 10 000m 以上,有时因严重腹痛不能忍受而不得不中途停止试验。最大上升高度如不超过 8500m,胃肠胀气对于身体健康的飞行人员来说,至多是出现短时间的不适感。

3. 防护原则

1)采用通风式密封增压座舱

将座舱加以密封,与舱外相对隔绝,舱内气体增加一定压力,使之超过飞行高度的气压,即可减轻或消除胃肠胀气的影响。现代军用飞机一般都装有增压座舱,舱内压比舱外压高出的数倍。现代的喷气式旅客机及运输机也多装有增压座舱,其座舱高度比军用飞机的还要低。

2)遵守饮食制度,严格控制饮食

高空飞行或低压舱上升前应做到:①进餐不可太快,以减少所吞咽的气体。②进餐要定时、定量,使胃肠活动能保持正常,以利消化而少产气,按规定,应在起飞前 1～2h 进餐完毕。③飞行前的主餐,甚至前一日晚餐,应不吃或少吃不易消化的食物,如含纤维多的食物。动物性食物虽较易消化,但应控制食用含脂肪多或油炸的食物。禁止饮用汽水、啤酒等产气饮品,少吃有刺激性的食物。④防止便秘,飞行前排空大、小便,保持胃肠道的良好通畅性。⑤做好卫生宣传教育,使飞行人员能主动配合做好上述各项工作。

二、高空减压病

高空减压病(altitude decompression sickness,ADS)是上升高空时发生的一种特殊病症,其主要症状为关节疼痛,有时出现皮肤刺痛或痛痒感觉以及咳嗽、胸痛等,严重时还可有中枢神经系统症状,甚至发生神经循环虚脱。高空减压病病例绝大多数是上升到 8000m 以上高空停留一段时间以后发病的,发病率随高度增高而增大,但是发病的阈限高度(最低高度)难以确定。减压病发病的阈限高度是制定座舱(飞机密封增压座舱及载人航天器座舱)、航天服压力制度及安全减压措施的重要参数。发病阈限高度不是一个绝对固定的值,而是一个范围,它受许多因素的影响。由于在 8000m 以下高空减压病的发生率较低,故一般将此高度作为飞机座舱不宜超过的高度,航空实际应用中多围绕此值来确定座舱压力制度,航天中对此阈值的要求更严格。

1. 病因和发病机制

高空减压病的产生原因,是大气压力降低时,在组织、体液中溶解的氮气呈现过饱和状态而离析出来形成气泡。在各种组织内形成的气泡,可能压迫、刺激局部组织;血管内的气泡,则可成为气体栓子堵塞血管或与血液成分发生相互反应。形成气泡的多少和压迫或栓塞部位的不同,以及血液成分发生相互反应的性质、引起继发性反应的特点各异,导致机体出现各种不同症状。

1)氮气泡形成的机制

人在地面常压条件下长期生活的过程中,环境气体中各气体成分均已呈"饱和"状态溶解于组织、体液中,当环境气体压力降低时,体内溶解气体即呈过饱和溶解状态,过剩溶解的气体可经循环、呼吸系统排出体外,此过程称"脱饱和"。

(1)溶解气体离开液体的倾向:在航空航天活动中,环境减压速率较快,导致机体组织绝对压力(指大气压与流体静压之和)的下降速率比组织中溶解气体(主要是氮气)张力的下降速率大,使脱饱和过程来不及完成时,过饱和溶解的气体在体内形成气泡的倾向增加。气体张力愈高,或组织绝对压力愈低,形成气泡的倾向即愈大。

(2)氮气过饱和倍数与安全过饱和系数:环境压力迅速降低后,人体可保持过多惰性气体于溶解状态的量与环境绝对压力直接相关,此时形成气泡倾向的大小除可用上述压力差表示外,航空航天医学中还常用减压前组织氮气张力(P_{N_2})与减压后环境压力(P_B)之比表示,此比值称为氮气过饱和倍数(R_T),随着减压中高度的升高而逐渐增大。高压暴露后再减压时,若压力降低不超过 50%,则不会发生减压病。在这种条件下,人体对于氮气的过饱和是可以耐受的,因此采用氮气的安全或临界过饱和系数,来衡量氮气在某液体中呈过饱和溶解而仍保持稳定状态的能力。氮气安全过饱和系数概念同溶解度的概念不同,溶解度大,是指达到饱和状态时溶解的气体量多;氮气安全过饱和系数大,则是指过饱和溶解量可以超过饱和溶解量的倍数大,即需要更大倍数的减压,才有可能破坏溶液的过饱和溶解状态而产生气泡。航空实践证明,从海平面上升到 5600m 高空,即大气压力降低略超过 50%,确实有发生高空减压病的,但绝大多数病例皆发生在8000m以上,此时的R_T值为2.25。

(3)气核:在低气压条件下,体内气泡形成的机制颇为复杂,迄今尚未完全阐明。除上述条件外,还需要许多其他条件,如要有一定数量的"气核"存在。气核指在组织或体液中以气相形式存在的极微量气体质量集合,在机体活动过程中处于不断产生、不断消失的动态平衡。它主要产生于血液、组织体液及黏液中。减压前如液体中有作为"初始气相"的气核存在,则很难形成气泡。但物理实验证明,局部绝对压力降低到$(100\sim1000)$atm的极低程度时,已除去气核的液体中也可以形成气泡。现在一般多承认"预先存在气核"的看法,即在有气核存在的基础上,体内氮气过饱和倍数超过组织或体液氮气安全过饱和系数时,多余的溶解气体才能脱离溶解状态,以气核为核心,向内不断弥散气体,最终形成气泡。

(4)其他因素:气泡的形成、发展还受组织变形压力的限制,这是因为各种组织具有不同的结构和大小不一的弹性,对气泡膨胀有一定限制作用。必须克服这种阻力,气泡才能发展增大。

2)气泡的病理作用

组织与血液中形成的气泡有两方面作用:①直接的机械作用,使组织发生变形与断裂,可引起疼痛和局部循环障碍,局部循环障碍又可导致组织缺血或坏死。血管外气泡难以融合增大,但它可使组织内部压力增加,引起疼痛。据研究,人肌肉组织内压力超过1.5kPa(11mmHg)时就可引起严重疼痛。在疼痛发展的过程中,还可能由气泡引起炎症,包括发生水肿等病理变化,血管内气泡容易融合增大,它的机械性影响即血管栓塞,属于原发性机制。②在血气界面上发生生物化学变化,这是气泡的间接影响,属于继发性机制。这些生化变化引起血小板聚集,释放血管活性物质5-羟色胺和肾上腺素,导致血管收缩。血小板第三因子的释放进一步加速血小板聚积,增加血栓形成。血液黏度增加使毛细血管血液阻力和压力增高。这些作用加上缺氧引起的毛细血管壁破坏,使大量体液从血管内转向组织间隙,导致血液的进一步浓缩。

3)严重高空减压病的发病机制

对高空减压病发病机制的研究,多集中在气泡形成机制上,氮气泡理论虽然回答了病因学上的基本问题,但还不能满意地解释严重的高空减压病症状,特别是不能阐明减压后神经循环虚脱的发病机制。根据动物实验与部分人体实验资料,目前认为严重减压病的可能发病机制如下。

(1)复合性栓子的形成。严重减压病的实验动物肺血管中的复合栓子(气栓-脂肪栓-血小板栓-白细胞聚集物)对减压病时肺水肿的发生有重要作用。脂肪栓子可能有 4 种来源:①血浆中的脂蛋白受血液内形成的氮气泡的影响发生变性而分解,以致血脂的胶体悬浮状态受到破坏,结果在血管内发生聚集形成栓子;②脂肪组织的细胞内形成的氮气泡胀破细胞膜,脂肪颗粒及细胞碎片进入了小静脉血管;③在有脂肪浸润的肝细胞内形成的氮气泡,能胀破肝细胞膜,其内容物通过窦状隙进入血流;④动物实验可见到骨髓栓子,其特征是在脂肪细胞的周围包有造血细胞,这种栓子可能是骨髓组织受氮气泡破坏产生的。

(2)气血界面的刺激作用。在氮气泡与血液的界面上,可能发生下列改变:①气血界面上凝血因子被激活,启动内源性凝血系统,导致弥漫性血管内凝血。凝血因子还可激活激肽系统、纤溶系统及补体系统等。②在气血界面有一层 4～10nm 的电动力区,它可使血浆球蛋白分子构型发生改变,从而引起细胞凝集、血小板黏附和聚集,使机体释放血管活性物质,如缓激肽、5-羟色胺、组胺等。这些血管活性物质能增强平滑肌的兴奋性,引起支气管平滑肌收缩,使呼吸困难,妨碍体内氮气排出以及增加血管通透性,引起肺水肿等病理变化。③血浆蛋白质变性,包括脂蛋白变性,释放出脂质,后者融合成脂肪栓子。

2. 影响高空减压病发病率的因素

(1)物理条件:上升高度、高空停留时间、上升速率、反复低压暴露、高压条件下活动、缺氧、微重力等 7 个方面均对减压病发生率有不同程度的影响,其中上升高度最为重要。

(2)生理条件:年龄、体重、性别、体力活动等 4 个方面均可影响减压病的发病率。

3. 症状与体征

(1)屈肢症:肢体关节痛是最常见的症状,占全部症状的 65% 以上。疼痛多发生在四肢的关节内或其周围的骨及肌肉等深部组织,以膝、肩等大关节为最多。患者常因剧烈疼痛而将肢体屈曲,故称此症状为"屈肢症"。

(2)皮肤症状:此类症状在潜水病中较常见到,在高空减压病中较为少见。症状表现为痒感、刺痛、蚁走感及异常的冷、热感觉等,多为一过性的。

(3)呼吸系统症状:包括胸骨后不适、咳嗽及呼吸困难等症状,常以"气哽"一词表示。3 种症状常同时出现,也有时只出现其中一种。呼吸系统症状发生率虽很低,仅为全部症状的 20%,但可危及生命;多与屈肢症同时存在,但比屈肢症发生晚,也比屈肢症表现的病情为重。

(4)神经系统症状:在高空减压病症状中,神经系统症状所占比例远远低于屈肢症,但在下降后仍未完全消除的症状中,它所占比例则较大。它的临床表现主要包括视觉、感觉、运动、前庭及意识等多方面的功能障碍。

(5)严重减压病:高空减压病最严重的为"神经循环虚脱",可继发于严重的屈肢症、皮肤症状(出现斑点或大理石样皮肤损伤)、神经性障碍等未得到适当处理或治疗的情况下,迄今尚未见有原发性的。它可高空发生,亦可在下降到地面以后原发性症状未消失,继续发展而成,或原发性症状消失一段时间以后又突然发展而成。神经循环虚脱可分为以神经症状为主和以低血容量症状为主的两类,两类之间有许多过渡的混合型。以神经症状为主者多能恢复,以低血容量症状为主者死亡率较高。发病时一般先表现为烦躁不安,很快发生意识模糊,脉搏细弱,心动徐缓,如不采取急救措施,终至意识丧失。

4. 诊断与治疗

(1)高空减压病的诊断一般根据如下几个方面:①首先详细询问低气压暴露史,包括飞行高度与座舱高度或低压舱上升高度、座舱密封情况、座舱余压值、低气压下暴露时间、氧气系统的工作情况(以排除缺氧影响)等。②分析发病经过,询问临床症状,进行全面体检尤其是神经系统的检查。对有过高空(特别是8000m以上)暴露史的人员进行全面体检,并询问主诉。重点检查四肢大关节处是否疼痛及疼痛的特点。③分析影响发病率的因素,如是否反复受低气压影响,两次或多次低气压暴露的时间间隔,是否为潜水后飞行,患者的年龄、体重,低气压暴露前、暴露中体力活动情况,骨、关节创伤史等。诊断有困难时,若加压治疗有效,亦可作为确诊的依据。注意与心绞痛、肺型氧中毒等进行鉴别诊断。

(2)高空减压病的治疗总的原则是加压治疗辅以其他疗法。加压治疗的原则是将患者放入高压舱内,舱内气体增压到2~6atm(1atm=101 325Pa)(一般主张3atm),目的是使体内残存的氮气泡能充分地重新溶解,一直到症状消失时,再用阶段减压的方法恢复到地面常压环境。在高压气体环境中氮气泡重新溶解的机制是:①气泡被压缩,容积变小,气泡内氮气压增加,有利于向气泡外弥散;②气泡的表面张力与其半径成反比,当气泡容积减少到临界值以下时,表面张力即增加到足以使气泡萎陷的程度,加速其重新溶解。阶段减压的原理是:每减压到一定程度,作一定时间停留,使脱饱和过程得以进行,然后再减压,再停留,最后恢复到地面常压环境。各停留站间的压力梯度,在压力较高时多为

0.6atm，压力较低时多为0.3atm。吸用的气体因舱内气体压力及各站停留时间的不同而异，压力较高或在某站停留时间较长时应吸用空气，在压力较低并停留时间较短时可连续或间断地吸用纯氧。

5. 预防措施

高空减压病的预防是高空减压病研究工作中最重要的问题。

(1)飞机采用通风式密封增压座舱：使用增压座舱是预防高空减压病的最根本措施。若能在飞行期间保持座舱压力不低于8000m高度的大气压力值35.6kPa(267mmHg)，即可取得较好的预防效果。现在我国歼击机座舱的最大余压值为0.3kg/cm^2(220mmHg)，按计算，飞行高度为18 000m时，座舱高度仍不超过8000m。轰炸机座舱最大余压值较高，为0.4kg/cm^2(294mmHg)，则在航行期间，座舱压力始终不会低于8000m高度大气压力。鉴于6700m高度曾发生过因严重高空减压病而死亡的病例，故有人主张军用飞机座舱高度应不超过6700m。

(2)吸氧排氮上升前先在地面呼吸一段时间纯氧。呼吸纯氧时，由于肺泡气中的氮分压降低，溶解在静脉血中的氮气就可不断通过肺毛细血管弥散到肺泡中被呼出，血液中的氮气分压降低，而溶解在身体各种组织、体液中的氮气向血液中弥散，最后到肺泡中呼出体外。这是目前预防高空减压病最为有效的方法之一。

高空减压病易感性预测过去是在低压舱内反复数次上升到一定高度并停留一段时间，检出对高空减压病易感的人，使之不参加高空飞行，但由于同一个体的易感性也常有变化，故测验结果多不稳定。自从有了增压座舱后，这种方法已不常使用，但对于挑选用非增压座舱的飞机做高空飞行的飞行员，这种方法仍有一定意义。经验证明，测验的最佳方案是根据飞行人员在飞行中可能遇到的座舱最大高度时间轮廓图，在低压舱内模拟。目前正在寻找更为简易、准确、安全预测高空减压病易感性的方法。控制重复暴露的间隔时间，合理安排反复低气压暴露之间及高气压暴露与随后的低气压暴露之间的间隔时间，低压舱两次上升之间至少要间隔48h或更长。轻潜水活动后，通常24h内禁止飞行或作低压舱上升。有的国家规定，紧急情况下，轻潜水活动后12h内可以飞行，但须经航空医生同意。

三、体液沸腾

在低压舱内动物实验性上升时可见:当迅速上升到 19 000m 以上高度时,除立即发生胃肠胀气和缺氧症状外,暴露数秒到 1min 左右时,动物身体突然膨胀,四肢伸直,如被吹胀的橡皮玩具,重新下降到 19 000m 以下时,上述皮下组织肿胀现象即迅速消失。此种皮下组织肿胀多先从某一最疏松处开始,如颈部、臀部、下腹部等,然后迅速向邻近部位蔓延,但四肢末端、尾巴等皮下组织致密的部位则不受波及。也有的是皮下组织突然发生较广泛的肿胀,而不易看出始于何处。下降地面后,将其在高空曾发生过肿胀的局部皮肤切开时,可见有皮下空腔形成,表明这是一种极低气压所致的皮下组织气肿现象。这种现象显然与 19 000m 高度的大气压力值有直接关系。上升高度超过 19 000m 越多,且上升速度越快,则皮下组织气肿的发展也越显著、越快。

1. 机制

皮下组织气肿现象是极低气压引起体液沸腾,在皮下形成大量水蒸气的结果。任何液体的蒸气压力和作用于其表面的压力相等时,该液体就发生沸腾。例如,在海平面,当水被加温到 100℃ 时,其蒸气压力增为 101.3kPa(760mmHg),和大气压值相等,即发生沸腾。水的沸点随高度的增加而降低。水在 37℃ 时,其蒸汽压力为 6.3kPa(47mmHg);若外界大气压力降低为 6.3kPa 时,37℃ 的水也就应当发生沸腾。人或者恒温动物的体温约为 37℃,因此在 19 200m 高度,当大气压力为 6.3kPa 时,在理论上,体液也应该发生沸腾现象。

2. 影响

实验表明将动物暴露到压力只有 0.13～0.27kPa(1～2mmHg)、接近真空时,对机体的最大危害显然是暴发性高空缺氧,以及体液沸腾致心血管系统内大气形成水蒸气,造成循环停滞从而引起严重的后果。此外,这种极端严重的减压有时还可以造成实验动物脑及脊髓的损伤,损伤的表现与潜水病有些近似。减压前吸氧排氮除能减轻上述损伤外,还能推迟动物在高空发生虚脱的时间、缩短下降后的恢复时间以及降低死亡率。心脏内形成大量蒸气使心脏扩张,可能造成心肌纤维断裂。"蒸气胸"会影响呼吸、循环功能等。

3. 防护措施

对极低气压暴露的防护仍应以预防暴发性高空缺氧为主,其有效措施是:在

19 000m以上飞行,当增压座舱发生迅速减压时,机上配备的应急加压供氧装备应自动开始工作进行加压供氧,以提高吸入纯氧的压力。而在这种高度以上,只能进行体表对抗加压的加压供氧,由加压头盔、部分加压服、代偿手套和代偿袜子对全部体表施加机械性对抗压力。当体表对抗压力与大气压之和大于 6.3kPa(47mmHg)时,即可有效地预防体液沸腾。我国现在使用的加压供氧标准,在19 000m以上高度发生迅速减压时,体表对抗压力与大气压之和都在 17.3kPa(130mmHg)以上,故体液沸腾的防护问题也已一并得到较好解决。更好的解决办法是穿戴全加压服和密闭头盔,对全部体表施加均匀的更高的气体压力。

四、迅速减压损伤

正常飞行时,增压座舱内气体环境的压力较舱外高空环境大气压为高,其高出部分称"余压"。如由于工程技术或作战等原因使座舱结构突然破损时,座舱内的气体通过破孔迅速地向座舱外流出,座舱内的气体压力可在很短的时间内(一般为百分之几秒到1s)降低到和座舱外高空环境大气压力相等的程度,这种在座舱内速度很快的气压降低,即称为"迅速减压"或"爆炸减压"。

迅速减压会对人体产生影响,由座舱压力迅速降低而引起一系列物理性影响,如含气空腔器官(胃肠道、肺、中耳腔、鼻窦等)中的气体体积突然膨胀、压力升高造成的组织损伤等。减压过程完成后,在高空继续停留期间,还可能有高空缺氧、低气压及寒冷的影响等。此外,减压瞬间舱内气体通过破孔迅速向外流动时所产生的强大气流也能引起外伤,甚至将人抛出舱外(客机未使用安全带条件下)。迅速减压瞬间的巨大声响,以及舱内因气体膨胀、温度降低使水汽凝集而产生的一时性浓雾,对人的精神活动和工作能力也都有一定影响。在减压瞬间胃肠道内的膨胀气体缺乏充分的时间向体外排出,但由于胃肠道管壁较厚,也比较坚固,故其影响一般并不严重。动物实验证明,只有极严重的迅速减压[减压后的压力低于体液蒸气压6.3kPa(47mmHg)]才有可能造成胃肠道损伤。中耳腔及鼻窦,由于其内部的高压气体容易排出,故也不致发生严重问题。唯有肺的情况与其他含气空腔器官有所不同,气管分支繁多,不利于迅速排出膨胀气体,终末细支气管及肺泡壁结构都很脆弱,易受损伤,故在迅速减压瞬间,肺的气压性损伤仍为比较突出的问题。尤其是减压速度很快,肺内膨胀的气体一时来不及以相应速度迅速由呼吸道排出时,就发生了胸壁外的压力降低快;而肺内压力降低慢的情况,出现一过性的肺内压相对升高状态,即可引起肺气压性损伤。

五、中耳及鼻窦的气压性损伤

中耳鼓室及鼻窦皆属于含气空腔器官,腔内气体也受气压改变的影响。航空性中耳炎及航空性鼻窦炎的发生是中耳及鼻窦的气压性损伤造成的(主要是在外界气压增高、气体因单向活门作用不能进入腔内,从而使腔内形成较大的负压)。

第二节 高空缺氧生理

现代高性能飞机座舱多为增压座舱,同时配有性能较好的供氧装备,因此正常飞行条件下飞行员一般不会发生缺氧。但在供氧装备使用不当或出现故障、增压座舱失灵的情况下,飞行员仍可能出现急性缺氧,特别是在增压座舱高空爆破且没有实施加压供氧的情况下可能发生暴发性低氧。

一、急性高空缺氧

急性暴露于高空低气压环境持续数分钟至几小时所引起的缺氧称急性高空缺氧,此时肺泡气氧分压往往须经过数分钟才能降低至一定的水平。如缺氧不严重,机体能代偿,可无症状;如缺氧严重,机体失去代偿时可产生一系列症状,甚至引起意识丧失。

1. 症状表现

1)不同高度的症状表现

人在不同高度的症状取决于多方面的因素,其决定因素是上升高度。根据未经高空锻炼的健康青年急性暴露在不同高度的症状表现,将高度大致分为4个相对的区域。

(1)无症状区:从地面到高度3000m。由于缺氧程度轻,静止时身体具有足够的代偿能力。除夜间视力大约自1200m高度开始降低外,没有其他明显症状。

(2)代偿区:指高度3000~5000m。心率及肺通气量明显增加,表示身体的代偿反应尚能对抗这种程度的缺氧影响,故短时间停留、静止情况下的缺氧症状并不严重,但客观检查发现,进行复杂、精细工作的智力功能却明显降低,进行繁重体力劳动的能力也显著减退。如果停留时间稍长,或者还有体力负荷或其他异常环境因素,加上高温等同时合并作用,则可出现明显缺氧症状。

(3)障碍区:指高度5000~7000m。代偿反应虽充分发挥作用,但仍不足以补偿此区缺氧的影响,故静坐时即有明显的功能障碍,脑力及体力活动能力皆受到严重影响,除有头痛、眩晕、视力模糊、情绪反应异常、肌肉运动协调障碍等症状外,智力障碍表现尤为突出,如思考力迟钝,判断、理解、记忆力减退以至丧失等。在此高度短时间停留,一般不至于引起意识丧失,但在5500m以上暴露的同时从事体力活动可引起意识丧失。

(4)危险区:指高度7000m以上。机体代偿反应已不足以保证脑等重要器官最低的氧需要量。暴露在此高度很快出现智力及肌肉运动协调严重障碍,并根据高度的不同,经过一定时间的智力紊乱后发生意识丧失,如不立即供氧,则呼吸、循环功能会相继停止。

2)症状特点与飞行安全的关系

急性高空缺氧时,人的体力与脑力活动能力往往是在不知不觉中逐步变得迟钝和丧失的。所以人的主观感觉往往很轻微或无任何不适,而与客观上缺氧的实际严重程度及当时身体的各种病理表现颇不一致。这与大脑皮层的高级智力功能最先受到缺氧的侵袭,失去正常的理解、分析、判断能力有关。虽然急性高空缺氧的自觉症状复杂多样,并具有一定个体差异,但各国学者所得的结论基本一致,即发生急性高空缺氧时几乎没有明显的痛苦感觉,使飞行人员容易低估其危险性,甚至忽视其存在而不采取应急措施,造成飞行事故。

2. 体内气体分压的变化

急性高空缺氧时,首先肺泡气和动脉血的氧分压及血氧饱和度水平降低,随之引起组织氧分压降低而发生缺氧。下面分述体内各部位气体分压的变化及其与实际工作的关系。

1)肺泡气氧分压的变化

(1)肺泡气氧分压的影响因素:由于吸入气在体温条件下,通过上呼吸道被水蒸气饱和,故肺泡气中各组成气体的容积百分比浓度及分压与吸入气不同,其氧分压与气管气一样。此外,肺泡中的氧不断弥散入血液,同时二氧化碳由血液不断弥散入肺泡,高度越高,肺泡气氧分压越低,肺通气量越大,二氧化碳分压越低,也会间接影响肺泡气氧分压随高度改变的程度。

(2)肺泡气氧分压的临界值:根据实验资料,未经高空锻炼的健康青年,每当肺泡气氧分压降至约4.0kPa(30mmHg)时,会很快出现意识丧失,故认为此值为肺泡气氧分压的临界值。经过高空锻炼对缺氧已经习服的人,可耐受较严重的缺氧,出现意识丧失时的肺泡气氧分压临界值平均可降至2.9kPa(22mmHg),其中有的人在9100m高度不用氧能坚持15min以上。

(3)生理等效高度关系:在高空生理研究及防护装备的设计工作中,为了比较不同总压力值的气体环境的缺氧或供氧效果,需应用生理等效高度的概念,即若有两种以上气体环境,尽管其总压力(高度)及化学组成等方面互不相同,但只要氧分压非常接近,则就其对人体的供氧作用而言,可认为是等效的。在实际工作中,一般根据气管内潮湿吸入气体的氧分压是否相等来确定生理等效高度关系。

2)血液氧分压的变化

(1)动脉血氧分压:由于存在生理性右-左分流,通常情况下,动脉血氧分压较肺泡气氧分压平均低9~10mmHg,在急性高空缺氧的条件下,这个压差变化不大。故在不同高度,动脉血与肺泡气氧分压降低的程度基本一致。

(2)平均毛细血管血液氧分压:血液流经毛细血管时,氧不断通过毛细血管壁向组织细胞弥散,血流沿毛细血管前进时,氧分压不断降低,到静脉端达最低水平。全部毛细血管血液的氧分压水平可由其平均值代表。

(3)静脉血氧分压:可视为已经与组织取得气体分压平衡后的血液氧分压值,它的水平高低决定于动脉血氧分压、局部血液灌流量以及组织的氧耗量水平。动脉血氧分压不能完全说明局部器官缺氧情况,而静脉血氧分压则综合反映了上述因素的影响。静脉血氧分压是反映组织氧分压水平的可靠间接指标。

3)动脉血氧饱和度的变化

急性暴露在一定高度或吸入低氧混合气时,动脉血氧饱和度立即下降,经数分钟后稳定于一定水平。动脉血氧饱和度的变化除与上升高度密切相关外,还与暴露的时间有关。动脉血氧饱和度亦可用光电方法,由耳、前额或手指等体表部位测出。此法虽仅表示其相对变化,但因使用方便,已成为体内缺氧严重程度的常用生理学指标之一。

4）组织内氧分压的改变

急性高空缺氧时，吸入气氧分压降低是引起机体缺氧的外部原因，而其所导致的组织氧分压降低则是引起机体反应的中心环节。组织细胞在生命活动过程中需要不断获取能量，而这种能量的来源是体内营养物质（糖、脂肪和蛋白质）的氧化。为维持体内正常的生物氧化过程，需要不间断地从外界摄取氧和排出体内的二氧化碳。如氧气供应不足或无氧，则会造成生物氧化过程缓慢或停止，从而导致组织发生一系列的代谢障碍。所以急性高空缺氧影响机制，在于延缓或破坏组织细胞正常氧化代谢过程，导致机体发生一系列功能和组织结构上的变化。组织氧分压降低可使机体发生生理性的代偿反应和病理性的功能障碍。当中等程度缺氧时，机体可通过一系列代偿反应，使组织氧分压维持在一定水平上；当严重缺氧时，功能障碍即转化为主要矛盾。

5）二氧化碳分压的变化

某些原因引起肺通气水平超过组织产生二氧化碳速率的需要时，即为过度通气。其特点是从肺泡、血液和组织中排出过多的二氧化碳，导致肺泡气、动脉血和组织中二氧化碳分压降低，称为缺二氧化碳或二氧化碳过少症。在飞行期间，精神紧张、加压供氧、缺氧、供氧装备的呼吸阻力过大、呼吸费力等都可能引起飞行人员不自主地发生过度通气。特别是当发生一定程度缺二氧化碳症状时，由于与缺氧症状无明显区别，主观上可能误认为缺氧加剧或呼吸阻力仍然过大，反而更有意地加强呼吸，如此反复，以致严重缺二氧化碳。

3. 主要代偿反应

急性高空缺氧时，机体可发生特异性代偿反应与非特异性代偿反应。前者指呼吸循环系统发挥代偿功能，以适应低氧分压气体环境，最大限度地减轻脑及心脏等重要器官组织氧分压的下降程度；后者缺氧作为一种应激源，通过下丘脑-脑下垂体-肾上腺皮质系统引起非特异性应激反应。这里主要讨论特异性代偿反应。

急性高空缺氧时体内氧分压梯度明显缩小的部位主要发生于吸入气-肺泡气及动-静脉血液之间。前者是由于肺通气量增加，而后者则是由于心输出量增加、器官血流量重新分配及氧合血红蛋白的解离特性。呼吸、循环系统的特异性代偿反应的生理学意义主要在于通过上述途径缩小体内各部位间的氧分压梯度，以提高组织毛细血管血液的氧分压水平，这样当外界气体环境的氧分压降低时，组织毛细血管血液的氧分压水平不致下降过多，以维持一定水平的氧弥散动力。呼吸系统的代偿反应主要表现为肺通气量增加。循环系统的代偿反应为心脏、脑等重要器官的血流量增加,是通过心输出量增加及血流量重新分配这两种代偿反应来实现的。

4. 主要功能障碍

如果缺氧程度较严重,超过身体的代偿能力,或者缺氧程度虽不严重,但身体的代偿能力较差,不能维持机体原来相对稳定状态,可表现出各种功能障碍。然而机体对缺氧敏感的部位,如神经系统及视觉器官,轻度缺氧时便会出现某些功能障碍。

1)神经系统功能障碍的表现

(1)智力功能障碍:急性高空缺氧将严重影响人的智力功能,但自己却意识不到。1500m可视为开始有影响的阈限高度,首先是新近学会的复杂智力工作能力受到影响;3000m时智力功能已在许多方面开始降低,但对已熟练掌握的任务仍能完成;5000m时障碍已达明显程度;6000m时意识虽仍存在,但实际已处于失能状态;7000m时由于肺泡气氧分压在数分钟内降至临界水平,相当一部分人可在无明显症状的情况下突然丧失意识,但少数人仍可坚持一段时间。当发生意识丧失时,如能立即供氧,一般经过15～30s意识即可恢复,不遗留任何后遗症状。在急性高空缺氧时,由于可能发生血管迷走反应,脑血流减少,亦可导致意识丧失。记忆力对缺氧影响很敏感,在1800～2400m进行检查时,可发现记忆能力开始受影响,以后随着高度的升高而愈加严重。此时虽然意识尚存在并始终保持,但下降到地面后本人却对自己在高空停留期间的许多异常表现完全忘记(逆行性遗忘或称近事遗忘)。急性高空缺氧时,注意力转移和分配能力明显减弱,往往不能同时做好几件事情。注意的范围变得越来越窄,且不能集中精力专心作好一项工作。当缺氧很严重时,还常产生不合理的固定观念,表现主观性增强,说话重复,书写字间距加大、笔画不整齐、重复混乱等,正常理解、判断能力也遭到严重破坏,丧失对现实的认识。

(2)运动协调功能障碍:平时已经熟练的精细技术操作,在3000～3500m之间即开始变得笨拙,有时手还颤抖,往往须加倍小心才能做好。严重缺氧时,还可能出现全身瘫痪。这种瘫痪是上行性的,即腿部先丧失运动功能,此后是上肢、躯干肌肉,最后颈部以上肌肉相继瘫痪。

(3)情绪改变及情感障碍:人的情绪或情感功能受大脑皮层调整,缺氧首先麻痹皮层功能,使情感功能失去正常的调节,发生各种不同程度的改变,直到严重情感障碍。约4000m起,已可看到情绪方面的某些改变。它的表现特点、严重程度除与缺氧条件有关外,还可能与个体反应类型有关。例如,低压舱实验的受试者在这种情况下出现兴奋过程占优势的现象,表现为喜悦愉快、活动加多、好说俏皮话和开玩笑、好作手势,也非常容易发怒、争吵等。表现严重者有如饮酒初醉状态,称欣快症。若暴露时间延长或者缺氧程度进一步加深,一般便由兴奋过程转为抑制过程占优势的状态。也有些受试者一开始即出现抑制过程占优势的情感反应减退或者低落现象,表情淡漠、反应迟钝、精神不振、倦怠无力,甚至困倦、嗜睡等。

2)感觉功能障碍的表现

在所有感觉功能中,以视觉对缺氧最为敏感。急性高空缺氧时,以视杆细胞为主要感受器的夜间视力受影响最严重,以视锥细胞为主要感受器的昼间视力的耐受力较强,当照明度较强时,几乎不受影响。此外,听觉功能随着高度的增加也要受到影响,约在5000m时,高频部分听力下降。在严重缺氧时触觉及痛觉也会逐渐变得迟钝。

3)循环系统功能障碍的表现

(1)心电图的改变:急性高空缺氧可引起肢体导联的P波增大及P-R间期缩短,QRS复合波的总振幅,尤其是R波的振幅皆随缺氧饱和度增加而降低。ST段下移,Q-T间期也随高度增加而缩短,心率相对加快。

(2)血管迷走性晕厥(又称血管迷走反应或血管迷走综合征):有资料报道,在7600m高度暴露5min,10%~15%的人发生这种晕厥。也有资料认为,第一次进行低压舱上升时,出现晕厥反应的比例较高。经常出现晕厥者只是极少数,占2%~3%,这种人不适于参加飞行。

4)氧的反常效应

严重缺氧后突然吸纯氧,在开始阶段还可能引起短暂的发作性缺氧症状加重或机体其他情况恶化现象,称为氧的反常效应。此现象只在经历较严重缺氧一段时间后,肺泡气氧分压又突然急剧升高的情况下才有可能发生。主要表现是轻者仅有局部肌肉抽搐、眩晕、恶心等症状,中等程度者则出现意识紊乱、全身肌肉抽搐、两眼球向上翻动或其他形式的运动协调功能障碍,严重者可出现阵挛及意识丧失达数十秒或更长时间。引起氧反常效应主要机制是由于吸纯氧时动脉血氧分压迅速升高,使缺氧期间赖以维持呼吸、循环功能的化学感受器适宜刺激(低血氧张力)突然解除,而引起肺通气量降低、心动徐缓及动脉血压下降等反应。若已发生严重缺氧,纠正时应注意避免在较高余压下突然大量吸入纯氧,而应较缓和地提高肺泡气氧分压。

5. 影响缺氧耐力的因素

机体对急性高空缺氧的耐受能力取决于许多因素，不同个体之间或同一个体在不同条件之下，其耐受缺氧的能力均有差别。

(1) 缺氧条件：除上升高度这一基本的决定性因素外，暴露时间及上升速度也具有一定影响。暴露时间越长，影响越严重，特别是缺氧的后遗症状与暴露时间长短有密切关系。

(2) 机体的功能状态：健康状况较差，如发生胃肠道感染、上呼吸道感染、急性或慢性过度疲劳病后尚未完全恢复等均使缺氧耐力降低。此外，休息不好、睡眠不足、吸烟、饮酒、空腹或过饱等因素也会对缺氧耐力造成一定影响。习服和体育锻炼可提高人的缺氧耐力。平时重视体育锻炼的人，一般对于缺氧的耐受能力较强。

(3) 其他影响因素：在急性缺氧暴露时，如同时有其他异常因素合并作用，机体的缺氧耐力也会受到影响。例如，当高温与缺氧同时作用于机体时，高温引起的主要代偿反应是皮肤血管舒张，血流量增加，而与缺氧引起的代偿反应恰好相反，这对提高脑部的血流量不利，故此时机体对缺氧的耐力降低。又例如，同时有正加速度作用时，因为脑循环、冠状循环及肺循环皆受到影响，故其缺氧耐力也降低。寒冷与缺氧合并时，缺氧耐力亦降低。

6. 防护原则

(1) 防护装备：通风式密封增压座舱及供氧装备是防护高空缺氧最有效的装备，为飞行员及乘员提供适合的微小气体环境。在军用飞机，由于要兼顾对高空缺氧、低气压物理性影响以及迅速减压等几方面的防护需要，故密封座舱与供氧装备是结合起来使用的。在民用旅客飞机，正常航行时完全由密封座舱防护，只有在高空发生减压时，才应急使用供氧装备，同时尽快下降到安全高度。

(2) 高空生理训练及低压舱体验上升：正确使用防护装备，而装备的防护作用又必须以健全的生理代偿功能为基础。特别应针对急性高空缺氧时主观感觉与客观实际严重程度不相符合这一特点，应严格遵守高空用氧制度并按规定正确使用供氧装备。此外，根据缺氧自觉症状的特点，结合高空生理卫生知识教育，在有条件的情况下还应组织飞行人员体验低压舱上升，以了解缺氧时的自我感觉，可与高空用氧训练同时进行。

(3) 加强卫生指导工作：卫生指导工作的目的是一方面注意消除各种降低缺

氧耐力的不良因素,另一方面增强体质和心肺功能,以使空勤人员保持缺氧耐力于正常范围之内。此外,对于供氧装备的使用,氧气质量等亦应加强卫生指导及医务监督工作。

二、暴发性高空缺氧

发展过程很急骤、程度极其严重的高空缺氧称为暴发性高空缺氧。人对这种缺氧只能坚持数秒钟至数分钟。呼吸空气条件下突然暴露于 10 000m 及更高的高度,或呼吸纯氧条件下突然暴露于 14 000m 及更高的高度,所引起的极度严重缺氧皆属于此种类型。高空飞行中,由于座舱迅速减压或氧气供应突然中断,空勤人员及乘员即可能会出现暴发性高空缺氧。它的主要特征是发生突然,常无明显征兆,即身体代偿功能来不及发挥作用的情况下,突然发生意识丧失。如暴露时间超过 3min,即可能引起急性心衰,慢性可逆或不可逆的脑组织损伤,甚至死亡。

1. 有效意识时间

由于暴发性高空缺氧发展异常迅速,故有效意识时间是衡量其严重程度的主要指标。

1)呼吸空气条件下的有效意识时间

(1)意识时间与有效意识时间:自缺氧暴露开始至意识完全丧失所经历的时间称为意识时间。在 10 000m 以下,整个意识时间又可分为两个阶段:第一阶段,又称有效意识时间或备用时间,此时人仍保持清醒的意识,有一定工作能力。它表明当发生暴发性高空缺氧时,人能继续操纵飞行器及采取有效应急措施的时间。第一阶段结束时,还可出现肌肉痉挛等运动协调功能障碍。第二阶段,虽尚有残存的意识,但已发生智力紊乱,完全丧失工作能力。但随着暴露高度的增加,上述两个阶段的区分越来越不明显,因都是突然发生意识丧失,故有效意识时间即相当整个意识时间。在高空生理实验中,通常以被试者在极度严重缺氧条件下能够坚持完成一定质量的工作任务(如对于刺激信号的应答反应,书写试验等)的时间,作为其有效意识时间。

(2)影响有效意识时间的因素:有效意识时间的长短与暴露的最终高度、暴露方式、暴露前吸入气体的氧浓度和体内的贮氧量、体力活动程度、身体状况、年龄、高空生理训练经历、缺氧习服情况,以及所用测定有效意识时间的方法和指标等因素有关。暴露的最终高度具有决定性意义,高度越高,有效意识时间越短。暴露方式亦是主要影响因素之一,由迅速减压所引起的暴发性缺氧,要比同样高度由中断氧气供应而引起者更为严重,前者有效意识时间更短。

(3)减压前吸入气体的氧浓度:减压前吸入气的氧浓度越高,减压开始时肺泡气的氧分压也越高,故有效意识时间相对延长,反之则缩短。此外,在缺氧暴露期间,有无体力活动,其有效意识时间的差别很大。体力活动一方面能引起肺通气量增加,使体内的氧散失更快,另一方面能促使氧耗量增加,故可导致有效意识时间明显缩短。

2)呼吸纯氧条件下的有效意识时间

即使呼吸纯氧,人被以迅速减压方式突然暴露于压力极低的气体环境中时,也会发生暴发性高空缺氧,其有效意识时间大致是在 14 000m 高度为 1min 左右,15 000m 约 20s,16 000m 为 12～15s。

2. 肺内气体交换的特殊变化

当人被突然暴露于气压极低的气体环境中,肺泡气的总压力及其各组成气体的分压力立即降低到很低水平,使肺泡气与血液之间的气体交换过程发生了质的变化。

1)氧的反方向弥散

呼吸空气条件下,当发生快速减压时,肺内气体即突然膨胀,迅速由气管经口、鼻呼出体外,此时肺泡气的总压力随之降低,并很快与外界大气压取得平衡。因肺泡气的总压力已降至很低,肺泡气中的氧及二氧化碳分压亦相应降低。但是此时由右心室不断进入肺循环的混合静脉血液中的氧及二氧化碳的分压,在短时间内却仍旧保持在减压前的较高水平上。这样即在毛细血管血液与肺泡气之间,形成一个与正常方向相反的氧分压差值,混合静脉血的氧分压反而高于肺泡气氧分压。此时当血液流经肺毛细血管网时,非但不能由肺泡摄取氧,血液中所含的氧反而向肺泡大量弥散,再经气道呼出体外。由于体内储存的氧量有限,故氧的反方向弥散是一个短暂的过程,会立即引起缺氧。

2)原发性缺二氧化碳

在迅速减压后的短时间内,由于肺泡气二氧化碳分压也是立即降至最低水平,故二氧化碳由血液向肺泡弥散的数量将大大超过正常时的水平。根据计算,在迅速减压到 15 000m 的最初几秒钟内,由肺排出的二氧化碳量约为正常水平的 3 倍。像这样严重的缺二氧化碳,在地面上需要用力通气数分钟后才能达到。在急性高空缺氧的条件下,缺二氧化碳是继发性的,是代偿性过度通气引起的;

但在暴发性高空缺氧的情况下,缺二氧化碳是原发性的,是肺毛细血管-肺泡气二氧化碳分压梯度增大引起的。

3)一过性脑功能障碍

人体实验证明在迅速减压后的短暂过程中,如肺泡气氧分压低于 4.0kPa(30mmHg)临界水平,即发生一过性的脑功能障碍,其严重程度与肺泡气氧分压降低幅度及持续时间有关,肺泡气氧分压低于 30mmHg 的持续时间越长,脑功能障碍越严重。若持续时间不超过 15s,虽可有一过性缺氧,但对工作能力无明显影响。

4)安全暴露时间

为避免发生意识丧失,还应确定从暴发性高空缺氧开始到向面具腔内开始加压供氧的容许延搁时间,这段时间称安全暴露时间。人突然被暴露在 16 000m 以上高度,不论当时呼吸气体的含氧浓度有多高,人的意识时间皆将缩短至 12s。在这种高度范围,完全不出现一过性意识丧失的安全暴露时间只有 5~6s。这是由肺-脑循环时间及脑组织的备用时间决定的,人的意识时间基本等于肺-脑循环时间加上完全断绝组织氧的供应后,脑组织尚能维持其正常功能的时间。所以在有效意识时间已达极限值的高度,其安全暴露时间实际上只有 5~6s。

5)应急防治原则

对暴发性高空缺氧最根本的防护措施是立即下降到安全高度,但同时还应采取对飞行人员与乘员个人应急供氧,以及对座舱进行应急加压等措施。对飞行人员应急供氧的基本要求是:在迅速减压开始后的供氧方式转换过程中(如改吸纯氧或以加压方式供氧),必须保持肺泡气氧分压不得低于 4.0kPa(30mmHg)的临界水平。根据上面所述安全暴露时间,通常要求当人体迅速减压到 1200m 高度以上时,加压供氧装备应能于 3~5s 内在面具腔内建立起规定的余压值。

第三节 加速度生理

一、概述

加速度是速度的时间变化率。飞机的飞行速度或方向发生改变,或者二者同时改变时即发生加速度运动。飞行中的加速度一般分为直线加速度和曲线加速度两种,二者均有正负值。飞机起飞、座椅弹射为直线正加速度,飞机着陆、救生伞开伞及人体着地时为直线负加速度。飞机的各种机动飞行就是各种形式的曲线运动,可以出现角加速度,切向与法向加速度和科里奥利加速度,加速度值用重力加速度的倍数 G 来表示。在战斗机飞行员训练、作战中,常遇到的对人体影响最大的是持续性正加速度($+Gz$),如战斗机在盘旋、筋斗、半筋斗翻转、半滚倒转及俯冲改出等机动飞行时,飞行员会受到$+Gz$的作用。

二、正加速度对人体的影响

1. 一般感觉

$+2.0Gz$:感觉身体对座椅的压力增大,手脚沉重,行走困难,全身尤其是面部软组织下坠。

$+2.5Gz$:难以从座位上站起来。

$+3.0Gz$:面部因软组织下坠严重变形,判读仪表易出差错,很难将脚从蹬舵的位置移至脚踏板上。

$+3.0Gz\sim+4.0Gz$:不能从座位上站起来,四肢运动困难,头部前倾,呼吸困难,内脏向下移位,有不适牵拉感或疼痛,有的有视觉障碍。

$+4.5Gz\sim+6.0Gz$:以上感觉更为严重,持续时间5s以上,可能出现灰视、黑视甚至意识丧失。

$+6.0Gz\sim+7.0Gz$:拉弹射座椅面帘的动作非常困难。但对蹬舵、推拉驾驶杆及操纵油门等动作影响不大,因操纵动作与$+Gz$方向垂直或成一定角度之故。对小关节活动的影响也较小。

2. 对循环系统的影响

1)血压的改变

在$+Gz$作用下,人体心水平以上的血压立即下降,而心水平以下的血压则升高,心水平的血压基本保持不变,这主要是由血液流体静压改变所致。一般正常人在立位或坐姿时,心与眼之间的距离约为30cm。$+1Gz$时眼水平的动脉血压为96(即120-24)mmHg,$+5Gz$时眼水平的动脉血压则降至0(即120-24×5)。$+1Gz$时如果心脏至足底距为65cm,则足底的动脉血压为170(即120+50)mmHg、$+5Gz$时足底的动脉血压则为370(即120+50×5)mmHg。

2)血液分布的改变

人体的血管具有一定的弹性,在+Gz惯性力的作用下必然会引起血液在循环系统内部的重新分布。上半身的血液向腹部和下肢转移并淤积在下半身,结果使有效循环血量减少,造成与急性失血类似的生理效应。另外,下肢毛细血管和静脉系统跨壁压增加,使渗入到组织内的液体明显增加,有效循环血量进一步减少,在+4Gz持续作用下,下肢血液中的液体渗入组织的速率可以达到200mL/min。

3)心脏功能的改变

+Gz作用下心率加快,主要与加速度G值大小有关,G值越大则心率增加越多。例如,+3Gz时,心率为109次/min;+5Gz时,心率为125次/min;+6Gz时,心率为142次/min;+7Gz时,心率为159次/min。但心率加快与+Gz值大小不成线性关系。心率加速的程度还与采用抗G动作熟练程度、心理负荷、年龄、性别以及身体状况等因素相关,因而个体差异较大。+Gz作用下,心输出量明显减少,原因是有效循环血量很快减少,中心血量有一部分被转移到下肢,心脏和大血管向下移位及变形,使心脏的排血功能大受影响。如以+1Gz时的心输出量为100%,在+2Gz、+3Gz和+4Gz作用下,心每搏输出量分别减少24%、37%和49%,而每分输出量则平均分别减少7%、18%和22%。+Gz作用下,心电图有以下改变:P波高耸,高G值时P波常融入T波中,+Gz作用停止3min左右P波恢复正常;PR间期缩短,但仍在正常值内;QRS波一般无明显改变;ST段改变的情况也很少,如有明显下降,应考虑到是否有缺血性心脏病。+Gz作用初期,T波幅度降低,有时T波变平、双向或倒置,但在+Gz作用停止后即消失。+Gz位作用停止后,常有大而尖耸的T波,尤在1~2min内最为明显,有人认为,T波的改变与交感神经兴奋性增加有关。+Gz作用下,有些人会出现心律不齐,其中期前收缩最为常见,包括室性、房性和结性,尤以室性期前收缩为多见。期前收缩一般是功能性的,有些异位节律如非持久性室性心动过速,一般也不认为是病理性改变。

4)对呼吸系统的影响

呼吸频率随+Gz值的增加而加快,+7Gz时呼吸频率可达39次/min。肺通气量增大,如+3Gz时增加20%,+5Gz时则可增加150%。由于肺叶上部的肺泡容积已扩张得较大,进一步扩张的余地较小,而基底部肺泡的容积较小,肺泡内外压差稍有增加,肺泡容积改变较大,故胸内压下降时上部肺泡容积变化小,吸入气量少,基底部肺泡容积变化大,气体吸入多。+3Gz时,肺尖部通气量降至 0,而基底部肺泡通气量增加 30% 左右。但在 +Gz 作用下,肺基底部的终末小气道可因受压而闭塞,使肺泡闭锁成为不通气状态,通气量降为 0。如同时使用抗 G 服,终末小气道闭塞则更为严重,可出现一过性的肺萎陷,又称加速度肺萎陷或航空性肺萎陷。

5)对视觉和脑功能的影响

人体在全身肌肉放松时,发生视力障碍与 G 值的关系为:3~4Gz 时视力模糊,3.5~4.5Gz 时周边视力丧失,4~5Gz 时中心视力丧失。在增长率为 1Gz/s 时,+Gz 引起的意识丧失的 G 值大约为 5.4Gz,周边视力丧失、中心视力丧失和意识丧失的平均 G 值各为 4.1Gz、4.7Gz 和 5.4Gz。

三、人体对加速度的耐力

根据我国航空医学研究所的研究,以周边视力丧失为耐力终点指标,峰值作用时间 15s,增长率 1Gz/s,身体松弛状态下的抗 G 耐力为 3.5~4.0Gz,平均为 3.7Gz。穿着抗 G 服时耐力可提高 1Gz,耐力为 4.5~5.0Gz。以上是在载人离心机上的人体耐力,如穿抗荷服在空中作机动飞行时,人体耐力比在载人离心机上高,为 6.0~6.5Gz。影响人体抗 G 耐力有 3 个因素,即 G 值、G 增长率和作用时间。G 增长率相同时,作用时间短可耐受较大 G 值。

四、人体对 +Gz 的防护

1. 抗荷装备

这是一种可对体表施加机械压力,对抗因 +Gz 引起的视力障碍和意识丧失的飞行人员特殊服装。一般由气滤、抗荷调压器及信号装置组成,分为囊式和侧管式两种。囊式抗荷服通常有 5 个互相连通的囊,分别位于腹部、大腿前和小腿外侧,一般可提高耐力 1.5Gz,穿着方便,通风散热好,但下肢受压不均匀,臀部无压力,使用时间较长时易引起下肢压痛,皮下出血,下肢活动受限。侧管式抗荷服在两侧胸至外踝各有 1 条拉力管,拉力管与服装之间由许多条交叉的小带连接,当拉力管充气时,通过交叉的小带将衣面拉紧,使肢体表面受到一定的机械压力。8Gz 充气时拉力管内充气压强可达 1.5kg/cm²。加压面积较大,压力分布较均匀,几乎不会引起肢体的压痛,对四肢活动的影响小,抗 G 耐力可提高

2.5Gz 左右。

2. 抗荷动作

抗荷动作可使胸内压明显升高，心输出量维持在一定水平上，使心水平动脉压升高，眼水平动脉压下降减少，使视网膜和脑组织的血液供应得到保障。

3. 抗荷生理训练

(1) 飞行员体育锻炼的原则是全面提高身体素质，重点加强抗 G 肌肉锻炼。在增强力量、速度、灵活性、前庭功能的同时，增强心血管对 +Gz 的代偿功能。长期的举重锻炼可增加交感神经的紧张性，使骨骼肌中毛细血管的密度减少，从而减轻血液在下肢的淤积。短距离速跑和短距离速游可引起心血管剧烈的代偿反应，也是一种增强抗 G 耐力的体育锻炼。

(2) 载人离心机抗 G 训练不仅可以提高 1～2Gz 的耐力，而且可以练习正确使用抗荷装备和抗 G 动作，是世界各国空军普遍采用、行之有效的抗 G 措施。但对锻炼的强度、模式、持续时间、间隔时间、次数等均需进行精心安排，如安排不当会适得其反，造成疲劳，代偿功能破坏，甚至使抗 G 耐力降低。

第八章 大气环境中的颗粒物对人体健康的影响

随着社会经济的快速发展,人们在追求高质量生活的同时,越来越关注自身赖以生存的大气环境。大气环境污染如何影响人的健康,在日益加剧的大气环境污染下又如何从事运动,这些已成为当前运动生理学研究的热点。

颗粒物是空气中的主要污染物之一。根据粒径的大小,一般将颗粒物分为悬浮颗粒物和可吸入颗粒物:前者是指粒径小于 $100\mu m$ 的液体、固体和固液体相结合存在于空气中的颗粒物;后者则指粒径小于 $10\mu m$,能进入人体呼吸道的颗粒物。空气污染物总量中颗粒物约占 10%,主要来自自然界本身和人类的生产和生活活动过程。空气颗粒物的主要来源包括:①天然来源。天然来源是指由于自然因素产生的颗粒物,如自然的风沙扬尘、火山爆发释放的火山灰、森林火灾的燃烧挥发物、宇宙陨星尘、海浪溅出的浪沫和盐粒,以及植物散发的花粉、孢子等。每年进入大气层的各种灰尘约 2 亿 t,天然来源约占 50%。②人为来源。生活性颗粒物,这主要是指人们日常生活过程中活动释放的颗粒物,如燃煤、燃油取暖、炊事烹调、打扫卫生、焚烧垃圾,以及用于不同目的的气雾剂喷洒。交通工具废物排放,各种类型的内燃机车、汽车、飞机、船舶、舰艇、装甲车辆的废气排放含有大量的颗粒物。生产性颗粒物,人类在生产过程中由人工或机械释放出来的各种颗粒物,如电站和民用锅炉排烟,各种类型的矿石开采及选矿坑道掘进、冶金铸造、建材加工、石料粉碎等。各种颗粒物污染的特性取决于其性质和生产工艺本身。颗粒物根据气溶胶概念一般分为尘粒、粉尘、细尘、雾珠、雾、烟、煤尘、排烟、排尘、烟雾等。

颗粒物粒径的大小决定其最终进入人体的部位。一般大于 $10\mu m$ 的颗粒由于惯性作用,被鼻和呼吸道黏液排除。粗粒子一般沉积在支气管部位,而细粒子更易沉积于细支气管和肺泡,并可能进入血液循环,导致心肺功能的障碍和疾病。工业生产过程中排放到空气中的颗粒物,最大的粒径有 $1000\mu m$,最小的在 $0.01\mu m$ 以下。煤和石油等燃料燃烧时所产生的微粒多以黑烟形式排入大气。重油燃烧排出烟粒径小于 $10\mu m$ 的占 $40\%\sim 90\%$。汽车尾气中颗粒物有 $60\%\sim 80\%$ 粒径在 $2\mu m$ 以下。

悬浮在空气中的颗粒物对机体的损害,因其理化性质和生化特性不同而异,这些特性决定颗粒在体内沉积后与机体间的相互作用。颗粒物本身含有多种有毒有害物质,又是其他污染物的载体,所以颗粒物对人的危害是多方面的,其一般毒性主要有局部刺激作用、全身性中毒、引起免疫功能下降和皮肤疾患等。

第一节 颗粒物的一般毒性

一、颗粒物对呼吸系统的影响

大量的颗粒物进入肺部对局部组织有堵塞作用,可使局部支气管的通气功能下降,细支气管和肺泡的换气功能丧失。吸附着有害气体的颗粒物可以刺激或腐蚀肺泡壁,长期作用可使呼吸道防御机能受到损害,发生支气管炎、肺气肿和支气管哮喘等。研究显示,颗粒物可通过直接或间接的方式激活肺巨噬细胞和上皮细胞内的氧化应激系统,刺激炎性因子的分泌以及中性粒细胞和淋巴细胞的浸润,引起动物肺组织发生脂质过氧化等。颗粒物染毒的动物肺泡灌洗液中存在脂质过氧化物及丙二醛含量增加,乳酸脱氢酶、酸性磷酸酶和碱性磷酸酶活性升高,谷胱甘肽过氧化物酶活性降低、巨噬细胞数减少等现象。长期居住在颗粒物污染严重地区的居民,可出现肺活量降低、呼气时间延长、呼吸道疾病的患病率增高。颗粒物可以增加动物对细菌的敏感性,导致呼吸系统对感染的抵抗力下降。

二、颗粒物对心血管系统的影响

目前认为,颗粒物可能通过干扰中枢神经系统功能,直接进入循环系统诱发血栓的形成,此外可刺激呼吸道产生炎症,并释放细胞因子,通过引起血管损伤导致血栓形成,从而对心血管系统产生影响。

三、颗粒物对免疫功能的影响

颗粒物具有免疫毒性,它可引起免疫功能的下降。长期暴露在颗粒物污染环境下($0.47mg/m^3$),小学生的免疫功能受到明显的抑制作用。动物实验也证实,颗粒物一方面可以影响局部淋巴结和巨噬细胞的吞噬功能,导致免疫功能下降;另一方面又可增加动物对细菌感染的敏感性,导致肺对感染的抵抗力下降。动物实验结果表明,不同粒径的含金属元素颗粒物提取液对小鼠的细胞均有一定的免疫毒性,尤以小于 $2.0\mu m$ 颗粒的免疫毒性较强。

四、颗粒物引起多种疾病

颗粒物含有多种有毒有害物质,在长期持续作用下,可使呼吸道防御功能受到破坏,引起慢性支气管炎、肺气肿、支气管哮喘等疾病。动物实验证明,一次大剂量($1.5mg/kg$)注入城市颗粒物悬液,即可引起肺细胞损伤,肺部出现急性炎症、肺水肿和肺出血。同时,肺巨噬细胞吞噬功能下降,各种胞浆酶及溶酶体酶等活性增加,易并发支气管炎。染毒剂量增大,动物可出现肺间质纤维组织轻度增生。流行病学研究表明,医院哮喘病的发病率、进医院的人数以及死亡人数都会随大气中的 PM_{10} 浓度的增加而增加。有研究发现,大气 PM_{10} 浓度的升高可加重哮喘儿童的症状。1995—1996 年在我国广州、武汉、重庆、兰州四地的调查显示,大气中 PM_{10} 和 $PM_{2.5}$ 污染水平与儿童呼吸道炎症、哮喘的患病率呈线性正相关关系。

五、颗粒物对人群死亡率的影响

大气颗粒物污染对人群死亡率有短期影响。欧洲 29 个城市和美国 20 个城市的研究显示,大气 PM_{10} 浓度每增加 $10\mu g/m^3$,人群总死亡率分别升高 0.62% 和 0.46%。亚洲的研究表明,PM_{10} 浓度每增加 $10\mu g/m^3$,人群总死亡率升高 0.49%。大气 $PM_{2.5}$、PM_{10} 浓度每增加 $10\mu g/m^3$,引起总死亡率增加的 RR 分别为 1.14~1.07 和 1.10。研究表明,大气 PM_{10} 浓度每增加 $10\mu g/m^3$,总死亡率上升 0.5%，65 岁以上人群因慢性阻塞性肺疾病和心血管疾病的入院率分别增加 1.5% 和 1.1%。对我国大气颗粒物污染与健康效应的 Meta 分析显示，总悬浮微粒浓度每升高 $100\mu g/m^3$，慢性支气管炎的死亡率增加 30%，肺气肿的死亡率增加 59%。然而，至今尚未发现颗粒物对健康影响的阈值。

六、其他影响

颗粒物能吸收和散射太阳辐射，$0.5\sim0.8mg/m^3$ 的颗粒物能降低太阳辐射的 40%，并能影响紫外线的辐射强度。由于 $290\sim315\mu m$ 波长的紫外线可使皮肤中的 7-脱氢胆固醇转变为维生素 D，具有抗佝偻病的作用，加之紫外线还有杀菌的作用，因此颗粒物污染严重的地区，儿童佝偻病发病率增加，一些由空气传播的传染病的发病率会增高。

第二节 颗粒物的致癌和致突变作用

颗粒物的致突变性研究多采用 Ames 试验颗粒物有机提取物。颗粒物的有机提取物在加 S_9 和不加 S_9 的条件下，都出现不同程度的致突变性，其中既会有直接的致突变物又会有间接的致突变物，以移码型突变机理为主。城区颗粒物的致突变性强于郊区及乡镇，而在城区中又以工业区和交通要道的致突变性为强。研究结果表明，颗粒物粒径越小，致突变活性越高，粒径小于 $1.1\mu m$ 的颗粒物的致突变性最强，$2\mu m$ 以下颗粒物的致突变活性可占到致突变总活性的 52%～98%。

目前，对大气颗粒物致突变组分尚未获得明确认识。有的学者认为酸性物质、芳香烃、含氧化物组分在颗粒物致突变中起主导作用，约占 50%；而有的学者认为其主要活性存在于丙醇组分中，致突变性不是来自 PAHs，而是其他化合物。有研究结果表明，含有 PAHs 化合物的中性环己烷-硝基甲烷的致突变活性最强，占致突变总活性的 48%，因此认为 PAHs 在大气颗粒物中起主导作用。有研究对颗粒物的无机提取物的致突变性结果显示，无机提取物也具有致突变性，致突变强度和颗粒物中含有致毒元素或化合物的成分和含量有关。颗粒物粒径越小，致突变性越强。颗粒物中不仅有多环芳烃类的间接致突变物,而且还含有直接致突变的硝基多环芳。从单位质量提取物所致突变菌落数及出现阳性结果的最低剂量可见,液化石油燃气颗粒物的致突变活性明显高于燃煤颗粒物。

大气颗粒物中含有多种致癌物和促癌物。有研究发现,云南宣威县肺癌高发区空气中不同粒径颗粒物均有致癌性,颗粒物粒径越小,其致癌性越强。柴油机排出颗粒物各种组分具有明显的诱导 SHE 细胞恶性转化的能力,并在一定范围内存在剂量-反应关系。不同组分的细胞毒性有所差别,一般认为致癌活性的差异与颗粒物有机污染物含量有关,特别是多环芳烃,如与苯并(a)芘的含量呈正相关。流行病学调查结果表明,颗粒物的污染与人群肺癌发病率可能有关。

第三节 影响颗粒物生物学作用的因素

一、颗粒物的粒径

颗粒物在大气中的沉降与其粒径有关。一般来说,粒径小的颗粒物沉降速度慢,易被吸入。不同粒径的颗粒物在呼吸道的沉积部位不同:大于 $5\mu m$ 的多沉积在上呼吸道,通过纤毛运动这些颗粒物被推移至咽部,或被吞咽至胃,或随咳嗽和打喷嚏而排除;小于 $5\mu m$ 的颗粒物多沉积在细支气管和肺泡。$2.5\mu m$ 以下的 75% 在肺泡内沉积,但小于 $0.4\mu m$ 的颗粒物可以较自由地出入肺泡并随呼吸排出体外,因此在呼吸道的沉积较少。有时颗粒物的大小在进入呼吸道的过程中会发生改变,吸水性的物质可在深部呼吸道温暖、湿润的空气中吸收水分而变大。颗粒物的粒径不同,其有害物质的含量也有所不同。研究发现,60%~90%的有害物质存在于 PM_{10} 中。一些元素如 Pb、Cd、Ni、Mn、V、Br、Zn 以及多环芳烃主要附着在粒径 $2\mu m$ 以下的颗粒物上。

二、颗粒物的成分

颗粒物的化学成分多达数百种,可分为有机和无机两大类。颗粒物的毒性与其化学成分密切相关。颗粒物上还可吸附细菌、病毒等病原微生物。颗粒物的无机成分主要指元素及其他无机化合物,如金属、金属氧化物、无机离子等。一般来说,自然来源的颗粒物所含无机成分较多。此外,不同来源的颗粒物表面所含的元素不同。来自土壤的颗粒主要含 Si、Al、Fe 等,燃煤颗粒主要含 Si、Al、S、Se、F、As 等,燃油颗粒主要含 Si、Pb、S、V、Ni 等,汽车尾气颗粒主要含 Pb、Br、Ba 等,冶金工业排放的颗粒物主要含 Mn、Al、Fe 等。

颗粒物的有机成分包括碳氢化合物,羟基化合物,含氮、含氧、含硫有机物,有机金属化合物,有机卤素等。来自煤和石油燃料的燃烧,以及焦化、石油等工业的颗粒物,其有机成分含量较高。有机成分中以多环芳烃最引人注目,研究发现颗粒物中还能检出多种硝基多环芳烃,可能是大气中的多环芳烃和氮氧化物反应生成的,也可能是在燃烧过程中直接生成的。

颗粒物可作为其他污染物如 SO_2、NO_2、酸雾和甲酸等的载体,此等有毒物质都可以吸附在颗粒物上进入肺脏深部,加重对肺的损害。颗粒物上的一些金属成分还有催化作用,可使大气中的其他污染物转化为毒性更大的二次污染物,如 SO_2 转化为 SO_3,亚硫酸盐转化为硫酸盐。此外,颗粒物上的多种化学成分还可发生联合毒作用。

三、呼吸道对颗粒物的清除作用

清除沉积于呼吸道的颗粒物是呼吸系统防御功能的重要环节。呼吸道不同部位的清除机制有所不同,鼻毛可阻留 95% 的 10μm 以上的颗粒物。颗粒物可通过咳嗽或随鼻腔的分泌物排出体外,也可被吞咽入消化系统,或进入淋巴管和淋巴结以及肺部的血管系统后在体内进行再分布。气管支气管的黏膜表面被纤毛覆盖并分泌黏液,通过纤毛运动可将沉积于呼吸道的颗粒物以及充满颗粒物的巨噬细胞随同黏液由呼吸道的深部向呼吸道上部转运,并越过喉头的后缘向咽部移动,最终被咽下或随痰咳出。黏液-纤毛系统的清除过程较为迅速,沉积于下呼吸道的颗粒物在正常情况下 24~48h 内可被清除掉。环境污染物可使呼吸道黏膜的分泌性和易感性增强,影响纤毛运动,导致黏液-纤毛清除机制受阻。肺泡对颗粒物的清除作用主要由肺巨噬细胞完成,颗粒物可被巨噬细胞吞噬后经黏液-纤毛系统排出或进入淋巴系统。一些细小的颗粒可直接穿过肺泡上皮进入肺组织间质,最后进入血液或淋巴系统。

四、其他因素

某些生理或病理因素可影响颗粒物在呼吸道的沉积。例如,运动时呼吸的量和速度都明显增加,这样将促使颗粒物通过沉降、惯性冲击或扩散在呼吸道沉积。慢性支气管炎患者的呼吸道黏膜层增厚,会造成气道的部分阻塞,颗粒物易于沉积。一些刺激性的气体如香烟烟气等可引起支气管平滑肌收缩,加重颗粒物在气管支气管的沉积。

第四节 大气环境污染与运动

一、大气环境污染对运动能力的影响

大气中的光化学烟雾由 O_3、NO_2、PAN(过氧酰基硝酸盐)和其他硝酸盐化合物、硫酸盐、微粒物以及一些还原剂等混合组成,这些污染物对人类健康可能产生单独的、相加的或协同的影响。研究人员通过比较研究,发现大气中的氧化剂直接影响了人体在竞赛时对氧气的利用或造成了呼吸不适。国家空气质量标准中污染指数 API 在 201～300 时,对应的空气质量级别为 4 级,空气质量被描述为中度污染,对健康的影响为:一定时间的接触后,心脏病和肺病患者症状显著加剧,运动耐受力降低,健康人群中普遍出现症状。研究还发现大气污染会导致持续运动的能力下降,污染程度越严重,持续运动的能力下降越明显。大气污染对运动训练效果的影响也十分明显。如已产生的训练效果会因大气污染而消退,并反映出消退速度与大气污染的程度有关,污染程度越严重消退越快。由此认为,体育竞赛和运动训练应重视对大气环境质量的要求,其场所应尽可能选择在无大气污染或少污染的地区。在大气污染较为严重的城市,居民的体育锻炼活动也应选择在大气污染较轻的地点进行,同时应普及体育锻炼的卫生知识,以免在大气污染环境下进行运动,对身体健康造成不良影响。

二、运动时大气环境污染的应对方法

人体从事各种体育活动时,机体最显著的反应是呼吸、循环功能加强,代谢水平提高,机体通过从大气环境中摄取更多的氧来满足肌肉活动的需要。在大气环境污染情况下,体育锻炼对人体的附加作用是使人体被动地吸入更多的大气污染物,从而给人体健康带来负面影响。因此,在体育锻炼中,应对大气环境污染的唯一方法是当大气中污染物含量最高时,不进行锻炼,或者选择在大气环境质量好的区域进行体育锻炼。

在炎热夏季的中午(11:00~15:00),太阳紫外线辐射强烈,臭氧的含量最高,此时不宜从事户外体育锻炼。在大城市,人们通常在公路边的人行道、空地或广场等地方进行体育锻炼。这些地方在交通拥挤的时候,大气中二氧化碳、臭氧、氮氧化物的含量非常高,最好不要在这些地方进行体育锻炼。有资料显示,大气中二氧化碳含量水平在缓慢和拥挤不堪的交通条件下升高。较高浓度的二氧化碳还可以扩散到交通线外18~27m,所以进行体育锻炼要远离公路。

进行体育锻炼要远离工业区,特别是可能释放某些有害物质的化学工业区。如果居住在工业区,要选择位于污染源的上风位,大气环境质量较好的地段,特别是绿色植被较多的地方进行体育锻炼。

雾霾天不宜进行体育锻炼。当大气受到污染时,大气中的酸性气体以及一些可溶性气体会溶于雾中,生成亚硫酸和硝酸等。在这样的大气环境中进行体育锻炼,呼吸系统、心血管系统和皮肤都会受到损害。雾对呼吸系统的主要影响为呼吸功能减退、肺泡弹性减弱,还可能导致支气管炎、支气管哮喘、肺气肿和肺水肿等病症。

第九章　特殊环境中的脑力性疲劳及防护策略

脑力运动是与以体力运动为主的运动相比较而言的。脑力运动有别于我们通常所说的"智力游戏"以及"脑力体操"。户外运动参与者常在高温、高湿、高海拔、低氧、航海与航空等特殊自然环境条件下进行身体活动,机体的耐受能力、心理调适能力和大脑抗疲劳能力均会不同程度地受到影响,从而制约运动水平的发挥。因此,研究户外活动过程中脑力疲劳的影响因素及干预措施,对于提高户外运动的科学化程度,高效率地增强运动员集体力、脑力和心力于一体的综合素质,以适应户外运动的需要,具有重要的理论与实践意义。

脑力运动过程的生理变化包括:①脑的有氧代谢较其他器官高。安静时脑有氧代谢需氧量为等量肌肉需氧量的 15~20 倍,占成年人体总耗氧量的 10%,即使是最紧张的脑力运动,全身能量消耗的增高也不至于超过基础代谢的 10%。②葡萄糖是脑细胞活动的最重要能源。平时 90% 的能量都靠糖分解来提供,但脑细胞中储存的糖原甚微,只够活动几分钟,主要靠血液送来的葡萄糖通过氧化磷酸化过程来提供能量,因此脑组织对缺氧、缺血非常敏感。③对心脑血管的影响。脑力运动常使心率减慢,但特别紧张时,可使心跳加快、血压上升、呼吸加快、脑部充血,而四肢和腹腔血液减少;脑电图、心电图有所变动,但并不能用来衡量运动的性质及其强度。④对机体生化和代谢的影响。脑力运动时,血糖一般变化不大或稍增高;对尿量没有影响,对其成分也影响不大,仅在极度紧张的脑力运动时,尿中磷酸盐的含量才有所增加;对汗液的量与质以及体温均无明显的影响。

在户外运动过程中出现的脑力性疲劳是用脑过度的表现,是由于体力和脑力运动的时间持续过久或运动强度过大,体内组织器官代谢废物乳酸和二氧化碳(两者又合称"疲劳素")积蓄增多,大脑组织神经元活动所需要的营养和氧气供应不足。脑力性疲劳通常表现为：①头昏眼花、头涨、视力模糊、听力下降等；②四肢乏力或嗜睡；③注意力不集中或记忆力下降；④反应迟钝，不解其意，出现错觉，甚至幻觉；⑤出现恶心、呕吐现象；⑥情绪不稳、心情郁闷或烦躁不安等；⑦出现性格改变，如忧郁等。脑力疲劳后的活动能力变化与其对疲劳的主观感受有关。疲劳是对人体健康的一种保护性反应，说明身体已经受到某种损害，此时需要有效的休息来消除疲劳。

第一节　脑力疲劳的评价

脑力疲劳的评价是一件非常困难的事情，原因之一就是影响因素太多且过于复杂。脑力疲劳的出现、持续时间与程度主要与任务需求和个体差异有关，操作者个人的能力、动机、策略、情绪和工作状态必然会对结果产生影响，而任务的复杂性、精确度和完成时间的要求也与结果密切相关。研究中一般采用多指标评判技术，测量任务对脑力负荷的影响。常用的评价脑力负荷的研究方法大致可以分为三类：任务操作测量方法、生理指标测量方法和主观测量方法。研究时，要特别注意所选用方法的三个基本属性，即敏感性、诊断性和对主任务的侵入性。其中敏感性是最重要的，敏感性就是测量方法要能够反映脑力负荷的变化。诊断性与敏感性之间具有直接的对应关系，如果只是为了确定脑力负荷水平，诊断性并不是一个很重要的选择标准，但是如果必须要追溯负荷的来源，必须选择诊断性较高的方法。侵入性是指测量方法能够降低主任务绩效，次任务技术对主任务的侵入作用最大，关系到结果的精确性，应该通过一些技术措施尽量避免或减轻这种侵入性。

一、任务操作测量方法

任务操作测量方法的基本思路：让操作者进行负荷活动的同时（称为主任务）再完成另一事先选定的活动（称为次任务），通过次任务绩效来反映主任务的脑力负荷变化。主任务操作方法是通过对完成主任务绩效的测量来评估受试者的脑力负荷。理论基础是随着脑力负荷的增加，信息处理所需要的脑力资源也要增加，导致任务绩效质量的改变。也就是说，当任务难度增加时，需要更多的

第九章　特殊环境中的脑力性疲劳及防护策略

资源处理信息，于是绩效降低。它直接反映了操作者努力的结果，但绩效测量是基于任务的，如果使用不同的难度，很难在不同的任务间对结果进行比较。测量研究对象对目标进行搜索和觉察的速度与准确性是研究人员用来评估操作者脑力负荷常用的间接测量方法。增加任务难度的结果是操作者改变了在监测和控制之间分配注意力的方式，没有测量两个任务的绩效，就不能够完全确信任务难度的变化影响了个人的脑力负荷，而且，许多情况下，大多数系统都没提供操作者绩效信息的装备，难以直接获得绩效操作数据。

次任务技术是在多任务注意分配、多资源理论等研究成果的基础上发展起来的。次任务操作技术常用的方法有选择反应时任务、数学计算、记忆任务、搜索任务和跟踪任务等。次任务技术存在"侵入性"和"敏感性"等缺陷。侵入性缺陷是指次任务的介入对主任务即操作产生干扰，从而降低安全性。从定义上可以看出，次任务的介入增加了额外的负荷，任务所需要的硬件设备会对主任务产生侵入性，另外，当主、次任务都高度使用同一资源时，次任务对脑力资源的占用也会引起主任务绩效降低的侵入性缺陷。敏感性缺陷是指次任务测量指标的敏感性随许多因素发生变化，从而影响工作负荷测评的可靠性。次任务技术的测评敏感性受操作者资源分配策略和主、次任务活动性质的影响，而资源分配策略又取决于活动要求，操作者主观意图、意志努力和工作负荷水平等因素。

在脑力负荷的研究中，一般是通过控制任务的难度来改变任务负荷水平，并通过活动绩效指标检测任务难度的变化。但是研究结果显示，任务需求、绩效水平和脑力负荷之间的关系并不总是那么一致，有时会出现相反的趋势。乏味的任务、低的任务需求，导致任务难度增加、人的能力降低、脑力负荷增加、操作绩效降低。厌烦情绪的产生也会使能力降低，相对地需要付出较大部分的努力来完成任务，脑力负荷增加。低的任务需求使操作者能容易地完成任务，绩效水平稳定，脑力负荷的水平最低；任务需求增加，靠操作人员持续的努力和脑力资源投入的增加，可以维持绩效水平，脑力负荷增加；任务需求继续增加，使操作人员的脑力负荷超载时，资源投入严重不足，绩效水平降到最低点。因此，任务需求、绩效水平和脑力负荷之间并没有直接的联系。对脑力负荷进行测量评定时，一定要弄清楚测量的绩效区域和测量方法的敏感性范围。

二、生理指标测量方法

测量生理指标的变化是了解脑力负荷的好方法,生理指标测量方法的前提是假设生理反应和任务相关,当一个人的脑力负荷发生变化时,与之相关的生理指标也会有变化,因此对操作者的认知活动实时进行多项生理指标测量是一个实时、客观的方式。生理指标测量主要包括对中枢神经系统的测量和对周围神经系统的测量;中枢神经系统包括脑、脑干和脊髓;周围神经系统可分为躯体神经系统和自主神经系统。躯体神经系统控制着随意肌的活动,自主神经系统控制着内部器官的活动。自主神经系统进一步可分为交感神经系统和副交感神经系统;交感神经系统的功能是控制内部器官在紧急情况下的反应,副交感神经系统是维持身体的功能。大多数器官都被交感神经系统和副交感神经系统双重支配着。瞳孔直径、心率、呼吸、皮肤电活动和激素水平测量都属于自主神经系统方法。

生理指标测量技术一般都有专门的设备和技术要求,对主任务有较小的侵入性,大多数生理测量技术的侵入性较小。诊断性是测量方法能反映任务需求对具体资源使用情况的能力,其理论基础是多资源理论。如果在任务的某一段或某一点,测量方法能够反映任务需求的变化,诊断性就较好;如果只能反映一般任务的任务需求,诊断性就较低。在任务的不同阶段瞳孔直径测量方法表现出同样的敏感性(如在信息编码和中枢信息处理阶段),所以该方法反映了一般的任务需求,具有较低的诊断性。事件相关脑电位的范围对主任务的中枢信息处理敏感,具有较高的诊断性。有些次任务技术也具有较高的诊断性。

不同的生理测量技术能从不同角度表现出对脑力负荷的敏感性,对任务操作的总体需求进行评估。例如,心率可随着脑力负荷的升高而升高;人的脑电活动对于认知和行为状态的变化很敏感,脑电的节律变化是任务难度的函数,实验室中发现当被试者从单个的认知任务转变为双任务时,脑电的节律减少。常用的生理指标测量技术有心率测量、眨眼测量、眼动测量、眼动电图、瞳孔直径测量、脑电活动、呼吸测量、事件相关脑电位和体液分析等。执行任务时,成套的测量设备能方便地安置在操作者身上,测量心率、眨眼、呼吸和脑电波的便携式多路系统能同时记录不同通道的数据,测量系统能连续地采集操作者的反应信息,既能够在线对数据进行处理,也能离线独立地进行数据处理。但任何单一的生理指标对脑力负荷的测量都是片面的,只有根据需要选择多种生理指标,综合运用才能全面反映脑力负荷的变化。

三、主观测量方法

脑力负荷的主观测量方法是一种直接评定脑力负荷的方法,其理论基础是操作者脑力资源耗费的增加,同努力程度联系并能准确表达出来。让受试者自己陈述完成任务过程中的脑力负荷体验,或根据这种体验对活动项目进行过程排序、质的分类或量的评估。第一种全面的负荷评价方法涉及 6 个负荷因素:心理需求、生理需求、时间需求、操作绩效需求、努力需求和挫折。评价结果时这些因素被赋予不同的权重。第二种测量方法把时间、压力和努力看作是 3 个引起脑力负荷的主要因素,每个因素再分为高、中、低 3 个水平,最后合并成一个脑力负荷测量指标。还有一种是评价任务难易程度的单维度自评量表,由一系列的问题组成,可以对操作者进行活动负荷的综合评价。

主观测量方法采用内省的方式评定脑力负荷,不仅能区分超负荷与非超负荷,而且对中、低负荷水平的变化也较敏感,由于是事后进行测量,不对主任务产生侵入性。但并不是所有的脑力活动过程都可以用内省的方式得到,如果不是复杂的多任务操作,任务完成后脑力负荷评价结果没有多大差异。而且,被试者在不同时间对于不同的任务,脑力负荷评价结果不同。脑力负荷评定结果与个性特征、反应策略、身体或生理变量等都存在密切联系,评定结果的差异性较大,方法的敏感性存在特异性等。尽管存在以上问题,但主观报告还是能反映出大量的有效信息,而且由于操作简便、经济而容易被接受,它是被普遍采用的脑力负荷测量方法。

由上可见,各种指标和评价方法都能提供脑力负荷状态的有效信息,但都不够全面。由于操作任务是一种动用多种脑力资源的"多维任务",脑力负荷也具有多维度特性,任何单一指标或单一方法都有其优点和局限性,很难找到一种适用于各种任务条件的脑力负荷评定指标,根据任务需求采用多指标评判技术对脑力负荷的测量有一定的意义。但由于人机技术的发展,还须不断对现有的方法进行改造和开发新的测量方法。

第二节 户外运动中脑力疲劳的影响因素

一、情绪与脑力疲劳

情绪是机体朝向或背离某种事物的知觉和行为,反映人们对自身状态或客观环境的喜好与厌恶的感觉。心理学研究认为,人的情绪活动可以分为两大类。一类是愉快或积极的情绪,当人的心情愉悦时,其内脏器官活动功能增强,心跳均匀有力,呼吸平稳,通气量增加。心理健康可以使肠胃蠕动加快,胃液分泌增多,循环、呼吸、消化系统等功能正常,对机体可以产生良好的影响。另一类是不愉快或消极的情绪,如忧愁、悲伤、痛苦、愤怒、恐惧、焦虑等。

一般认为,情绪与下丘脑(属于边缘系统)的功能活动有关,情绪相关脑区功能的改变以及体内激素、神经递质等的改变也许是导致情绪状态变化的根本原因。情绪状态的变化还与各种躯体感觉密切相关,适宜的、温和的刺激常导致良好的情绪,而强烈的、痛苦的刺激往往产生恶劣情绪。高强度、高负荷条件下的持续户外活动任务可产生不同程度的紧张、恐惧、焦虑等负性心理反应,恐惧可向内转化,并变为焦虑。焦虑是一种与不明确的危险因素有关的忧虑和不安,恐惧和焦虑都能引起机体平衡失调,是引起不良情绪的主要因素,易导致脑力疲劳和心理认知功能的下降。

人在某种生理需要无法得到满足时,即会产生情绪状态的变化。例如,睡眠不足与脑力疲劳互为负面影响因素,并在生物节律的低点时更加显著,瞌睡感增加,脑力负荷加重,如果同时还存在工作负荷,则工作的内在动力下降,工作绩效降低。虽然脑力疲劳发生的机制非常复杂,但从工效的角度可以理解为"工作任务需要"与"受试者厌恶再作努力"间的矛盾。"厌恶或不愿再作努力"反映了机体功能活动水平的降低,既适用于躯体疲劳,也适用于精神疲劳。

在不良情绪的影响下,不同气质类型和个性特点的人可能作出不同的反应。对有些人来说,轻度的情绪应激可能使其工作效率提高;而对有些人则可能引起心理功能的倒退现象,如思维混乱、注意力范围缩小、操作失误增加或者出现明显的拘谨和抑制。长期受到不良情绪的影响还会危及人的身心健康。不良情绪可通过自主神经系统、内分泌系统和免疫系统诱发身心疾病,如导致高血压、冠心病、消化性溃疡及神经炎症等。因此,应当重视情绪应激对户外活动绩效、脑力疲劳及运动员身心健康的影响。

二、物理因素及环境因素对脑力疲劳的影响

关于物理因素及环境因素对认知能力损害的研究报道涉及高原低氧、重力环境以及热(高温)和冷(低温)环境对认知能力影响的研究等。关于气候条件对脑力劳动的工作绩效影响的研究受到重视,重点在气候变化与户外相关的脑力任务,如警觉水平、反应时、追踪任务、认知、知觉等方面。

1. 高原低氧环境对认知的影响

高原环境低氧、低气压对人体的生理和心理机能具有显著的负面影响。在高原低氧环境下进行户外活动,会因为缺氧的影响而脑力疲劳,降低大脑的警觉性和认知功能。为了更好地适应环境的需要,机体对低氧的适应是通过氧的摄取(增加肺通气量)、氧的运输(增加红细胞的数目)和氧的利用(增加心输出量)来实现的。机体对心血管系统的工作方式进行了细微的调整,就是在高原低氧环境下,对于高原移居者,机体通过增加心率(心率:高原>平原),降低每搏输出量(收缩压:高原<平原),保持外周阻力(小动脉和微动脉对血流的阻力)不变(舒张压:高原=平原)的方式提高了其在血液中的氧吸收率,从而满足了机体的需要。

2. 不同重力条件对脑力疲劳的影响

尽管人们开展了许多关于特定的超重方面的研究,但是尚未建立超重前后的语言认知活动能力的研究模型。目前的技术革新第一步是试图建立全面的模型方法,提供评估的工具,最终加强超重前后人的活动能力。

3. 高温环境对脑力疲劳的影响

户外活动的条件经常是气温高、热辐射强度大,而相对湿度较低,形成干热环境。有关高温影响脑力疲劳的研究主要集中在对认知能力损害的评估与测量方面,研究了热环境中认知、知觉和持续注意力的测量问题,采取了各种检测方法,如知觉检测、记忆检测、理性检测、定位检测、注意力检测和联合任务检测。在典型的热带环境中进行户外活动是一个严峻挑战,因此高温对认知能力影响

的研究有所增加,主要集中在高温对认知能力损害的评估与测量研究。高温对认知能力影响的研究主要有两个趋势:高温刺激对认知能力的影响评估,依据认知任务而细分;建立高温刺激和体温的关系。

4. 低温环境对脑力疲劳的影响

关于低温环境对脑力疲劳和认知功能损害的研究并不多,主要涉及通过基础代谢指标测定冷空气耐受等方法,研究冷适应后及冷刺激对代谢和交感神经的改变,长时间在低温环境中警觉能力、注意力、记忆和运动等体能和认知能力的改变。有证据表明,随着体温降低和任务复杂性增大,认知能力呈递减效应。冷环境对认知和情绪影响的药物和营养干预措施还需进一步研究。冷刺激对认知的消极作用(反应时增加、准确率和效率降低)与精神涣散机制有关,消极作用和积极作用(反应时减少、准确率和效率增加)都与觉醒机制有关。

第三节 延缓脑力疲劳的主要措施

延缓脑力疲劳的主要措施应视具体户外活动任务、不同个体选择,综合应用。应当结合户外活动实际情况,充分借鉴、吸收成功经验,通过系统研究尽快制订适合户外运动的保障措施。

一、工作安排

对大多数人而言,应把工作时间合理科学地安排好,基本保证睡眠 7h/d 左右。有关措施目前包括对作息制度的调整,实际安排可能有困难,则应在工作之余保证较充足的休整。研究表明,每晚 6h 睡眠亦出现功效和觉醒度的损害,可根据实际情况采用工作-休息交替的方式进行。由于大多数作息规律的人在异时、异地睡眠都易受到影响,加上环境干扰和心理应激将加重睡眠紊乱,因此应尽可能使运动员在相对合适的时间和环境中合理休息。

二、注意睡眠卫生

预防性睡眠、小睡和恢复性睡眠等可减轻连续工作对人脑力工作能力的不良影响。小睡是指连续工作或睡眠剥夺中给予不超过 30min 的睡眠,减少主观困倦程度,维持脑力工作能力;2h 睡眠对克服连续工作(中间无睡眠)造成的功效降低非常有益,即使短至 10min 的打盹也可增加睡眠剥夺时人员的工作效率和安全;在昼夜节律的低谷期时小睡,恢复脑力工作能力的作用明显。

三、适宜环境中休息

适宜的环境对运动员的休整可起到事半功倍的效果。在一个相对安静、温暖、通风的空间中,可以借助音乐、远眺、静坐、冥想等方法放松身心,缓解脑力疲劳。

四、营养膳食

合理的膳食营养在延缓脑力疲劳的作用中起着非常重要的作用。营养膳食调节昼夜节律的理论基础在于:摄入碳水化合物丰富的食物以增加机体色氨酸含量,进而提高中枢 5-羟色胺和褪黑激素水平,有利于睡眠,进而缓解疲劳;摄入高蛋白食物以增加机体酪氨酸含量,提高中枢儿茶酚胺水平,有利于觉醒。以上措施可明显改善 24h 睡眠剥夺条件下的认知操作能力,效果可以维持 3h 左右。

五、对脑力疲劳导致的不良情绪的干预

对不良情绪的干预主要采用心理干预而非药物方法。例如,主动与有关人员交谈,了解他们的生理、心理等方面的不良反应,针对来自环境和自身的不良刺激,提供有关的信息和应对的策略技巧,教会他们调整身心、自我防护,减少焦虑及抑郁反应,改变疲劳思维过程。有时分散注意力也可以帮助缓解过度紧张的交感神经,缓解心理压力,减少压力带来的不良情绪体验。

采取以下干预措施给予调整:①情绪干预,利用暗示法、现身说教法,为其提供发泄怒气和内心苦闷的机会和条件,积极消除不良情绪,增强心理素质;②感觉干预,谈话、数数、读书、听音乐、看电视、催眠术等;③行为干预,深呼吸、冥想等放松技术。在户外活动前,心理指导应重点放在树立人员的自信心,提高环境适应能力,克服焦虑及疲劳心理上。在平时心理健康教育中,重点应放在心理调

控能力的学习,积极疏导不良情绪,增强心理素质和自信心,提高环境适应能力,克服恐惧心理,强化团体意识上,确保各项任务的顺利完成。

着重指出的是,较高的社会支持总是伴随着较好的情绪状态。这说明良好的社会支持可以在一定程度上降低压力,从而有可能使个体在高压力状态下,提高感知的自我应对能力,以减轻对压力事件严重性的评估,进而减少压力体验的不良影响。社会支持作为一种重要的应对资源,对个体具有双重作用,它既能维护人员日常的心理健康,又能缓解压力感受,从而提高心理健康水平。

六、抗缺氧药物

高原低氧是影响进驻高原人员健康和活动效率的主要原因。高原低氧、低气压环境难以改变,但可通过抗缺氧药物,增加氧利用效率等来提高进驻高原人的工作能力。主要的药物包括:①红景天,能降低氧耗速度,有增加供氧的作用,可显著提高机体的抗缺氧能力;②枸杞,具有降低血压、减缓心率、兴奋肠道等拟胆碱作用,使组织耗氧量降低;③沙棘,含有多种人体所需的矿物质及多种维生素,具有抗疲劳、抗辐射、降低胆固醇、抗缺氧等作用;④乙酰唑胺,是一种碳酸酐酶抑制剂,在防治急性高原反应方面有一定作用。在高原口服乙酰唑胺可增加肺通气量,提高血氧饱和度和睡眠质量,改善进驻高原青年的肺通气功能及提高做功效率。目前乙酰唑胺是国际上公认的抗高原反应药物。

七、抗高温措施

长期处在高温环境下,人体排出大量汗液,从而使无机盐丢失严重,影响神经系统的电信号传导,人体容易出现口干、头晕、心悸甚至虚脱等中暑症状。主要的预防措施有供给含盐饮料和补充营养,特别强调补盐的要求,可配制0.2%~0.3%的盐开水等饮料,每人每天摄入液体量应为3~5L。有资料显示,茶叶中的茶碱具有缓和人体紧张、消除疲劳、增强反应速度的功能。茶叶中富含维生素、氨基酸和无机元素,可以很大程度上补充高温环境下人群这些成分的丢失。饮茶品种以含0.2%盐的绿茶为好。另外,在高温环境中活动时,营养尤其是蛋白质消耗增多。因此,应合理膳食,补充蛋白质和维生素丰富的食品,从而增进食欲、保证营养。

第十章 特殊环境条件下运动的营养需求

高原地区低氧、低气压、寒冷、多风沙、紫外线辐射强等多种环境因素对机体的生理功能、生化代谢,包括营养代谢均会产生显著的影响,与营养代谢密切相关的消化系统的功能也出现明显改变,众多环境因素中以低氧、低气压的影响最为显著。一些研究结果表明,通过营养干预的方法可以有效减轻高原反应,增强高原适应能力,改善高原劳动能力。

第一节 高原环境下运动的营养需求

一、高原环境下营养代谢的变化

由平原进入高原的初期,尤其是 4000m 以上的高原时,消化系统与心血管、呼吸、神经等系统一样,均会发生剧烈变化,主要表现为胃肠蠕动功能紊乱、胃液分泌减少、胃蛋白酶活性下降、胃排空时间延长、胃肠胀气、胆囊收缩减弱等,出现恶心、呕吐、腹泻、腹痛、腹胀、消化不良、食欲不振等症状。由于消化系统功能的变化,食物的消化吸收过程必然受到影响。动物实验的结果显示,随着海拔高度的增加,食物中各种营养素的消化吸收率也随之下降;初入高原人群的营养调查结果也表明,胃肠功能的变化使每天各种食物的摄入量明显减少,导致各种营养素摄入的减少,容易缺乏营养,直接影响机体对高原环境的适应能力。

一些研究结果表明,高原人群的基础代谢率高于平原的人群,升高的程度与所处的海拔高度和停留时间有密切的关系,海拔 4000m 左右时的基础代谢率与平原相似,海拔4300m以上基础代谢率则明显升高,即使习服以后,仍比平原至少高出10%。进入高原环境后,由于大气中氧气的减少,糖代谢变化表现为无氧酵解得到加强,血中乳酸含量升高,血糖浓度下降,糖原分解加强。有研究报道,高原人群对葡萄糖的利用能力明显高于平原人群;脂类代谢变化表现为脂肪氧化不全,血中甘油三酯和游离脂肪酸的含量升高,体内酮体生成相应增加;蛋白质代谢变化为蛋白质分解代谢加强,出现负氮平衡,血浆游离氨基酸水平下降,非必需氨基酸水平下降的幅度大于必需氨基酸水平的下降幅度,而肝脏中游离氨基酸水平反而升高,尤其是必需氨基酸。

高原环境对维生素代谢也有显著影响。大鼠实验结果表明,海拔高度和停留时间对大鼠体内一些维生素的代谢均有显著影响。在模拟海拔4000～8000m高度的条件下,随着高度的增加,血清全血谷胱甘肽还原酶活性系数(BCR-AC)、红细胞转酮醇酶活性(TPP效应)逐步升高,血清维生素E水平逐步下降;停留时间对BGR-AC、TPP效应、维生素E水平的影响与高度的影响相仿;急性缺氧大鼠尿中维生素B_1、维生素B_2排出显著增加。高原环境下,体内抗氧化维生素代谢的变化与体内自由基生成增加有关。

进入高原环境的初期,水代谢一般呈负平衡状态,电解质代谢发生紊乱,体液由细胞外进入细胞内,导致细胞水肿。高原人体试验发现,血清K^+、Cl^-含量升高,尿中K^+、Cl^-排出量下降,其他元素的变化往往不如K^+、Cl^-的变化明显。高原环境对微量元素代谢也有影响,大鼠实验结果表明,随着海拔高度的增加,血清中Zn^{2+}、Fe^{2+}水平呈下降趋势,而Cu^{2+}、Mn^{2+}水平呈升高趋势。

二、高原营养需求与营养保障工作

1. 高原营养需求

人处高原,由于基础代谢率的提高,加上气温低、呼吸加快等原因,能量消耗明显高于平原。研究结果显示,在4107m高度,温度4℃时,能量需要增加32%;进入4300m高度第5天的能量消耗增加3%～15%,第9天时增加17%～35%。我国根据高原现场研究结果,在军用标准《军人营养素供给量》(GJB823A—1998)中对高原部队每日能量供给量作出了规定,即高原部队轻劳动为2800～3300kcal,中等劳动为3300～3800kcal,重劳动为3800～4400kcal,比相应的平原部队高出10%。

能量来源于三大产热营养素,即蛋白质、脂肪和碳水化合物,有关三大产热营养素构成适宜比例的研究是高原营养研究中的热点问题之一。有学者认为应掌握"高糖、低脂、不滥用蛋白质"的原则,适宜比例应为 1:(0.7~0.8):4,主要原因是脂肪氧化需要多的氧气,而高糖有助于肺泡氧张力的增加和脑功能的改善。但是,后来的一些研究表明,上述原则可能仅仅适用于初入高原的急性缺氧期,对于居住高原一年以上者,或者对高原产生适应者,没必要过分强调上述高糖低脂的膳食原则,适当增加脂肪和蛋白质的供给,往往可以增加菜肴的美味,促进食欲。因此,对于慢性缺氧者,或者已经适应者,三大产热营养素适宜比例可与平原无区别,以 1:1.1:5 为宜,分别占摄入总能量的 12%~15%、25%~30% 和 55%~65%。

高原环境下一些维生素的需求量也增加,尤其是维生素 B_2 与维生素 C 的需求量显著高于平原。高原成年人维生素 B 每日需求量可达 1.58mg,维生素 C 的每日需求量可达 80mg,而且初入高原者的维生素 B_2 需求量高于久居高原者,为 1.80mg。另外,一些补充多种维生素的营养试验结果也表明,高剂量多种维生素对改善机体能量代谢与心脏功能,增加体能,提高抗氧化能力均具有较好的效果。

高原环境下一些矿物质的需求量也要增加,尤其是铁与锌的需求量显著高于平原。铁需求量的增加是由于进入高原后,造血机能亢进,机体需要增加铁的摄入,以满足合成血红蛋白的需求。其他大多数矿物质需求量的变化尚缺乏详细研究资料。根据有关高原营养素需求量的研究结果,成人高原膳食营养素供给量建议见表 10-1。

表 10-1 成人高原营养素供给量建议(据刘洪涛和霍仲厚,2018)

劳动强度	能量/kcal	蛋白质/g	脂肪/g	维生素A/μgRE	维生素B_1/mg	维生素B_2/mg	维生素PP/mg	维生素C/mg	钙/mg	铁/mg	锌/mg
轻劳动	2800~3300	100	110	1000	1.5	1.5	15	785	800	25	20
中劳动	3300~3800	110	120	1000	2	2	20	100	800	25	20
重劳动	3800~4400	120	130	1000	2.5	2.5	25	150	800	25	20

2. 高原营养保障工作

一些高原营养调查结果显示：初入高原的人群普遍存在能量、蛋白质及一些维生素摄入不足，主要原因是高原反应引起的食欲不振；久居高原的人群也存在钙、维生素A、硫胺素、核黄素、抗坏血酸摄入不足的问题；另外，高原地区属于缺碘地带，碘营养状况应引起足够重视。高原营养保障工作具体应注意如下问题：①按照高原能量消耗的情况，膳食应能提供足够的能量，以防止明显的体重下降。除了随身带的口粮等食品外，每天至少有一顿热餐，使用高压锅煮食物，以克服低气压下食物不易煮熟的问题。食物尽量多样，增加刺激食欲的食品和调味品，如辣椒、葱、姜、蒜、酱油、味精等，鼓励多吃零食。②鼓励多吃高碳水化合物（包括淀粉、单糖等）食物，每天至少应保证摄入400g碳水化合物。高原反应如恶心、呕吐严重时应进食容易消化吸收的碳水化合物食物，但不应强制进食，必要时提供不含咖啡因的高碳水化合物热饮料。③少吃高脂食品，对于慢性缺氧者或已经适应者例外。④鼓励多饮水，即使没有明显的口渴感，每天至少饮水4.5L，以防止脱水的发生。可根据尿量多少和颜色判断有无脱水现象。⑤不应鼓励大量饮酒，以避免增加机体氧耗，引起血糖的下降。⑥注意饮食与饮水卫生，预防食物中毒。⑦应注意搞好食物的运输、保存或加工工作，并且开发利用好有限的当地食物资源。⑧必要时服用高原膳食补充剂，以弥补膳食维生素、微量元素等摄入的不足。

第二节 寒区环境下运动的营养需求

寒区环境主要是指环境温度在10℃以下的外界环境，人类所处的寒区环境主要是由常年居住的气候地理因素和特殊的工作条件所决定的。由于亚寒带和寒带地区的经济开发、人口增加及南北极科学考察工作的开展，低温环境中营养和膳食的研究日益引起人们重视。研究发现，温带地区的人到寒带后，发生一系列明显的生理变化，一方面由于短时间暴露在严寒中引起的应激功能变化，另一方面也有对长时间在低温条件下适应的变化。此外，寒冷地区食品生产供应有其自身特点，故膳食和营养发生较大变化，也对机体的生理状态产生一定影响。为适应寒带地区开展军事活动的工作人员所出现的特殊生理变化，适当调整其膳食和营养也是必要的。

一、寒带地区居民饮食及代谢特点

生活在高寒地区的居民,多以放牧和狩猎为主,膳食构成与平原地带明显不同。他们的膳食构成不是碳水化合物型,而是蛋白质-脂肪型,食物中不饱和脂肪酸比例显著增高。这些居民代谢类型不同于平原地区居民,前者血清中总脂含量、胆固醇含量、低密度脂蛋白和极低密度脂蛋白总量均比亚寒带地区居民低。调查发现,极地原居民血糖、血清丙酮酸、血清乳酸含量在冬夏季变化不大,而新居民上述三者含量夏季高于冬季,且夏季血维生素 B_1 浓度下降,但红细胞中酮醇转移酶活性不降低。与此同时,极地少数民族生活习惯向欧洲型饮食习惯转变时,其血清中维生素 C 浓度随之降低,甚至补充维生素 C 提高的幅度不大。同时,由于饮食类型以蛋白-脂肪为主,脂溶性维生素的摄入量也随之增加,维生素 E 作为抗氧化活性剂,可防止不饱和脂肪酸氧化为脂质过氧化物。

一般情况下,人体最适的环境温度为 27~29℃,此时机体的代谢稳定。环境温度降低时机体散热增多,并通过中枢神经系统的调节作用增加产热以维持体热含量及体温的恒定。产热增加包括基础代谢率增高和安静状态下代谢率增高。人体安静时的代谢量在一定的环境温度范围内显示最低值,这个环境温度范围称为温度中性区,人类温度中性区下限一般为 10℃。气温低于下限时散热增加,机体代谢亢进,增加产热,以保持体温恒定。处于冷暴露时:一方面机体外周血管和四肢小动脉收缩,使皮肤血流量减少、温度降低,以减少散热;另一方面机体通过寒颤产热维持体温。寒冷性利尿是冷暴露后常见的现象。尽管寒颤是机体在冷环境中快速代谢产热的重要机制,但寒颤耗能多,而且干扰肌肉运动的协调性;寒颤时肢体血流量增加,组织隔热作用减小,机体的散热量反而会增多。寒冷影响神经系统和肌肉、关节的功能,使肌肉的收缩力、协调性和操作灵活性减弱,使人体的活动效率和精细活动能力下降,易发生疲劳。手部皮肤温度降低时会感觉寒冷、疼痛,知觉与触觉鉴别能力等会降低。同时冷暴露后脑力活动效率也下降,表现为注意力不集中、活动错误率增多、反应时间延长等,特别是观察距离较远的物体时视觉灵敏度减弱,还易产生幻觉和错觉。

二、低温环境中的营养需求量

寒冷地区人体总热能需求量高于温带地区,原因可能是基础代谢率升高,环境气温低,使机体散热加速,防寒服装增加体力负荷等。寒冷条件下基础代谢可升高10%～15%。此外,低温下出现寒颤和其他不随意动作,以及笨重的防寒服装使行动受限等均会增加能量消耗。在寒冷刺激下,甲状腺功能增强,甲状腺素分泌增加,使体内物质氧化所释放的能量不以 ATP 形式而以热的形式向外散发。此外、低温条件下组织内三羧酸循环和与呼吸链有关的酶类活力增加,氧消耗增加,机体氧化产热能力增强。因此在寒区人体能量需求量较温带同等强度者为高。调查表明,摄取组成基本相同的膳食,在寒冷环境中每人每日须摄取18 418kJ(4400kcal)的能量,而在温带则为13 395kJ(3200kcal)。此外,对寒冷适应者能较多地利用脂肪,而高脂膳食比低脂膳食能更好地保持体温,所以能量增加应以脂肪为主。

生热营养素的需求量既要考虑气候适应过程中,饮食类型由碳水化合物型向蛋白-脂肪型转变,又要考虑尚未适应寒冷气候的人如果突然大量增加脂肪,血脂会升高,所以对未适应低温环境下体力劳动的人员要保证碳水化合物供给量,脂肪供给量占膳食能量的比例以35%～40%为佳。蛋白质供给量应占食物能量的15%左右,同时为保持必需氨基酸的合理比例,其中动物蛋白摄入应控制在50%～65%之间,并保证蛋氨酸的摄入,因为它可以提供机体寒冷适应必需的甲基;低温条件下,机体脂肪代谢率增加,但脂肪酸必须与磷脂结合才能进入细胞,尔后再与肉毒碱结合透过线粒体内膜供机体氧化利用,肉毒碱的合成同样需要甲基,此外,形成脱氢酶所需的甲基也由蛋氨酸提供。低温刺激使机体代谢率增高,因此应提供足够的硫胺素、核黄素、尼克酸、维生素 A。一般认为,寒冷环境下维生素的摄入量应较温带地区增加30%～50%。应特别注意的是,寒冷地区人体血液中维生素 C 含量较低,同时寒冷可刺激肾上腺功能亢进,腺体代偿性肥大,补充维生素 C 可缓解上述变化。低温环境下应注意补充水分:一方面,低温下呼吸水损失较多,研究表明进行同样活动时,在-20℃要比25℃损失水分多50%;另一方面,低温下出汗可能是失水的主要途径之一。调查发现,低温环境下进行中等程度以上运动并着装相当于4clo(1clo 相当于着装一身工作服产生的保温效果)的人员,出汗率可达2L/h。此外,低温可导致多尿失水。寒冷地区人体常由于膳食供应不足,代谢需求增加,机体排出量增加,容易缺乏无机盐,主要是钠和钙。研究发现,寒冷地区新移居者血钙和骨钙均低于原住民。此外,低温环境中,食盐摄入较温带地区增加2倍,可增强机体产热功能,但不影响血压。

可见低温下营养保障应较常温下增加热能供给10%~15%,调整蛋白质、脂肪和碳水化合物的比例,提高脂肪所占百分比,注意提供足够的钠、钙、钾、镁等无机盐,保证维生素尤其是维生素C的供应。

第三节 热区环境下运动的营养需求

热带地区一般包括热带和亚热带地区,在我国热区主要指地处亚热带的福建、广东和海南等地,以及处于内地长江流域的重庆、武汉、南京等城市,另外还包括了内蒙古和新疆的沙漠地区等。根据炎热程度和空气湿度,我国热区基本划分为湿热地区和干热地区。湿热地区主要包括长江以南大部分地区和沿海地区。这些地区地形复杂,高山密林和丘陵盆地交织分布、江河湖海高度密集。温热地区气候特点主要表现为日辐射强、雨水多、气温高、湿度大、热期长。各地年平均气温多在20℃左右,最热月平均气温为28℃左右,而极端温度43℃以上气温日差较小,一般为5~10℃。其中多数地区每年近8个月平均空气相对湿度大于80%,沿海有些地区相对湿度常年大于80%。而干热地区则指沙漠地区,其气候特点为日辐射较湿热地区强、气温高、雨水稀少、空气极为干燥、日温差很大、极端最高气温达47~48℃。

热区环境通常指35℃以上的生活环境和32℃以上的劳动环境。在热区环境下,人体可以出现一系列的生理功能变化,如体温调节、水盐代谢、消化和循环系统等方面的改变。生理功能的变化,必然引起机体内许多物质代谢的改变,特别是大量出汗,可丢失大量水和电解质,出现水和电解质的代谢紊乱,水溶性维生素也大量由体内排出。由于机体过热,蛋白质分解代谢加速,胰脏和胃肠消化液及其中消化酶分泌减少,胃蠕动减弱,消化功能下降。因此,对在热区环境中生活和劳动人群的营养和膳食必须加以调整,以使机体能更好地适应热区环境。

一、能量

热区环境中能量消耗较普通环境下有所增加,此时能量代谢受以下两个因素影响:基础代谢因热区环境发生改变,体力劳动强度影响机体对能量的需求。热区环境中能量消耗是与体温上升相伴出现的。研究表明,在环境温度30~

40℃之间时,每增加1℃,能量供给量应增加0.5%。而在热区环境中从事各种强度体力劳动时,能量需求量可增加10%～40%。但考虑热区条件下,人的食欲减退,能量供给增加过多存在一定困难,故一般认为以增加10%为宜。

二、蛋白质

热区环境中机体氮损失主要有以下几条途径:首先是汗液中大量排泄。在35～40℃时,每小时汗氮排出可达206～229mg,而25℃时仅为125mg。需要注意的是,汗氮的排出不影响肾脏或消化道中氮的排出,所以热区环境中人易出现负氮平衡。同时在热区环境中机体主要通过排汗调节体温,而失水可促进组织蛋白的分解、尿氮排泄的增加,并且血中17-羟皮质类固醇浓度增加,进一步促进蛋白分解代谢,加快机体水的丢失。此外,热区条件下,粪氮排出增多。所以应注意热区环境下劳动人员膳食蛋白质供给问题,但考虑到蛋白质食物特殊动力作用较强,可增加机体对水的需要,故不宜供给过多。一般认为,热区环境中生活人员蛋白质供给量应控制在总能量的12%～15%范围内,且供给充足的优质蛋白质。研究发现,汗液中的氨基酸约1/3为必需氨基酸,其中尤以赖氨酸为最多,甚至在7.5h的汗液中赖氨酸损失可达其日最低需要量的27%左右。因此热区环境中膳食蛋白质供给应以优质蛋白质为主,至少应保证有一半来自鱼、肉、蛋、奶、大豆类食品。

三、维生素

在热区环境中运动时,维生素的需求量可从两方面考虑,即汗中丢失量及代谢需求量。一般情况下,从汗中排出的水溶性维生素量与尿中排出的量相比,对于体内储备的影响不大,但是由于热区活动人员出汗量增大,因此汗中水溶性维生素的排出量也随之增加,其中主要是维生素C。研究表明,热区活动人员汗液中平均维生素C含量可达10μg/mL、维生素B 0.14pg/mL,如按每天排汗5000mL计算,相当于损失维生素C 50mg、维生素B 0.7mg,其中维生素B相当于每天供给量的1/3～1/2。国内外研究表明,热区环境中生活和劳动人员每日膳食中维生素C供给量为150～200mg、维生素B 5mg、维生素B_2 3～5mg,方能满足机体需要。

四、水和无机盐

热区环境下,机体为了散发热量而大量出汗,可达5L/h。在37～38℃环境从事活动的人员,机体主要通过增加汗液损失和液体需要量来适应环境,每天供水10～12L才能满足机体需要。如果不及时补充,机体失水超过体重的2%,可导致工作效率明显下降。

由于排汗会带走大量的氯化钠(一般每升可达80mEq),所以热区环境中生活和工作的人员每日有大量的氯化钠随同汗液丢失,每日可达20～25g,如不及时补充,可引起严重缺水和缺钠,严重时可引起循环衰竭和痉挛。有人认为,气温在36.7℃以上时,气温每升高0.1℃,每天应增加摄入氯化钠1g;但总量以25g左右为好,不宜超过30g。经由汗液排出的,除钠外,还有钾、钙和镁等,其中应注意钾的丢失。热区环境下,水分的丢失,会导致人们血液及血细胞中钾浓度降低,从而增加中暑的可能性。所以对长期从事热区环境工作的人员应注意补充钾,以提高机体耐热能力。补充钾一方面可利用氯化钾片剂(每日2片,每片含钾2.5mEq,可补充4L汗液损失的钾),另一方面可通过食用含钾丰富的食物补充钾。植物性食物中含钾较丰富,热区环境从业者应尽量多吃各种新鲜蔬菜和瓜果,不但可补充钾,还可增加维生素C、B_2以及胡萝卜素的摄入。在普通植物食品中,各种豆类含钾特别丰富,无论黄豆、绿豆、赤豆、蚕豆还是豌豆含钾均较高。

另外,随同汗液还有一定量的铁由体内流失。据研究,成年人每天由汗液损失的铁达0.3mg,相当于通过食物吸收铁的1/3。因此热区环境下生活或活动的人员膳食应特别注意铁的补充,除动物肝脏和蛋黄外,还可补充豆类食品。

据研究,在37℃环境下活动7.5h,平均每小时从汗中排出钠0.611g、钾0.125g、铁2.3mg、磷0.45～0.81mg。因此在大量出汗时,应考虑无机盐的补充。有人建议使用一种混合盐片,含有钠、钾、钙、镁、氯等元素,以满足机体对电解质的需要。鉴于热区活动人员营养需求的不同,一般认为应采取以下措施改善热区活动人员的营养状况。

(1)供给充足的饮料。饮料主要补充水分和无机盐。水分补充量按出汗量来补充效果最好。饮料温度不宜过热、过冷,以10℃为宜。补充水分最好少量多次,可减慢排汗,防止食欲减退,并减少水分蒸发量。确定水分补充是否足够的方法,除可根据个人主观感觉外,还可以体重变化为指标。如果从事热区工作者第一天清晨空腹时体重与第二天清晨时体重比较接近,或者每个工作日开始与结束时体重无大的差别,则表示水分供给能满足机体需要。无机盐可用含多种盐类的盐片补充,每片含钠离子144mg,钾离子244mg、钙离子20mg、镁离子12mg、柠檬酸盐445mg、乳酸盐89mg、氯离子266mg、硫酸根离子48mg、磷酸根离子119mg,每天2～4片,效果优于单纯的食盐片。

(2)提供营养适宜的膳食。热区活动人员的膳食不仅要提供一定量的氯化钠,而且应富含钾、钙、镁等无机盐,应多吃绿叶蔬菜、水果和动物性食品以及豆类食品。

(3)增强食欲。食欲受热区影响,唾液、胃液、肠液、胰液分泌减少,胃酸酸度降低,消化酶活力降低,并且饮水中枢的兴奋可抑制食物摄取中枢,因此还应设法促进热区活动人员的食欲。为此,膳食要讲究色香味,经常调换花色品种,适当用凉拌菜,多用酸味及辛辣调味品。同时,将3个主要餐次安排在休息起床后、上班前或下班后1～2h,以适应活动后食欲较差的情况。

主要参考文献

邓树勋,王健,乔德才,等,2015.运动生理学[M].北京:高等教育出版社.

GUNGA H C,2018.人类极端环境生理学[M].商澎,译.北京:科学出版社.

李洁生,2013.环境生理学[M].北京:科学出版社.

李卿,2013.森林医学[M].王小平,译.北京:科学出版社.

李正,高继东,2010.高原地区冠心病及危险因素的特点[J].中国现代医药杂志,12(2):123-124.

刘洪涛,霍仲厚,2018.军事劳动与训练生理学[M].北京:军事医学科学出版社.

吕永达,霍仲厚,2003.特殊环境生理学[M].北京:军事医学科学出版社.

吕永达,李开兴,尹昭云,1995.高原医学与生理学[M].天津:天津科技翻译出版公司.

马福海,2021.高原运动医学基础与应用[M].北京:北京大学医学出版社.

陶恒沂,2001.潜水医学[M].上海:第二军医大学出版社.

汪海,2017.中华医学百科全书:军事环境医学[M].北京:中国协和医科大学出版社.

王步标,华明,2011.运动生理学[M].北京:高等教育出版社.

杨克敌,2017.环境卫生学[M].北京:人民卫生出版社.

杨锡让,傅浩坚,2000.运动生理学进展:质疑与思考[M].北京:北京体育大学出版社.

尹昭云,昝俊军,1991.高能合剂提高高原劳动能力效果的研究[J].航天医学与医学工程,4(2):145-150.

余小燕,李亚南,祁继良,等,2014.中国高原和日本平原65～74岁老年人血脂及血糖的比较研究[J].青海师范大学学报(自然科学版),30(2):67-71.

DUA G L, SEN G J, 1980. A study of physical work capacity of sea level residents on prolonged stay at high altitude and comparison with high altitude native residents. [J]. Indian Journal of Physiology & Pharmacology, 24(1): 15.

ENGFRED K, KJAER M, SECHER N H, et al, 1994. Hypoxia and training induced adaptation of hormonal responses to exercise in humans[J]. European Journal of Applied Physiology and Occupational Physiology, 68(4): 303-309.

GISOLFI C V, SPRANGER K J, SUMMERS R W, et al, 1991. Effects of cycle exercise on intestinal absorption in humans [J]. Journal of Applied Physiology, 71(6): 2518-2527.

HORSTMAN D, WEISKOPF R, JACKSON R E, et al, 1980. Work capacity during 3-wk sojourn at 4300m: effects of relative polycythemia[J]. Journal of Applied Physiology, 49(2): 311-318.

SCHOENE R B, LAHIRI S, HACKETT P H, et al, 1984. Relationship of hypoxic ventilatory response to exercise performance on Mount Everest[J]. Journal of Applied Physiology, 56(6): 1478-1483.

SHEPHARD R J, BOUHLEL E, VANDEWALLE H, et al, 1988. Peak oxygen intake and hypoxia: influence of physical fitness[J]. International Journal of Sports Medicine, 9(4): 279-283.

SHKOLNIK A, TAYLOR C R, FINCH V, et al, 1980. Why do Bedouins wear black robes in hot deserts? [J]. Nature, 283(5745): 373-375.

TAKAHASHI H, 1990. Control of ventilation and aerobic work capacity in elite climbers[J]. The Annals of Physiological Anthropology, 9(1): 31-39.